KB203605

영생을

잘사는

길

신산 김명원 교무 설교집 / 대종경 천도품

영생을 잘사는 길

생사 자유의 도

대종경 '천도품' 설교집을 내며

60여 년이 지난 지금까지도 생생한 기억으로 남아 있는 일이 있다. 내 나이 열 살 때쯤으로 생각되는데 온몸에 열이 오르고 배가 아파서 학교도 가지 못한 채 3일 밤낮을 꼼짝도 하지 못하고 몸져누운 일이 있었다. 별다른 치료도 받지 못한 채 병이 낫기를 기다리면서 왜 나는 다른 아이들처럼 건강하게 뛰어놀지 못하는지, 혹 이러다가 정말 죽는 것은 아닌지 하는 엉뚱한 상상을 하며 시간을 보냈다. '내가 지금 병이 낫는다 하더라도 늙어서 아프면 죽을 텐데 영원히 사는 방법은 없을까?' 하는 어린 시절 나의 고민은 훗날 나를 출가의 길로 인도하는 계기가 되었다.

군에 입대해서 또 한 차례 죽음의 고비가 찾아왔다. 근무 중 총상으로 오른쪽 다리 대퇴부에 관통상을 크게 입은 일이 있었는데, 병원으로 후송되는 4시간이 마치 100년이나 되는 것처럼 길게만 느껴졌었다. 사타구니 인근 대동맥에서 솟아나는 피는 양쪽 바짓가랑이를 가득 채웠고 과다출혈로 인해 찾아든 추위는 치아가 서로 부딪칠 정도로 심한 통증을 수반했다. 차츰 정신이 혼미해지면서 참기 힘들 정도로 잠이 쏟아졌다. 병원에 도착해 수혈하고 진통제를 맞으니 그제야 통증이 사라지면서 '아, 이제는 살았구나!' 하는 안도감으로 깊은 잠에 빠져들었다.

의정부교당 교화 도중에 예상하지 못했던 대장암 발병으로 또 한 번의 죽음의 고비가 다시 찾아왔다. 응급수술을 받고 3일째가 되던 밤에 갑자기 시야가 흐려지면서 온몸이 마치 터지기 직전의 풍선 같은 느낌이 들었다. 가슴이 답답해지면서 숨조차 쉴 수가 없었다. 그때 다급한 목소리로 내 뺨을 두드리며 '제발 정신 좀 차려 봐요' 하는 정토의 안절부절 못 하는 목소리가 희미하게 들려왔다. 순간 '결혼 후 지금까지 고생만 시켰는데, 살아서 조금이라도 잘 해주어야 하겠다.'는 생각이 들면서 공부삼아 힘든 호흡을 이어갔다. 정토는 급하게 간호사를 호출하여 산소 호흡기로 숨 쉬는 것을 도와주었는데, 산소 호흡기를 착용하니 숨쉬기가 수월해졌지만 결국 내가 숨 쉴 의지가 있어야 호흡할 수 있다는 것을 체험하는 계기가 되었다. 그리고 '생사의 이치가 숨 한번 들이쉬고 내쉬는 사이에 있다'는 것을 확실하게 깨닫게 되었다.

　그 후 필자는 항암 치료와 재활 치료를 해야 했으므로 출가하여 48년간 봉직해 왔던 원불교 전무출신을 퇴임하였다. 그리고 앞에서 기술한 바와 같이 죽음이라는 경계를 세 번이나 체험하면서 '어떻게 하면 죽음의 길을 자유롭게 갔다가 자유롭게 돌아올지'에 대한 과제를 깊이 연마하는 기회를 가졌다.

　필자가 비록 능력은 부족하지만 오로지 대종사님의 말씀을 바탕으로 설교했던 원고를 정성을 다해 정리하여 대종경 천도품 설교집을 내게 되었다. 이 책을 통해 인생의 가장 큰 과제인 삶과 죽음의 문제를 해결하고자 하는 분들이 조금이나마 도움을 얻기를 간절히 바란다.

원기 100(2015)년 9월 1일
김명원 합장

목
차

대종경 '천도품' 설교집을 내며

삶과 죽음에 대한 공부

대종사 말씀하시기를 「범상한 사람들은 현세現世에 사는 것만 큰 일로 알지마는, 지각이 열린 사람들은 죽는 일도 크게 아나니, 그는 다름이 아니라 잘 죽는 사람이라야 잘 나서 잘 살 수 있으며, 잘 나서 잘 사는 사람이라야 잘 죽을 수 있다는 내역과, 생은 사의 근본이요 사는 생의 근본이라는 이치를 알기 때문이니라. 그러므로, 이 문제를 해결하는 데에는 조만早晩이 따로 없지마는 나이가 사십이 넘으면 죽어 가는 보따리를 챙기기 시작하여야 죽어 갈 때에 바쁜 걸음을 치지 아니하리라.」

(대종경 천도품 1장)

어린 동자가 절에 찾아와 큰 스님을 뵙고 물었습니다.

"스님, 생사를 해결할 수 있는 도를 일러 주소서."

"나이가 몇 살이냐?"

"열두 살입니다."

"도道를 공부하기는 너무 어리니 어서 가거라."

"스님, 그러면 제가 언제 죽을지를 아십니까?"

"이놈아! 내가 너 죽을 때를 어찌 안단 말이냐?"

"스님, 생사에 때가 없고 더욱이 때를 알 수도 없는데 어찌 생사공부를 놓고 살란 말입니까? 못 갑니다."

열두 살 소년은 삶과 죽음에 대한 문제가 절박한 문제라는 것을 절실하게 느끼고 그 생사문제를 해결하려고 합니다.

사람은 사람의 삶을 살아가고, 소는 소의 삶을 살아가고, 개는 개의 삶을 살아가며, 곤충은 곤충의 삶을 살아갑니다. 그 모든 생명의 삶 가운데 사람이 최령하다고 자부하는 것은 사는 것뿐만 아니라 죽음의 문제도 생각하고, 삶과 죽음의 문제를 해결하는 불생불멸의 진리와 인과보응의 이치도 알고, 과거 현재 미래로 이어지는 윤회에 대해 알기 때문입니다.

사는 문제만 중요하게 알고 죽음의 문제를 생각하지 않는다면 동물이나 다를 바 없습니다. 특히 죽음에 대한 문제는 선후와 나이도 상관없이 누구에게나 중요한 문제이며 시급한 문제입니다. 그런데 대부분의 사람은 이 죽음의 문제를 자기와는 상관 없는 다른 사람의 문제로 생각하기 쉽습니다.

생과 사의 문제는 우리들의 영원한 삶의 문제이고, 세상에서 제일 큰 과제입니다. 오늘은 생과 사에 대해 공부를 합니다.

천도품 1장 요점 정리

대종사님께서는 대종경 천도품 1장에서 '지각이 열린 사람들은 죽는 일도 크게 안다.' 하시고, 나이가 사십이 넘으면 죽어가는 보따리를 챙기기 시작하여야 죽어 갈 때에 바쁜 걸음을 치지 않는다'고 하셨습니다. 그러면 죽어갈 때 보따리에 무엇을 챙겨야 할 지 하나씩 점검해 보는 공부를 함께해 봅시다.

생生과 사死의 기본 원리

기독교인인 에드가 케이시란 사람이 동료 학자들과 2,500여 명의 전생사를 연구하였는데, 이들이 내린 연구의 결론은 원인 없는 결과가 없다는 인과 윤회의 원리였습니다.

하나, 현재 사는 것도 중요하고 죽는 것도 중요하다.

"잘 죽는 사람이라야 잘 나서 잘 살 수 있으며 잘 나서 잘 사는 사람이라야 잘 죽을 수 있다"고 하였습니다. 대종사님께서 잘 살고 잘 죽는 문제에 대하여 해 주신 이 말씀은 대종경 천도품 38장으로 잘 정리되어 있습니다.

현재 시행되고 있는 원불교 의식에서 많은 부분을 차지하는 죽음에 대한 천도의식을 보면, 대종사님께서는 어느 성자보다도 죽어서 갔다가 다시 오는 생사왕래의 원리를 인과 윤회로 확실하게 밝혀주셨다는 것을 잘 알 수 있습니다.

생사의 문제는 인과와 윤회의 원리를 떠나서는 이해할 수도 없고 해결할 길도 없습니다. 따라서 모든 성자들이 밝혀주신 현재의 삶도 중요하고, 대종사님께서 특별히 밝혀주신 잘 죽는 공부도 대단히 중요합니다.

둘, 생과 사는 서로 근본이 된다.

'생은 사의 근본이요 사는 생의 근본' 이라고 하였습니다. 일반인 가운데는 죽으면 그만이라고 생각하는 사람이 많은데, 그러한 생각을 하는 것은 죽으면 다시 태어난다는 인과 윤회의 이치를 모르기 때문입니다. 잘 죽는 것이 중요한 것은 인과 윤회를 따라 잘 죽어야 잘 태어날 수 있고 잘 살아야 잘 죽을 수 있기 때문입니다. 생과 사는 따로 떨어져 있는 것이 아니라 돌고 돌면서 서로 이어져 있는 하나 그 자체입니다.

셋, 생사문제는 나이와 관계없이 급한 일이다.

'생사 문제를 해결하는 데에는 조만早晚이 따로 없지마는 나이가 사십이 넘으면 죽어 가는 보따리를 챙기기 시작하여야 죽어갈 때에 바쁜 걸음을 치지 않는다.'고 하였습니다. 과학과 의학의 발달로 인간 평균수명이 늘어나고는 있지만 적게 낳는 가운데도 여러 가지 원인으로 조기에 사망하는 사람이 많이 늘고 있습니다.

　나이를 먹은 뒤 원불교에 다니겠다고 하는 사람들이 있는데 그분들께 언제 죽을지를 알고 있는지 물어보십시오. 그리고 모른다고 하면 생사문제는 시급하게 해결해야 할 문제이니 지금 나오지 않으면 늦는다고 말씀해 주십시오. 누구에게나 생사문제는 시급하게 해결해야 할 문제입니다.

　특히 평균 수명의 반을 넘기는 40대부터는 죽음이 다가올 확률이 높아지므로 대종사님께서는 죽어가는 보따리를 미리미리 챙기라고 하신 것입니다. 그 보따리에 죄악과 빚이 들어있는지, 아니면 신심과 서원과 공부심과 선업 공덕과 감사의 마음이 들어있는지 점검해 봅시다.

잘 살고 잘 죽는 공부

하나, 잘사는 공부.

　잘 사는 공부는 자기 업의 보따리에 신심과 서원과 공부심과 선업 공덕과 감사의 마음을 많이 채워 넣는 것입니다. 그러기 위해서는 기본적으로 인과 윤회에 대한 믿음이 확실하고 현실 생활에서 신심과 서원과 공부심과 선업 공덕과 감사 생활로 충만한 생활을 해야 합니다.

　전생을 인정하게 되면 마음병이 빨리 치료될 수 있는 것처럼 인과 윤회를 알고 믿으면 건강하게 살 수 있습니다. 우리가 고(苦)의 원인을 모르기 때문에 원망하고 괴롭게 사는데, 연기를 보면

불 피운 줄 알듯이 원인을 알지 못해도 인과윤회의 원리를 믿고, 인정하고, 받아들이면 생사에 대해 마음이 편안해지는 것입니다.

인과윤회의 원리는 알거나 모르거나 믿거나 말거나에 관계없이 우주 만물에 모두 적용되는 원리이기 때문에 모르거나 믿지 않거나 알아도 실천이 없는 사람만 손해 보는 것입니다. 그러므로 나의 업의 보따리에 신심과 서원과 공부심과 선업 공덕과 감사의 마음을 가득 채우면서 사는 것이 가장 잘 사는 것입니다.

둘, 잘 죽는 공부.

잘 죽는 공부가 따로 있는 것이 아니라 신심과 서원과 공부심과 선업 공덕과 감사생활로 업의 보따리를 채우는 것이 잘 죽는 공부입니다. 법 있게 잘 살면 잘 죽을 수 있습니다. 평상시에 아무 준비도 없이 살다가 죽을 때를 당해서 급하게 서둘러보아야 아무 소용이 없습니다. 그러나 일생을 잘 못 살았어도 누구나 종자를 바꿀 기회가 있는데 그 방법은 최후 순간에 믿음과 참회와 서원의 종자를 가지고 가는 것입니다.

첫째, 믿음

일원대도에 대한 확실한 믿음과 생사윤회에 대한 확실한 믿음이 있으면 천도를 잘 받을 수 있습니다. 이것은 마치 파리가 혼자 미국을 갈 수 없지만, 미국행 비행기를 타면 미국을 갈 수 있는 것과 같습니다.

둘째, 참회

일체유심조 즉 모든 것이 마음에 달린 것이라고 하였으니까, 지금까지 살아온 방향을 바꾸려면 진실로 잘못을 뉘우쳐야 합니다. 참회가 없으면 나쁜 길을 계속 가겠다는 것이니까, 업의 종자를 좋은 종자로 바꾸려면 뼛속이 저릴만큼 진실한 참회가 있어야 합니다.

셋째, 서원

서원은 영생의 목적지를 정하는 것입니다. 집을 나온 사람이 목적지가 없으면 방황하는 것과 같이 서원이 없는 영혼은 방황하다가 욕심에 가려서 악도에 떨어진다고 합니다.

어떠한 곳에서 태어나도 바르게 살아갈 수 있는 것이 서원인데 그 서원을 대종사님께서는 성불하고 제중하는데 세우라고 하였습니다. 서원은 성불하여 많은 대중을 제도하겠다는 원이고, 욕심과 집착은 자기 개인의 욕구이므로 구분해야 합니다. 욕심과 집착을 하면 죽은 즉시 악도에 떨어져 수생한다고 하니까 주의해야 합니다.

마음공부를 통하여 스스로 교리를 실천해 나가는 것이 성불하는 길이고, 마음공부를 통하여 다른 사람에게 대종사님 일원대도를 실천하도록 돕고 권장하는 것이 제중입니다. 이 서원만 확실하면 전생의 업보로 악도를 받더라도 그곳에서 확실한 목표가 있으니까 차차 선도로 진급할 수 있습니다.

넷째, 최후 일념

이생에서 가장 마지막 순간 가진 생각이 내생에서 태어나는 순간에 가지는 기본적인 생각이 됩니다.

수술 후 마취에서 깨어날 때 일반인들은 감춰둔 비밀을 말한다는데, 교무님들이나 교도님들은 일원상서원문이나 영주, 청정주 등을 염송하면서 깨어난다고 합니다. 이것이 바로 최후 일념이 최초 일념이 되는 원리입니다. 그러므로 마지막 생각을 어떻게 가지느냐가 아주 중요합니다.

믿음과 참회와 서원의 종자를 최후 일념으로 삼아 생을 마치면 그 종자는 태어날 때 최초 일념이 되어 어떠한 어려움을 당하더라도 그것을 극복하고 서원을 세운 방향대로 일생이 진행될 것입니다.

정리하자면 인간의 행복이나 불행이나 운명은 신의 작용이 아니라, 자기의 행위, 의도, 생각의 잘 잘못에 원인이 있습니다. 바로 자기가 자기의 조물주인 것입니다. "자기가 씨 뿌린 대로 거두어들인다."는 인과의 원칙에 따라서 모든 원인은 자기에 있습니다. 그러므로 살 때는 신심과 서원과 공부심과 선업 공덕과 감사 생활로 잘 살고, 죽을 때는 신심과 참회와 서원으로 최후 일념을 챙겨 잘 죽는 공부를 해야 합니다. 누구나 시급하게 해결해야 할 잘 살고 잘 죽는 생사공부를 부지런히 하여 하루빨리 생사 문제를 반드시 해결합시다.

열반인의 친근자로서
해야 할 도리

대종사 말씀하시기를 「사람이 세상에 나면 누구를 막론하고 열반의 시기가 없지 아니한지라, 내 오늘은 그대들을 위하여 사람이 열반에 들 즈음에 그 친근자로서 영혼을 보내는 방법과 영혼이 떠나는 사람으로서 스스로 취할 방법을 말하여 주리니 이 법을 자상히 들으라. 만일, 사람이 급한 병이나 무슨 사고로 불시에 열반하게 된다든지, 또는 워낙 신심이 없어서 지도하는 바를 듣지 아니할 때에는 모든 법을 다 베풀기가 어려울 것이나, 불시의 열반이 아니고 또는 조금이라도 신심이 있는 사람에게는 이 법을 행하고 보면 최후의 마음을 더욱 굳게 하여 영혼 구제에 큰 도움이 되리라. 열반이 가까운 병자에 대하여 그 친근자로서는, 첫째, 병실에 가끔 향을 불사르고 실내를 깨끗이 하라. 만일 실내가 깨끗하지 못하면 병자의 정신이 깨끗하지 못하리라. 둘째, 병자가 있는 곳에는 항상 그 장내를 조용히 하라. 만일 장내가 조용하지 못하면 병자의 정신이 전일하지 못하리라. 셋째, 병자의 앞에서는 선한 사람의 역사를 많이 말하며 당인의 평소 용성用性한 가운데 좋은 실행이 있을 때에는 그 조건을 찬미하여 마음을 위안하라. 그러하면, 그 좋은 생각이 병자의 정신에 인상되어 내생의 원 습관이 되기 쉬우리라. 넷째, 병자의 앞에서는 악한 소리와 간사한 말을 하지 말며, 음란하고 방탕한 이야기를 금지하라. 만일 그러하면, 그 악한 형상이 병자의 정신에 인상되어 또한 내생의 원 습관이 되기 쉬우리라. 다섯째, 병자의 앞에서는 가산에 대한 걱정이나 친족에 대한 걱정 등 애연한 말과 비창한 태도를 보이지 말라. 만일 그러하면, 병자의 애착과 탐착을 조장하여 영혼으로 하여금 영원히 그 곳을 떠나지 못하게 하며, 그 착된 곳에서 인도 수생의 기회가 없을 때에는 자연히 악도에 떨어지기가 쉬우리라. 여섯째, 병자의 앞에서는 기회를 따라 염불도 하고 경도 보고 설법도 하되, 만일 음성을 싫어하거든 또한 선정으로 대하라. 그러하면, 병자의 정신이 거기에 의지하여 능히 안정을 얻을 수 있으리라. 일곱째, 병자가 열반이 임박하여 곧 호흡을 모을 때에는 절대로 울거나 몸을 흔들거나 부르는 등 시끄럽게 하지 말라. 그것은 한갓 떠나는 사람의 정신만 어지럽게 할 따름이요, 아무 이익이 없는 것이니, 인정상 부득이 슬픔을 발하게 될 때에는 열반 후 몇 시간을 지내서 하라.」 **(대종경 천도품 2장)**

후배 교무가 익산에서 군산으로 가는 전군도로에서 교통사고를 당해 4일 만에 깨어난 일이 있었는데 그가 들려준 생사 체험담을 소개하겠습니다.

그 후배 교무님은 평소 대산 종사님께 바치는 신심이 지극하였고 생전에 대산 종사님의 사랑도 많이 받고 살았는데, 생사의 갈림길에서 헤매지 않고 바로 바른길을 찾을 수 있었던 것은 바른 신앙심이 있었기 때문이었습니다.

그의 이야기에 따르면 교통사고가 일어난 순간 자기 몸이 기분 좋게 공중에 붕- 뜨는 것을 느꼈는데, 조금 뒤 자신이 지켜보고 있는 가운데 119구급대원들이 또 다른 자기를 수습해 응급차에 싣는 것을 보았답니다.

그런데 대산 종사님이 다가와 손을 잡으시더니 "나하고 갈 데가 있으니 함께 가자"고 하셔서 따라나섰는데, 눈을 뜨고 보니 자신은 병원 침대에 누워 있더랍니다.

그래서 주위 사람들에게 얼마나 누워 있었느냐고 물었더니 혼수상태에서 4일 만에 깨어난 것이라고 하더랍니다. 잠깐 사이에 며칠이 흘러버린 것입니다.

그는 영혼의 세계는 우리가 생각하는 것처럼 시간이 흐름이 없다고 했습니다. 의식이 없는 상태에서 친한 동창 교무가 손을 꼭 잡아준 것도 느낌으로 알고 있었다고 하였습니다. 이 후배 교무의 증언에 따르면 우리의 영혼은 사후에도 생전과 다름없이 생각한다는 것을 알 수 있었습니다.

영가는 생전과 같은 생각을 하지만 우리는 눈에 보이지 않으니까 열반자를 어떻게 대해야 할지 모르는 것입니다. 그래서 대종사님께서는 대종경 천도품 제2장에서 보이지 않는 영에 대하여 열반인의 친근자들이 취할 바른길을 정확하게 일러주신 것입니다.

가족이나 친근자가 유념해야 할 일

열반이 가까운 병자에 대하여 그 친근자로서 하는 도리는,

첫째, 병실에 가끔 향을 불사르고 실내를 깨끗이 하라. 만일 실내가 깨끗하지 못하면 병자의 정신이 깨끗하지 못하리라.

우리가 지저분한 것을 보면 정신이 산란해지는데, 정신이 산란한 상태로 명을 마치면 안 되기 때문에 환자가 있는 병실은 깨끗하게 정리해야 한다는 것입니다.

둘째, 병자가 있는 곳에는 항상 그 장내를 조용히 하라. 만일 장내가 조용하지 못하면 병자의 정신이 전일하지 못하리라.

죽을 때 온전한 마음 챙기는 것이 제일 중요한 일인데, 시끄럽게 하면 온전한 정신을 가지고 가기가 어렵습니다. 그러므로 병실은 조용히 하라는 것입니다.

셋째, 병자의 앞에서는 선한 사람의 역사를 많이 말하며 당인

의 평소 용성用性한 가운데 좋은 실행이 있을 때는 그 조건을 찬미하여 마음을 위안하라. 그러하면, 그 좋은 생각이 병자의 정신에 인상되어 내생의 원 습관이 되기 쉬우리라.

최후의 생각이 내생에 최초의 생각으로 이어진다. 그러므로 본인이 잘한 것을 칭찬해 주면 내생을 시작할 때 그 좋은 생각이 기본이 되어 출발할 수 있으므로 칭찬을 많이 해주어 선한 생각을 가지고 가도록 도와주라는 것입니다.

넷째, 병자의 앞에서는 악한 소리와 간사한 말을 하지 말며, 음란하고 방탕한 이야기를 금지하라. 만일 그러하면, 그 악한 형상이 병자의 정신에 인상되어 또한 내생의 원 습관이 되기 쉬우리라.

이 조항은 나쁜 말을 듣고 나쁜 생각으로 가면 나쁜 마음으로 일생을 시작하기 때문에, 나쁜 말을 하지 않도록 특별히 말조심하라는 것입니다.

다섯째, 병자의 앞에서는 가산에 대한 걱정이나 친족에 대한 걱정 등 애연한 말과 비창한 태도를 보이지 마라. 만일 그러하면 병자의 애착과 탐착을 조장하여 영혼으로 하여금 영원히 그곳을 떠나지 못하게 하며, 그 착된 곳에서 인도 수생의 기회가 없을 때는 자연히 악도에 떨어지기가 쉬우리라.

영혼이 떠나지 못하는 것은 애착, 탐착 때문인데 그것을 조장하면 영혼이 떠나지 못하고 머물다가 악도에 떨어지게 된다는 것입니다. 나중에는 영혼이 떠나지 않아 고통을 받으면 그때는 보내기 위해 굿을 하고 재를 지내고 애를 먹게 되는데 대종사님께서 일러주신 대로 하면 그런 걱정을 덜게 되는 것입니다. 산 사람을 위해서나 죽은 사람을 위해서나 깨끗이 헤어지는 것이 서로에게 좋은 길이니까 명심해서 실천해야 할 도리입니다.

여섯째, 병자의 앞에서는 기회를 따라 염불도 하고 경도 보고 설법도 하되, 만일 음성을 싫어하거든 또한 선정으로 대하라. 그러하면 병자의 정신이 거기에 의지하여 능히 안정을 얻을 수 있으리라.

사람의 성격이나 특성에 따라서 좋아하고 싫어하는 것이 다르므로 소리를 싫어하는 경우에는 선정에 들면 거기에 의지하여 온전한 마음으로 떠날 수 있다고 하셨습니다.

일곱째, 병자가 열반이 임박하여 곧 호흡을 모을 때는 절대로 울거나 흔들거나 부르는 등 시끄럽게 하지 마라. 그것은 한갓 떠나는 사람의 정신만 어지럽게 할 따름이요 아무 이익이 없는 것이니, 인정상 부득이 슬픔을 발하게 될 때는 열반한 후 몇 시간을 지내서 하라.

일반적으로 돌아가신 고인을 가지 말라고 붙잡고 애원하지만, 그것이 바른길이 아니므로 가족들의 슬픔은 충분히 알지만 떠나는 영가의 올바른 천도를 위해서 참으로 위하는 길을 알려 주신대로 실천해야 합니다.

죽어가는 사람의 영혼은 생시와 똑같이 지켜보고 있는데 육신에만 매달려 흔들고 울고불고하면 육체에서 이탈한 영혼의 유체가 모이는데 방해가 될 수 있으며, 일심을 모으는 데도 방해가 되며, 애착 탐착을 떠나는 데도 방해가 되는 것입니다.

우는 소리를 듣고 마음 편한 사람은 없을 것입니다. 인정상 야박하다고 생각하겠지만, 슬픔을 참고 가시는 분이 잘 가도록 도와줘야 합니다.

마무리하자면 일생을 마칠 때 친근자들이 도와주면 열반인이 갈 길을 편안히 잘 갈 수 있으며, 최후 일념을 잘 챙길 수 있습니다. 그러므로 열반을 앞둔 친근자가 있으면 최후 일념을 잘 가지도록 대종사님께서 일러준 법으로 도와주는 것이 중요한 일입니다.

기회가 있으면 실천하시고 주변 사람들에게도 이 법을 일러주어서 모두가 악도에 떨어지지 않고 선도 수생하도록 도와주어야 하겠습니다.

열반인이 해야 할 공부

대종사 이어서 말씀하시기를 「열반이 가까운 병자로서는 스스로 열반의 시기가 가까움을 깨닫거든 만사를 다 방념하고 오직 정신 수습으로써 공부를 삼되 혹 부득이한 관계로 유언할 일이 있을 때에는 미리 처결하여 그 관념을 끊어서 정신 통일에 방해가 되지 않게 할지니, 그 때에는 정신 통일하는 외에 다른 긴요한 일이 없나니라. 또는 스스로 생각하되 평소에 혹 누구에게 원망을 품었거나 원수를 맺은 일이 있거든 그 상대자를 청하여 될 수 있는 대로 전혐前嫌을 타파할 것이며, 혹 상대자가 없을 때에는 당인 혼자라도 그 원심을 놓아 버리는 데에 전력하라. 만일 마음 가운데 원진을 풀지 못하면 그것이 내생의 악한 인과의 종자가 되나니라. 또는 스스로 생각하되 평소부터 혹 어떠한 애욕 경계에 집착하여 그 착을 여의지 못한 경우가 있거든 오직 강연히라도 그 마음을 놓아 버리는 데에 전력하라. 만일, 착심을 여의지 못하면 자연히 참 열반을 얻지 못하며, 그 착된 바를 따라 영원히 악도 윤회의 원인이 되나니라. 병자가 이 모든 조항을 힘써 오다가 최후의 시간이 이른 때에는 더욱 청정한 정신으로 일체의 사념을 돈망하고 선정 혹은 염불에 의지하여 영혼이 떠나게 하라. 그러하면, 평소에 비록 생사 진리에 투철하지 못한 사람일지라도 능히 악도를 면하고 선도에 돌아오게 되리라. 그러나 이 법은 한갓 사람이 열반에 들 때에만 보고 행하라는 말이 아니라 평소부터 근본적 신심이 있고 단련이 있는 사람에게 더욱 최후사를 부탁함이요, 만일 신심과 단련이 없는 사람에게는 비록 임시로 행하고자 하나 잘 되지 아니하리니, 그대들은 이 뜻을 미리 각오하여 임시 불급臨時不及의 한탄이 없게 할 것이며, 이 모든 조항을 항상 명심 불망하여 영혼 거래에 큰 착이 없게 하라. 생사의 일이 큼이 되나니, 가히 삼가지 아니하지 못할지니라.」

(대종경 천도품 3장)

모 교당에 박 주무와 강 주무가 있었습니다. 박 주무는 늘 헌신적으로 교당 일을 잘하는 강 주무를 무척 좋아했습니다. 그런데 강 주무의 시어머니는 며느리와는 달리 신심이 별로 없으므로 박 주무는 강 주무의 시어머니를 별로 좋아하지 않았습니다.

평소 박 주무는 전무출신(원불교 성직자)을 하고자 하는 서원이 있었습니다. 그런데 어느 날 갑자기 박 주무가 그만 뇌출혈로 세상을 떠나고 말았습니다. 박 주무가 열반하던 날 밤 교무님의 꿈에 박 주무가 나타나 강 주무에게 간다고 하였습니다.

교무님은 참 이상한 꿈도 다 있다고 생각하고 한동안 그 꿈을 잊어버리고 살았는데, 철이 바뀐 어느 날 다시 박 주무가 꿈에 나타나서는 "교무님, 내가 다시 태어나는데 와보지 않으실래요." 하더란 것입니다. 그래서 아이 낳은 집을 수소문해 보니 강 주무 집이었습니다.

아이는 자라면서 교무가 가면 무척 좋아하는데, 정작 시어머니에게는 가까이 가려 하지 않았습니다. 시어머니가 가까이하려고 과자나 장난감을 사주면서 노력을 했지만 안아주기만 하면 울어대는 바람에 친해지지 않았습니다.

좋아하는 것이나 싫어하는 것이 그대로 각인된 결과입니다. 전생의 생각이 현생으로 이어져 교무님과 강 주무는 좋아했지만, 시어머니는 싫어하는 것이 그대로 나타난 것입니다. 몸만 바뀌었지 마음은 전생 박 주무의 그 마음이 그대로 나타난 것으로, 마음(영혼)은 영생을 통해 바뀌는 것이 아님을 알 수 있는 사례입니다.

열반인이 내생으로 잘 가기 위해서는 변하지 않는 영원한 마음(영혼)을 어떻게 정리하고 어떠한 마음으로 생을 마감해야 하는지 함께 공부합시다.

열반을 앞둔 자가 할 공부

하나, 정신통일에 전념하라.

'열반이 가까운 병자로서는 스스로 열반의 시기가 가까움을 깨닫거든 만사를 다 방념하고 오직 정신 수습으로써 공부로 삼되 혹 부득이한 관계로 유언할 일이 있을 때는 미리 처결하여 그 관념을 끊어서 정신 통일에 방해되지 않게 할지니, 그때에는 정신 통일하는 외에 다른 긴요한 일이 없느니라.'고 하였습니다.

마지막 가는 길에 가지고 갈 것은, 오직 정신통일 즉 청정 일념을 챙기는 것뿐이기 때문에 청정 일념을 모으는 일 외에는 다 놓아버리라는 것입니다. 여기에서 정신통일은 우리의 본래 마음인 청정 일념 챙기는 것을 말하는 것입니다.

일생동안 애지중지하던 몸이나 사랑하는 가족이나 악착같이 모은 재산이나 하나도 가져가지 못하는 것이기 때문에 가져가지 못하는 것에 집착하는 것은 어리석은 일입니다.

마음에 걸리는 것이 있어 정신통일 하는 데 방해되는 일이 있으면 미리 처리하고, 미진한 것은 미리 유언을 하여 자손이나 남은 사람에게 미루고 가는 길에 꼭 필요한 정신통일하는 데 전념하라는 것입니다.

둘, 원망이나 원한은 반드시 풀고 가라.

'또는 스스로 생각하되 평소에 혹 누구에게 원망을 품었거나 원수를 맺은 일이 있거든 그 상대자를 청하여 될 수 있는 대로 전혐前嫌을 타파할 것이며, 혹 상대자가 없을 때는 당인 혼자라도 그 원심을 놓아 버리는 데에 전력하라. 만일 마음 가운데 원진을 풀지 못하면 그것이 내생의 악한 인과의 종자가 되나니라.'고 하였습니다.

우리가 일상에서 서로 사이가 안 좋으면 "저 원수하고는 다시 안 만난다"고 막말을 하고 미워하지만, '침 뱉고 간 샘물을 다시 마시게 된다'는 속담과 같이 원수는 반드시 외나무다리에서 만나게 되어 있습니다.

외나무다리는 피할 수 없는 인연관계를 말하는 것입니다. 우리가 세상을 살면서 만나는 모든 인연을 크게 세 가지로 나누어 볼 수 있는데, 하나는 좋아하는 상생의 인연이고, 둘은 싫어하고 미워하는 상극의 인연이고, 셋은 길 가다가 옆을 스쳐 가는 무심한 인연입니다.

그 인연 가운데 내 인생에 문제가 생기는 인연은 대개 좋아하는 상생의 인연과 싫어하는 상극의 인연입니다. 좋아하면 선연으로 만나고 미워하면 악연으로 만납니다. 만나지 않을 인연이라고 미워하면 인연이 끝나는 것이 아니라 더 강한 악연으로 만나는 것이기 때문에, 미워하는 것은 더 힘들고 위험한 인연을 만드는 것입니다.

그러므로 내생에 악연으로 만나지 않으려면 생전에 원한을 반드시 풀고 가야 한다는 말씀입니다.

셋, 애욕이나 집착을 버려라.

'또는 스스로 생각하되 평소에 혹 어떠한 애욕 경계에 집착하여 그 착을 여의지 못한 경우가 있거든 오직 강연이라도 그 마음을 놓아 버리는 데에 전력하라. 만일 착심을 여의지 못하면 자연히 참 열반을 얻지 못하며, 그 착된 바를 따라 영원히 악도 윤회의 원인이 되나니라.' 하였습니다.

이 애욕과 집착심의 문제가 제일 어려운 문제이고 이 문제가 얽히고설켜서 망자가 산 사람을 힘들게 하는 문제가 발생하기도 합니다. 애욕이나 집착은 쉽게 놓이지 않기 때문에 강연이라도 그 마음을 놓으라고 하셨습니다. 사랑하는 가족과 애착을 떼고 헤어지려면, 죽을힘을 다해서 온갖 수단 방법 다 동원해서 애착을 버려야 악도를 면할 수 있습니다.

넷, 선정이나 염불로 마지막 청정 일념을 챙겨라.

'병자가 이 모든 조항을 힘써 오다가 최후의 시간이 이른 때에는 더욱 청정한 정신으로 일체의 사념을 돈망하고 선정 혹은 염불에 의지하여 영혼이 떠나게 하라. 그리하면 평소에 비록 생사 진리에 투철하지 못한 사람일지라도 능히 악도를 면하고 선도에 돌아오게 되리라.' 하셨습니다.

이 세상에서 내생으로 저절로 따라가는 것이 평생에 선악 간 지은 업의 보따리이지만, 직접 내 의지로 챙겨서 가지고 갈 수 있는 것이 청정 일념 즉 온전한 내 마음입니다. 이 청정 일념은 일상생활에 언제 어디서나 떠날 수 없이 항상 쓸 수 있는 마음이라, 내생에도 청정한 그 마음을 그대로 가지고 가서 바로 그대로 변함없이 경계를 당하면 온전한 마음을 쓸 수 있는 것입니다.

그러므로 살아생전이나 이승과 저승을 오고 갈 때나 변함없이 생활에 필수품처럼 경계마다 쓰는 청정일념의 내 마음을 챙겨 가자는 것입니다.

다섯, 최후 청정 일념을 챙기는 공부는 미리미리 해야 한다.

'그러나, 이 법은 한갓 사람이 열반에 들 때만 보고 행하라는 말이 아니라 평소에 근본적 신심이 있고 단련이 있는 사람에게 더욱 최후사를 부탁함이요, 만일 신심과 단련이 없는 사람에게는 비록 임시로 행하고자 하나 잘되지 아니하리니, 그대들은 이 뜻을 미리 각오하여 임시 불급臨時不及의 한탄이 없게 할 것이며, 이 모든 조항을 항상 명심불망하여 영혼 거래에 큰 착이 없게 하라.'고 당부 말씀을 해주셨습니다.

청정 일념을 챙기는 열반의 도는 임시로 급하게 한다고 해서 잘되는 것이 아니므로 생전에 미리미리 해야 하는 마음공부입니다. 평상시에 열심히 하고, 마지막에는 총력을 기울여서 실천해야 할 열반의 도라는 것입니다.

우리가 세상을 살다 보면 중요한 일이고 반드시 해야 할 일을 뒤로 미루다가 마지막에 다급하게 처리하고 후회를 합니다. 일상적인 일은 뒤에라도 보충하거나 처리할 수 있지만, 생사문제는 연습이 없는 생중계와 같은 실전이기 때문에, 한 번밖에 없는 기회를 최선을 다하여 미리미리 준비해야 영가가 골수에 사무치는 눈물을 흘리지 않을 것입니다.

여섯, 생사문제는 가장 중한 일이니 가볍게 생각하지 마라.

'생사의 일이 큼이 되나니, 가히 삼가지 아니하지 못할지니라.' 하셨습니다. 이 세상에서 생사문제보다 더 큰 일은 없으니까, 바르게 살아가는 생의 문제와 잘 죽는 사의 문제를 우선순위에서 1번으로 두고 세상을 살라는 당부 말씀입니다.

인생은 연습이 없습니다. 당하는 모든 경계가 모두 실전입니다. 그래서 생사문제를 기본으로 삼고 최선을 다해서 성실하게 살아야 합니다. 다시 강조해 말씀드리지만, 생사 문제는 어리다고 해서 소홀히 하고 나이 먹었다고 해서 심각하게 생각해야 할 문제가 아니라 남녀노소 누구나 시급하고 심각한 문제입니다.

그 이유는 앞의 예화에 소개한 바와 같이, 생과 사가 따로 떨어져 있는 것이 아니라 어제와 오늘과 내일, 그리고 밤과 낮으로 계속 이어지고 영생을 통해 계속 진행되는 삶의 과정이기 때문입니다.

천도품 1장에서 밝혀주신 바와 같이 잘 살아야 잘 죽을 수 있고, 잘 죽어야 잘 태어날 수 있고, 잘 태어나야 잘 살 수 있는 것이 영원히 이어지는 우리 인생의 과정입니다.

무대 위에서 하는 공연은 연습이 있는 것이지만 우리의 인생은 연습 없이 딱 한 번씩만 하는 실제입니다. 생사는 한 번 지나가면 되돌릴 수 없으므로 잘했으면 좋은 결과를 얻어 진급할 것이고 실수하면 실수한 벌로 악도를 면하지 못하는 것입니다.

생사문제는 다시 연습할 수 없기 때문에 당하는 그 때에 최선을 다해야 하는 것입니다. 우리 인생도 영생의 진리로 보면 시작도 끝도 없이 한없이 진행되는 쉴 수 없는 마라톤이기 때문에 주어진 현실을 최선을 다해서 잘 살아야 합니다.

그 가운데 특히 한 생을 마감하고 다음 생으로 넘어가는 생과 사의 갈림길에서는 함정에 빠질 위험이 많아서, 이때는 대종사님께서 밝혀주신 천도품 2장과 3장의 도리를 미리미리 익히고 실천하여 변신할 때 계속 진급하는 변신을 하자는 것입니다.

마무리하자면 생과 사의 갈림길은 열심히 살면서 열심히 준비한 사람은 진급의 기회가 되는 것이고, 함부로 살면서 준비 없이 산 사람은 악도의 함정에 빠질 위기가 되는 것입니다.

그러므로 우리는 생사문제를 가장 시급하게 해결해야 할 중요한 문제로 삼고, 일원대도에 대한 투철한 신앙심을 가지고 사은사요 삼학팔조를 실천하여, 일상생활 모든 경계를 승급의 기회로 활용하여 몸을 바꿀 때마다 대 진급의 기회로 삼아서 계속 진급하고 진급하자는 것입니다.

성주聖呪 법문

대종사 이공주·성성원에게 「영천영지영보장생永天永地
永保長生 만세멸도상독로萬世滅度常獨露 거래각도무궁화
去來覺道無窮花 보보일체대성경步步一切大聖經을 외우게
하시더니, 이가 천도를 위한 성주聖呪로 되니라.」

(대종경 천도품 4장)

성주의 유래입니다.

원기10(1925)년, 소태산 대종사님께서는 서울교당에서 수양 방법에 대하여 말씀하시면서 "초학자는 좌선보다는 염불을 많이 하라."고 하시었습니다. 이때 이공주가 여쭙기를 "노인은 모르지만 젊은 사람이 어찌 나무아미타불을 부르고 있겠나이까?" 하니, 대종사께서는 "그러면 글귀는 외우겠는가."하고 다시 물으시었습니다. 이공주가 사뢰기를 "글귀야 얼마든지 외울 수 있겠나이다."고 하니 대종사께서는 즉석에서 「거래각도무궁화보보일체대성경去來覺道無窮花 步步一切大聖經」이란 글귀를 내려주셨습니다. 함께 있던 성성원成聖願도 "저도 염불은 남부끄러워 못하겠사오니 글귀 하나 지어주소서."하니, 대종사 웃으시며 다시 「영천영지영보장생 만세멸도상독로永天永地永保長生 萬歲滅度常獨露」란 글귀를 내려주셨습니다. 그 후 몇 해가 지나 이 글귀를 성주聖呪라 하고 성주를 나무아미타불 대신 외우도록 하였습니다.

그런데 소태산 대종사의 꿈에 총부 대각전에서 대중이 모여 천도재를 지내는데, 이 성주를 외우자 대각전 지붕 위에서 서기瑞氣가 감돌았습니다. 이후로 이 주문은 영혼들의 천도를 위한 주문으로 사용하였습니다.

성주는 해석하는 것이 아니다

《한울안한이치》를 보면 정산 종사와 이제성의 문답 내용이 실려 있습니다.

이제성李濟性이 여쭙기를 "지방 교당에서 올라온 질의 가운데 성주와 영주의 뜻을 알려 달라는 요청이 많이 있는데 어찌하면 좋겠습니까?" 정산종사 답하시기를 "성주나 영주는 뜻을 해석하는 것이 아니다. 거기에 마음을 주하여 일심으로 독송하여 심력과 위력을 얻는 것이다." 하시니라.

대산 종사께서도 원기60년 8월 3일, 청운회원들에게 "성주는 해석하는 글이 아니다. 묵식심통默識心通해서 외우고 염념불망念念不忘하는 것이다."고 하셨습니다.

성주에 대한 대산 종사님 해석

"성주는 묵식심통默識心通해서 외우고 염념불망念念不忘하는 것이지만, 내가 50년을 통해 여러분에게 처음으로 해석해 주겠는데, 강연이 말하자면 대종사님 깨치신 점이 이 점이시다. 이 진리를 깨치셔서 모든 중생에게 이 진리를 가르쳐 알려주시려는 것이다."

"영천영지영보장생永天永地永保長生"이라. 영천, 긴 하늘. 영지, 긴 땅. 긴 하늘 긴 땅이란 끝이 없다는 뜻이다. 긴 하늘 긴 땅 모두 원리가 그렇기 때문에 영보장생이라, 길이 장생을 보존했다. 너와 나와 만물이 다 같이 영생한다는 뜻이다. 긴 하늘, 긴 땅, 길게 장생을 보존했으니, 너와 나 모두가 장생불사한다는 뜻이

이 구句에 들었다. 새삼스럽게 죽지 않는다, 낳지 않는다 할 것 없다. 긴 하늘 긴 땅에 살기 때문에 영보장생이 된다. 길이 장생을 보존하게 되어 여러분과 우리가 세세생생 수억 만 번 가더라도 서로 같이 다니고 같이 구원할 사람이다. 그러니 이것 하나 깨 버리면 성리를 깬 사람이고 불생불멸의 진리를 깬 사람이기 때문에 진리의 핵을 벌써 손에 쥐었다. 이것을 깨지 못한 사람은 애들 장난이고 허수아비이다. 영천영지영보장생을 통하여 천지인天地人 삼재三才에 합한 사람이 되며, 바로 일원一圓이다.

만세멸도상독로萬歲滅度常獨露라. 만세에 멸도 되더라도 즉 소천소지燒天燒地가 되어, 이 천지는 다 없어지고 닳아지게 되더라도 상독로라 항상 홀로 드러나 있다는 말이다. 그것이 나의 진체다. 그것이 일물一物이 장령長靈해서 개천개지盖天盖地라 즉 한 물건이 장령해서 하늘도 덮고 땅도 덮는다.(수심결 1장) 그 진리자리, 상독로 자리다, 이것(몸)이 바로 나나 여러분이 갖고 있는 이 몸은 나이지만, 내가 아니고 나를 담고 있는 그릇으로 거짓 나이니, 참 나를 발견해야 한다. 만세멸도 하여 소천소지燒天燒地가 되더라도 독생 독존 독로한다. 독존과 독생이 장생한 자리다. 그것이 바로 견성이다. 그것을 깨면 독존한 그 자리가, 독생한 그 자리가 영천한 자리며 영지한 자리며 길게 장생을 보존한 불생불멸한 자리다. 그래서 만세멸도다.

거래각도무궁화去來覺道無窮花라. 가고 오는 도를 깨서 무궁화일

레라. 무궁한 꽃이다. 이것이 우담발화요 진리의 꽃이요, 무궁화란 말이다. 생사는 거래요 인과는 여수與受다. 나고 죽는 것은 가고 오는 것이요, 인과는 주고받는 것이다. 여기에 토가 떨어져야 한다. 선善을 해라, 악을 행하지 말라, 할 것이 없다. 이것 알아 버리면 악을 지을 수 없고 선을 안 할 수 없다. 거래각도 무궁화라, 가고 오는 길을 깨니 그것이 무궁화일레라. 그 무궁화가 한국의 국화로 나온 것은 천 여래 만 보살이 난다는 뜻이다. 만약 공부를 않고 육신을 한 번 바꾸어 축생보를 받으면 사람 되고 싶어 백억만 년, 천억만 년을 지내도 사람 되기 어렵다. 그러니 이 몸 받은 이때 우리가 제도 받아야 한다. 무엇이 급하네 급하네 하여도 이것보다 더 급한 것이 없다. 우리가 이 몸 받았을 때 수도 정진해서 팔자 한번 뜯어 고쳐야 하겠다. 그래서 나도 제도 받고 남도 제도할 수 있어야 하겠다.

보보일체대성경步步一切大聖經이라. 걸음걸음 일체가 다 성경현전이다. 그러기 때문에 이 진리를 대종사님께서 깨셔서 삼학팔조, 사은사요를 제정하셨다. 우리는 이 원리 이 진리의 핵을 보아서 손에 쥐는 사람은 될지언정 진리의 거지가 되지 말아야 한다. 남의 것 주워 가지는 거지는 되지 말고 진리의 핵을 파는 원천을 여러분이 잡기를 바란다. 그렇게 하면 여기서 대각이 나오고 일체 해탈이 나올 것이고 영생을 잘살 수 있는 중정中正이 솟아난다. 이것이 바로 도통道通이다. 보보일체가 천삼라지만상天森羅地萬象이라. 크고 넓고 밝은 대성경大聖經 현전賢典이로다."

성주는 해석하지 말라는 법문이기 때문에 대산 종사 법문을 소개하는 것으로 마무리하겠습니다.

원불교 용어사전에는 성주聖呪를 천도재 때 많이 외우는 주문으로 영혼 천도를 위한 성스럽고 불가사의한 주문이라 밝히고 있습니다.

'불생불멸한 천지와 더불어 영원한 생명을 보전하고, 무시무종의 영원한 세월에 열반을 얻어 항상 홀로 우주에 우뚝 드러나며, 세세생생 거래 간에 큰 도를 깨쳐 무궁무진한 일원화를 꽃피우고, 한 걸음 한 걸음이 모두 다 성현의 경전이 되소서' 라는 뜻이다. 천지는 시작도 없고 끝도 없으며, 생하지도 않고 멸하는 것도 아니다. 사람의 영혼도 역시 천지와 더불어 영원불멸·불생불멸한 것이다. 인생이 비록 육도윤회를 하고 생사윤회를 한다고 하지만 무명 번뇌를 다 끊고 생사 해탈을 얻게 되면 자성의 혜광이 홀로 밝게 드러나 우주에 가득하게 되는 것이다. 생사 해탈을 얻은 사람은 세세생생 거래 간에 큰 도를 깨닫게 되고, 시들지 않고 영원히 아름답게 피어나는 일원화를 꽃피운다. 그런 사람은 세상을 살아가는 걸음걸음이 큰 성현의 경전처럼 만 생령을 구제하고 영생의 길잡이가 되는 것이다. 이 성주는 열반인의 천도를 위해서만이 아니라 자신 천도를 위한 해탈 공부의 표준이 된다. 따라서 열반인을 위해 간절히 염송함과 동시에, 스스로도 이와 같은 경지에 도달하도록 서원하고 정진해야 한다.

성주의 근본 뜻을 정리해서 말하자면 나의 본래 마음자리를 알고, 내 본래 마음자리를 기르고, 나의 본래 마음자리를 사용하여 세상에 은혜가 나타나게 하는 것입니다. 성주를 많이 외우고 실천해서 생전에 자기를 제도하고 이웃을 제도하며 세세생생 대 자유인이 됩시다.

천도 법문

대종사 천도를 위한 법문으로 "열반 전후에 후생 길 인도하는 법설"을 내리시니 이러하니라. 「아무야 정신을 차려 나의 말을 잘 들으라. 이 세상에서 네가 선악간 받은 바 그것이 지나간 세상에 지은 바 그것이요, 이 세상에서 지은 바 그것이 미래 세상에 또다시 받게 될 바 그것이니, 이것이 곧 대자연의 천업이라. 부처와 조사는 자성의 본래를 각득하여 마음의 자유를 얻었으므로 이 천업을 돌파하고 육도와 사생을 자기 마음대로 수용하나, 범부와 중생은 자성의 본래와 마음의 자유를 얻지 못한 관계로 이 천업에 끌려 무량 고를 받게 되므로, 부처와 조사며 범부와 중생이며 귀천과 화복이며 명지장단 命之長短을 다 네가 짓고 짓느니라. 아무야 일체 만사를 다 네가 짓는 줄로 이제 확연히 아느냐. 아무야 또 들으라. 생사의 이치는 부처님이나 네나 일체중생이나 다 같은 것이며. 성품 자리도 또한 다 같은 본연 청정한 성품이며 원만 구족한 성품이니라. 성품이라 하는 것은 허공에 달과 같이 참 달은 허공에 홀로 있건마는 그 그림자 달은 일천 강에 비치는 것과 같이, 이 우주와 만물도 또한 그 근본은 본연 청정한 성품 자리로 한 이름도 없고, 한 형상도 없고, 가고 오는 것도 없고, 죽고 나는 것도 없고, 부처와 중생도 없고, 허무와 적멸도 없고, 없다 하는 말도 또한 없는 것이며, 유도 아니요 무도 아닌 그것이나, 그중에서 그 있는 것이 무위이화無爲而化 자동적으로 생겨나, 우주는 성·주·괴·공으로 변화하고, 만물은 생·로·병·사를 따라 육도와 사생으로 변화하고, 일월은 왕래하여 주야를 변화시키는 것과 같이 너의 육신 나고 죽는 것도 또한 변화는 될지언정 생사는 아니니라. 아무야 듣고 듣느냐, 이제 이 성품 자리를 확연히 깨달아 알았느냐. 또 들으라. 이제 네가 이 육신을 버리고 새 육신을 받을 때는 너의 평소 짓던 바에 즐겨하여 애착이 많이 있는 데로 좇아 그 육신을 받게 되나니, 그 즐겨하는 바가 불보살 세계가 승勝하면 불보살 세계에서 그 육신을 받아 무량한 낙을 얻게 될 것이요, 또한 그 반대로 탐·진·치가 승하고 보면 그곳에서 그 육신을 받아 무량 겁無量劫을 통하여 놓고 무수한 고를 얻을 것이니라. 듣고 듣느냐. 아무야 또 들으라. 네가 이때를 당하여 더욱 마음을 견고히 하라. 만일 호리라도 애착 탐착을 여의지 못하고 보면 자연히 악도에 떨어져 가나니, 한 번 이 악도에 떨어져 가고 보면 어느 세월에 또다시 사람의 몸을 받아 성현의 회상을 찾아 대업大業을 성취하고 무량한 혜복을 얻으리오. 아무야 듣고 들었느냐.」

(대종경 천도품 5장)

제가 아는 여자 원로교무님 한 분이 교화 현장에 있을 때 전북 교구 모 교당으로 인사이동이 되었습니다. 그런데 새로 부임한 그 교당은 아무도 가지 않으려는 교당이었다는 것을 나중에야 알게 되었습니다.

그러나 교무님은 불평불만 하지 않고 그 교당에서 정년퇴임 때까지 장기 근무를 하면서 교화를 활성화했으며, 교단에서는 그 공로를 인증하여 교역자 상록수상을 드렸습니다.

그 여자 교무님께서 마지막 부임지였던 모 교당에서 첫 밤을 맞으면서 겪었던 이야기입니다.

그 교당 전임교무는 건강 문제로 단식하는 과정에서 잘못되어 많지 않은 나이에 갑자기 열반했는데, 이 교무님께서 그 빈자리를 채우기 위해 부임을 한 것이었습니다.

교무님은 남자와 같은 골상을 가지고 있기도 하셨지만, 본래 담력이 커서 어린 시절부터 무서운 밤길에 친구를 집에 데려다 주는 일을 많이 했다고 합니다. 그런데 부임한 첫날 낯선 교당에서 혼자 자는 것이 어설퍼서 나이 든 교도님들에게 함께 자자고 했더니 모든 교도님들이 손사래를 치고 가버렸습니다.

교무님께서 혼자 잠을 자려고 누웠는데 누군가 계속 목을 조르는 것 같은 느낌이 들어 일원상서원문도 외우고 청정주를 외워 봤지만 별 효과가 없었습니다. 그래서 생각 끝에 교전을 머리맡에 놓아두었더니 그제서야 잠을 잘 수 있었는데, 교도들은 뭔가를 알고 있었는지 아침 일찍 찾아와서 안부 인사를 하며 전임교무가 아마도 천도를 받지 못한 것 같다는 말을 하였습니다.

인연 있는 모든 영가가 완전한 천도 받기를 기원하는 마음으로 대종사님께서 내려주신 천도 법문을 공부하겠습니다.

천도 법문의 요지

하나, 지은 대로 받는 것이다(대자연의 천업).

"아무야 정신을 차려 나의 말을 잘 들어라. 이 세상에서 네가 선악간 받은바 그것이 지나간 세상에 지은바 그것이요, 이 세상에서 지은바 그것이 미래 세상에 또다시 받게 될 바 그것이니, 이것이 곧 대자연의 천업이라"

대자연의 천업이라는 것은 아무도 피할 수 없는 업으로 진리가 행하는 업보를 말하는 것입니다. 지은 대로 받는 인과보응과 불생불멸은 만고불변의 원칙인 천업의 기본 원리입니다.

둘, 불보살과 중생의 차이.

"부처와 조사는 자성의 본래를 각득하여 마음의 자유를 얻었으므로 이 천업을 돌파하고 육도와 사생을 자기 마음대로 수용하나, 범부와 중생을 자성의 본래와 마음의 자유를 얻지 못한 관계로 이 천업에 끌려 무량 고를 받게 되므로, 부처와 조사며 범부와 중생이며 귀천과 화복이며 명지장단命之長短을 다 네가 짓고 짓느니라. 아무야 일체 만사를 다 네가 짓는 줄로 이제 확연히 아느냐. 아무야 또 들으라."

지은 대로 받는 것은 불보살이나 중생이나 같으며 차이가 나는 것은 불보살은 자성의 본래를 깨달아서 마음의 자유를 얻어 윤회에 자유 하는 것이며 중생은 마음의 자유를 얻지 못해서 천업에 끌려다니는 것입니다.

우리가 괴로워하는 것은 자기가 이미 지어놓은 악업을 피하려고만 하기 때문입니다. 행복할 길은 악업을 피하는 것이 아니라, 지은 악업은 달게 받고 새로 짓는 업은 좋은 선업만 지으면 되는 것입니다. 이것을 잘할 수 있는 방법은 근본 마음을 알고, 근본 마음을 기르고, 근본 마음을 잘 사용 하는 마음공부를 하는 것입니다.

셋, 생사는 부처나 중생이나 같다

"생사의 이치는 부처님이나 너나 일체중생이나 다 같은 것이며"

생사의 이치는 부처나 중생에게 똑같이 적용이 되는 것이기 때문에 마음공부를 하여 몸의 죽음을 피하려는 것이 아니라, 생사의 근본원리를 알아서 이치에 맞게 지혜롭게 살자는 것입니다.

중생들은 몸이 죽지 않는 불가능한 길만 찾으니, 결국은 영원히 사는 길은 모르고 현재 몸이 죽는 길만 알게 되는 것입니다. 영원히 현명하게 사는 것은 영원히 사는 원리를 알아서 이치에 맞게 영원히 살 마음공부를 하면 되는 것입니다.

넷, 성품 자리는 부처나 중생이나 같다.

"성품 자리도 또한 다 같은 본연 청정한 성품이며 원만 구족한 성품이니라."

일원의 진리에서, '우주만유의 본원이고, 제불제성의 심인이고, 일체중생의 본성'이라고 하였습니다. 우리의 본래 마음인 나의 성품자리는 일원상 진리나 대종사님이나 똑같다는 것입니다. 그러므로 대종사님께서 알려주신 대로 마음공부를 하면 우리도 일원의 진리를 깨쳐서 부처가 될 수 있습니다.

다섯, 성품에 대한 설명.

"성품이라 하는 것은 허공에 달과 같이 참 달은 허공에 홀로 있건마는 그 그림자 달은 일천 강에 비치는 것과 같이, 이 우주와 만물도 또한 그 근본은 본연 청정한 성품 자리로 한 이름도 없고, 한 형상도 없고, 가고 오는 것도 없고, 죽고 나는 것도 없고, 부처와 중생도 없고, 허무와 적멸도 없고, 없다 하는 말도 또한 없는 것이며, 유도 아니요 무도 아닌 그것이나…."

우리의 성품을 허공의 달에 비유해서 설명했습니다. 허공에 보름달이 환하게 떠 있으면 그달이 비치는 곳은 세상에 있는 모든 강에 다 비치게 됩니다. 빛이 반사되는 모든 곳에 다 비치는 것입니다.

보이는 모든 달 가운데 허공에 떠 있는 달만을 참 달이라고 하며, 반사되는 모든 곳에 비치는 달은 그림자 달이라고 합니다. 이와 같이 나의 몸이나 천지 만물이 모두 성품에서 나타난 그림자 달입니다.

참 달과 같은 이 성품은 절대적인 것이기 때문에 이름도 없고 생사도 없고 부처와 중생도 없고 있는 것도 아니고 없는 것도 아니라고 하였습니다.

여섯, 성품의 작용(있는 면)에 대한 설명.

"그 중에서 그 있는 것이 무위이화無爲而化 자동적으로 생거나, 우주는 성주괴공으로 변화하고, 일월은 왕래하여 주야를 변화시키는 것과 같이 너의 육신 나고 죽는 것도 또한 변화는 될지언정 생사는 아니니라. 아무야 듣고 듣느냐, 이제 이 성품 자리를 확연히 깨달아 알았느냐. 또 들으라."

그 성품이 무위이화 자동적으로 나타나는데, 우주에는 성주괴공의 변화로 나타나고, 우리에게는 육신의 생로병사의 변화로 나타나는 것이며, 이것을 태어나면 죽고 끝나는 생사라고만 하지 않고 변화라고 하는 것입니다. 대산 종사님께서 생사는 거래 즉 오고 가는 것이라고 하였습니다.

일곱, 영가의 행적.

"이제 네가 이 육신을 버리고 새 육신을 받을 때에는 너의 평소 짓던 바에 즐겨하여 애착이 많이 있는 데로 좇아 그 육신을 받게 되나니, 그 즐겨하는 바가 불보살 세계가 승勝하면 불보살 세계에서 그 육신을 받아 무량한 낙을 얻게 될 것이요, 또한 그 반대로 탐 진 치가 승하고 보면 그곳에서 그 육신을 받아 무량 겁無量劫을 통하여 놓고 무수한 고를 얻을 것이니라. 듣고 듣느냐. 아무야 또 들으라."

나무가 흔들리는 것을 보고 공기가 물처럼 흘러 움직인다는 것을 알 수 있는 것과 같이 보이지는 않지만, 영혼이 움직이는 행적은 마음 가는 곳이라고 말씀해 주셨습니다. 죽어서 영혼이 가는 곳이 평상시에 마음 가는 곳이란 말씀입니다. 마음 가는 곳이 불보살 세계가 많으면 그곳으로 가서 무량한 낙을 받게 되고 마음 가는 곳이 탐 진 치가 많으면 그곳으로 가서 무수한 고통을 받을 것이라고 하신 것입니다.

여덟, 중음기가 중요하니 한마음을 잘 챙기라.

"네가 이때를 당하여 더욱 마음을 견고히 하라. 만일 호리라도 애착 탐착을 여의지 못하고 보면 자연히 악도에 떨어져 가나니, 한 번 이 악도에 떨어져 가고 보면 어느 세월에 또다시 사람의 몸을 받아 성현의 회상을 찾아 대업大業을 성취하고 무량한 혜복을 얻으리오. 아무야 듣고 들었느냐."

열반 후 중음에 머무는 기간이 제일 중요하므로 이 기간에 마음을 잘 챙겨서 악도에 떨어지지 않도록 특별히 주의하라고 하였습니다. 만일 한마음 잘 못 가져 한 번 악도에 떨어지면 어느 세월에 사람의 몸을 받아 마음공부로 지혜와 복을 얻고 행복을 누릴지 기약이 없는 것이기 때문에 특별히 주의하라고 한 것입니다.

천도법문 공부입니다

하나, 성리 문제를 해결하자.

이 성리 문제는 가장 근본 문제이지만 우리가 늘 24시간 사용하면서도 모르고 사용하고, 보면서도 보지 못하니까 무심히 지나고, 공부하지 않으니까 사용하면서도 알지 못하고 사용할 뿐입니다.

연구심을 가지고 마음공부를 하면 그림자 달을 보면서 허공에 참 달을 찾을 수 있고, 나뭇가지 흔들림을 보고 바람 부는 것을 알 수 있는 것과 같이, 천지 만물을 보면서 이 성품을 보게 되는 것입니다.

둘, 청정 일념을 챙기자.

삿된 조각 마음은 고통과 불행을 불러오기 때문에 사나 죽으나 일상에서 꼭 필요한 마음이 청정 일념입니다.

청정 일념은 성품이 하나로 나타난 온전한 마음이기 때문에 청정 일념으로 하는 모든 육근동작은 모두가 법이고 덕으로 나타납니다. 그러므로 현재를 잘 살아가기 위해서도 청정 일념을 챙겨야 하고, 생사거래에 바르게 가고 바르게 오기 위해서도 청정 일념이 필요합니다.

셋, 업을 초월하자.

업은 선악 간에 주고받는 것이므로 권한이 상대에 넘어가면 애걸복걸해도 결국 상대방의 처분만 기다릴 수밖에 없습니다. 상대가 현재 내 앞에 있는 사람일 경우에는 사정하면 상대방의 아량에 따라 적게 받을 수도 있겠지만, 상대나 내가 몸을 바꾸었거나 상대가 진리인 경우에는 사정할 길은 참회와 기도밖에 없습니다.

내가 이미 저질러 놓은 일은 좋든 싫든 피할 길이 없으나 깊은 신앙심이 있으면 진리가 행하는 천업도 진실한 참회와 지극한 기도 정성으로 줄일 수는 있습니다.

그러므로 선악 간에 지어놓은 업은 달게 받고, 인과의 진리에 역행하는 악업을 그치고 순행하는 선업을 짓고 살자는 것입니다. 악업을 요행으로 피하려는 그 에너지를 미래를 위한 마음공부와 선업을 짓는데 적극적인 노력을 하는 것이 현명한 처사입니다.

정리해서 말씀드리자면 성리를 연마하고 성품 자리를 깨쳐서 성리에 맞게 세상을 살아가는 것이 생전에 천도를 스스로 마치는 길입니다.

스스로 생사문제를 해결하지 못한 경우에 대종사님 법에 의지해서 천도를 받아야 하는데, 그러기로 하면 기본적으로 조금이라도 신심이 있어야 가능한 것입니다. 그러므로 최고의 천도는 독실한 신심으로 신앙하고 수행하여 스스로 천도를 마치는 길이 최선의 길입니다.

천도법문 내용이 일원상 서원문과 똑같지는 않지만, 사람이 죽어서 갔다 오는 데는 최고의 법문입니다. 이 천도법문에 자기 이름을 넣어서 일원상서원문을 독경하듯이 자주 읽읍시다. 그래서 천도법문의 내용만 확실하게 깨치면 천도의 길에서 악도에 빠질 염려는 없습니다. 죽은 뒤에 교무님의 천도 법문으로 사후 천도를 바라지 말고, 생전에 자기의 천도 공부를 마쳐야 하겠습니다.

화재보험증과 같은
생사의 원리

대종사 서울박람회에서 화재보험 회사의 선전 시설을 보시고 한 감상을 얻었다 하시며, 말씀하시기를 「우리가 항상 말하기를 생사고락에 해탈하자고 하지마는 생사의 원리를 알지 못하면 해탈이 잘 되지 않을 것이니, 만일 사람이 한 번 죽으면 다시 회복되는 이치가 없다고 생각할진대 죽음의 경우를 당하여 그 섭섭함과 슬픔이 얼마나 더하리오. 이것은 마치 화재 보험에 들지 못한 사람이 졸지에 화재를 당하여 모든 재산을 일시에 다 소실한 것과 같다 하리라. 그러나 그 원리를 아는 사람은 이 육신이 한 번 나고 죽는 것은 옷 한 벌 갈아입는 것에 조금도 다름이 없을 것이니, 변함에 따르는 육신은 이제 죽는다 하여도 변함이 없는 소소昭昭한 영식靈識은 영원히

사라지지 아니하고, 또다시 다른 육신을 받게 되므로 그
일 점의 영식은 곧 저 화재 보험 증서 한 장이 다시 새 건
물을 이뤄내는 능력이 있는 것 같이 또한 사람의 영생
을 보증하고 있느니라. 그러므로 이 이치를 아는 사람은
생사에 편안할 것이요, 모르는 사람은 초조 경동할 것이
며, 또는 모든 고락에 있어서도 그 원리를 아는 사람은
정당한 고락으로 무궁한 낙을 준비할 것이나, 그렇지 못
한 사람은 그러한 희망이 없고 준비가 없는지라 아득한
고해에서 벗어날 기약이 없나니, 생각이 있는 이로 이런
일을 볼 때 어찌 걱정스럽지 아니하며 가련하지 아니하
리오.」   **(대종경 천도품 6장)**

제가 존경하는 선배이신 김형모 교무님께서 암에 걸리셨는데, 교무님께서는 "기왕 죽을 바에 왜 병원에서 죽어. 원불교 공사나 열심히 하다가 죽지." 하고는 치료도 마다하고 가평으로 가셨습니다. 그리고 아버지가 물려 준 유산으로 건물 전세를 얻어 교당을 냈습니다.

마침 가평에는 춘천교당 부교무로 근무할 때 학생회 출신 제자가 인근 모 부대 책임자로 근무하고 있었습니다. 그런데 어느 날 이 제자가 부대 병사들이 저녁마다 귀신이 달려드는 바람에 죽을 지경이라며 교당을 찾아왔습니다. 그래서 교무님이 이 영가의 이름을 알아오라고 해서 49재를 지내고 100재까지 지냈습니다.

교무님께서는 재를 지낼 때는 물론 재가 끝난 후에도 영가를 위한 축원 일념으로 틈나는 대로 일원상서원문 독송을 하였습니다. 일원상서원문을 올릴 때마다 마음이 더욱 뭉쳐지면서 영가를 위한 염원도 더욱 강렬해졌습니다.

그렇게 정성을 올리던 어느 날, 영가가 교무님 꿈에 나타나서 자기 시체가 묻힌 장소를 가리켜 주었습니다. 그동안 물에 쓸려 내려간 시체를 아무리 찾으려고 노력했지만 찾을 수가 없었는데, 영가의 안내로 시체를 찾아 대전 국립묘지에다 안장하니 부대가 편안해졌습니다.

그 부대 내에는 절이 하나 있었는데 그 영가의 천도재 후로 부대장이 "원불교 교무님이 와서 마음대로 사용하라."고 해서 가평지역의 군교화가 날로 일취월장한 때가 있었습니다.

김형모 교무님은 이처럼 화재보험증과 같은 영생의 이치를 믿는 마음이 있었기 때문에 암이라는 병을 이기고 적극적으로 더 큰 교화를 할 수 있습니다.

우리의 근본인 영혼은 보험증과 같이 변함없는 자기 주체이며, 그 영혼은 전생과 후생에 몸을 바꿔 왔다 갔다 하는 변화로 나타납니다.

천도품 6장에서는 영생을 믿고 인과를 믿고 복을 짓고 마음공부를 하는 것이 영생을 위해서 보험을 든 보험증서와 같은 이치라고 설명을 해 주시고 있습니다.

천도품 6장 요점 정리

하나, 생사 해탈을 하려면 생사의 원리를 알아야 한다.

"우리가 항상 말하기를 생사고락에서 해탈하자고 하지마는 생사의 원리를 알지 못하면 해탈이 잘되지 않을 것이니, 만일 사람이 한 번 죽으면 다시 회복되는 이치가 없다고 생각할진대 죽음의 경우를 당하여 그 섭섭함과 슬픔이 얼마나 더하리오. 이것은 마치 화재보험에 들지 못한 사람이 졸지에 화재를 당하여 모든 재산을 일시에 다 소실한 것과 같다 하리라."

생사고락의 고통에서 벗어나려면 생사고락에서 해탈해야 합니다. 그런데 해탈이라고 하는 것이 해탈하고 싶다고 해서 바로 되는 것이 아니라, 죽으면 다시 돌아오는 윤회의 원리와 지은 대로 받는 인과의 원리를 믿고 공부를 해서 그 원리를 확실하게 알아야만 되는 것입니다. 다시 말하면 마음공부를 하지 않고서는 해탈을 할 수 없는 것입니다.

둘, 원리를 아는 사람은 생사를 옷 한 벌 갈아입는 것과 같은 것으로 안다.

"그 원리를 아는 사람은 이 육신이 한 번 나고 죽는 것은 옷 한 벌 갈아입는 것에 조금도 다름이 없을 것이니, 변함에 따르는 육신은 이제 죽는다 하여도 변함이 없는 소소昭昭한 영식靈識은 영원히 사라지지 아니하고, 또다시 다른 육신을 받게 되므로 그 일 점의 영식은 곧 저 화재보험증서 한 장이 다시 새 건물을 이뤄내는 능력이 있는 것 같이 또한 사람의 영생을 보증하고 있느니라."

새 옷을 갈아입는데 공포를 느끼는 사람은 없습니다. 더러워진 옷보다 새 옷이 깨끗하고 좋다는 것을 알기 때문에, 새 옷 갈아입는 것은 기분 좋은 일이지 두려워할 일이 아닙니다.

마음공부를 해서 생사의 원리를 알고 보면 우리의 육신 바꾸는 것이 마치 새 옷 갈아입는 것과 같다는 것을 알기 때문에 두려워하거나 고통스러워하지 않고 해탈이 되는 것입니다.

생사윤회와 인과의 이치를 알고 내생을 설계하여 보험 부금 붓듯이 신앙과 수행으로 열심히 마음공부 하며 산 사람은 만기 보험금을 타는 것과 같이 새 몸과 새 인생에 대한 기대가 클 것입니다. 그러므로 생사윤회의 원리를 아는 사람은 새 옷 갈아입는 기분으로 이생을 마치고 내생을 맞이한다는 것입니다.

셋, 생사의 원리를 아는 사람은 편안하고 모르는 사람은 초조 경동한다.

"이 이치를 아는 사람은 생사에 편안할 것이요, 모르는 사람은 초조 경동할 것이며, 또는 모든 고락에 있어서도 그 원리를 아는 사람은 정당한 고락으로 무궁한 낙을 준비할 것이나, 그렇지 못한 사람은 그러한 희망이 없고 준비가 없는지라 아득한 고해에서 벗어날 기약이 없나니, 생각이 있는 이로 이런 일을 볼 때 어찌 걱정스럽지 아니하며 가련하지 아니하리오."

현실 생활에서도 보험에 들지 않은 사람은 장래에 돌아올 재앙에 대한 불안을 느끼는 것처럼, 생사의 원리를 알지 못하는 사람은 불안 초조하고 마음이 안정되지 못하여 누가 미래에 대해 작은 협박만 해도 쉽게 동합니다. 그러나 생사 인과의 원리를 아는 사람은 확실한 보험을 든 사람이기 때문에 미래의 걱정을 하지 않고 편안한 마음으로 살아갈 수 있습니다. 이 때문에 마음공부를 잘하여 생사 인과에 대하여 해탈한 사람은 요행이나 어떠한 협박에도 흔들림 없는 편안한 마음을 유지하며 자기 소신대로 자기 미래의 서원에 맞게 인생을 조각해 나갈 수 있습니다.

생사에 대한 공부

하나, 신심이 있어야 한다.

생사공부를 하여 생사 해탈을 하려면 대종사님 법에 대한 믿음이 확실해야 합니다. 신심이 있어야 마음공부를 해서 생사 해탈을 하여 행복하게 살 수 있는 것입니다.

믿음이 없는 사람은 생사에 대한 의심이 많아서 현실 생활도 불성실하고 미래를 믿지 않기 때문에 자기 미래를 창조하는 노력도 없으며, 원칙 없이 되는대로 살기 때문에 갈수록 악업에 따른 힘든 고통이 가중되고 죽음에 대하여도 불안 초조하게 되는 것입니다.

신심이 있으면 백지에 그림을 그리는 것과 같이 하나하나 하라는 대로 마음공부를 하면서 하나하나 경험과 공력에 따라 알아지고 깨침을 얻어가면서 더욱 확고한 신심으로 자기의 미래를 창조할 수 있습니다.

그러므로 일생과 영생을 맡겨도 사기당할 염려가 없는 일원대도를 만났으면 의심 없이 대종사님 말씀을 믿고 하라는 대로 하다 보면 생사 해탈을 하고 확실한 영생의 보험증서를 손에 쥐게 될 것입니다.

둘, 미래에 대한 구체적인 설계를 가지고 보험에 든다.

생사윤회와 인과응보를 확실하게 믿는다면 자기가 자기의 미래를 설계할 수 있고 성현 불보살들을 모델로 리메이크할 수 있습니다.

우리가 대종사님을 리메이크하여 나의 미래를 보험계약하고 보험료를 붓듯이 신앙과 수행을 한다고 하면, 법신불사은님께서는 수수료를 받는 것이 아니라 오히려 예쁘다고 이자도 쳐주고 잘하면 지혜와 복이라는 상금까지 주실 것입니다.

지금은 노력과 투자 없이 일확천금하는 방법을 선전하고 달콤한 유혹을 하는 사이비 종교의 사기꾼이 많은 세상이라 자기 인생을 사기당하는 어리석음에 빠지지 않도록 특별히 조심해야 합니다.

현실의 잘못된 보험은 파기하고 다시 들 수도 있지만, 영생의 잘못된 보험은 돌이킬 수 없습니다. 한 번의 실수로 악도에 떨어져서 몇억만 년을 악도에서 헤매게 될 수 있으며, 요행히 사람 몸을 받아야 비로소 새로 다시 시작할 기약을 얻게 되는 것입니다.

셋, 큰 서원을 세우고 변함없는 공을 쌓는다.

미래의 자기를 확실하게 만들어 가도록 알려주는 원불교에 와서도 하라는 대로 하지 않으면 원하는 것을 얻을 수 없습니다.

여러 사람에게 이익을 주기 위한 큰 계획 세우는 것을 서원이라고 합니다. 과거 현재와 미래의 모든 성자가 본인의 일을 해결하고 모든 중생의 앞길을 열어주겠다는 큰 원을 세우고 생명을 걸고 수행 정진 하는 것, 이것이 서원에 바탕을 둔 신앙과 수행입니다.

대가 없이 공짜로 주어지는 것은 없습니다. 그래서 큰일을 해보겠다고 서원을 세우면 진리가 먼저 시험하고 시련을 줍니다. 그러나 변함없는 서원과 수행 정진으로 공을 쌓는데 쉼 없는 정성으로 그 시험을 통과하면 큰 천권을 위임받게 됩니다. 이 일이 세상에서 가장 크고 좋은 일이니까 삼세의 수도자들이 서원을 세우고 신앙과 수행의 적공을 하는 것입니다.

그러므로 우리도 삼세의 성현들과 같이 큰 서원을 세우고 신앙과 수행의 적공을 쌓아 가면 생사 해탈은 물론 정당하게 세운 크고 작은 서원이 그 가운데 이루어질 수 있습니다. 그러므로 우리는 서원을 세우고 그 서원을 이루어가는 끊임없는 신앙과 수행의 공을 쌓아가야 합니다.

정리해서 말씀드리자면 대종사님 법에 대한 믿음이 확실하고 서원을 세우고 그 서원을 이루기 위한 신앙과 수행의 공을 쌓아 간다면 그것은 영생을 보장하는 확실한 보험증권을 손에 쥔 것과 같습니다.

보험을 들었다가 중도 해약을 하면 손해가 많이 납니다. 큰 서원을 세우고 큰 공부를 시작하면 허공 법계의 선신善神들이 제도를 받기 위해서 따라다니며 보호한다고 합니다. 그러나 진리와 약속하고 변심하여 중도에 그만두면 따라다니던 선신들이 크게 실망하여 떠나거나 해코지를 하는 경우까지도 있다고 합니다.

그러므로 원을 세울 때 단단히 세우고 원을 세운 다음에는 급히 말고 쉬지 말고 영생을 통하여 끊임없는 신앙과 수행의 공을 쌓아가는 것이 중요합니다.

이 세상에 아무리 좋은 명예와 권위를 가진다고 해도 만인이 받드는 성자의 권위에는 미치지 못합니다. 세상의 높은 자리일수록 욕심내는 사람이 많아 피의 살육이 끊이지 않지만, 불보살의 명예는 세월이 갈수록 빛나고 은혜를 입을수록 더욱 존경받게 됩니다.

그러므로 불보살보다 더 좋은 삶이 없고 생사를 자유 하는 불
보살보다 더 높은 지위가 없습니다. 우리 모두 성불제중이라는
큰 서원을 세우고 신앙과 수행의 공을 끊임없이 쌓아갑시다.

사람이 해야 할
가장 큰 일

대종사 말씀하시기를 「사람이 행할 바 도가 많이 있으나 그것을 요약하면 생과 사의 도道에 벗어나지 아니하나니, 살 때 생의 도를 알지 못하면 능히 생의 가치를 발하지 못할 것이요, 죽을 때 사의 도를 알지 못하면 능히 악도를 면하기 어려우니라.」 **(대종경 천도품 7장)**

전북 완주군 삼례읍 수계리 수계교당에 문창주라는 교도님이 계셨습니다. 그런데 한번은 문 교도님이 죽어서 저승을 갔다가 다시 살아 돌아온 일이 있었습니다. 문 교도님은 저승에서 망자들이 재판을 받은 후 살·도·음의 중죄를 지은 자들은 끓는 물에 던져지는 것을 직접 보았다고 합니다.

사람이 죽으면 각자 지은 업보에 따라 육도로 갈라지게 되는데 천상에 오르는 사람은 거의 없고 대부분이 축생으로 떨어진다고 합니다. 어쩌다가 한 사람씩 사람 몸을 받아 가기는 하지만 그 숫자는 참으로 희귀하다고 합니다.

문창주 교도님은 이런 장면들을 목격하면서 죄를 지어 악도에 떨어지는 것이 참으로 무서운 줄을 알았다고 했습니다. 그리고 그 후 악도에 떨어지지 않기 위하여 날마다 수행 정진을 계속했는데, 하루에 두 시간 이상씩은 염불, 기도, 법문 연마하기를 쉬지 않았다고 합니다.

육도 사생 중 사람으로 태어나 살아가면서 해야 할 가장 큰 일은 무엇일까요? 대종사님께서는 이 세상에서 가장 큰 일 하나는 잘 사는 일이고 또 하나는 잘 죽는 일이라고 하였습니다.

대부분 사람들이 욕망으로 세상을 살아가지만 그렇게 욕망으로 살아가는 삶은 동물과 다름없는 삶입니다. 욕망에 빠져 살다가 헤어 나오지 못하고 죽게 되면 축생의 세계가 아름다운 욕망의 세계로 보여서 악도를 면하기 어렵다고 하였습니다.

어떻게 사는 것이 잘사는 길이고 어떻게 죽는 길이 악도 윤회에 빠지지 않고 잘 죽는 길인지 공부해 보도록 합시다.

천도품 7장 요점 정리

하나, 인생의 모든 것은 생生과 사死의 도를 벗어나지 않는다.

"사람이 행할 바 도가 많이 있으나 그것을 요약하면 생과 사의 도道에 벗어나지 아니하나니"

대종사님께서는 이 세상 모든 사람이 살아가는 것에 대하여 잘 사는 것과 잘 죽는 것으로 정리해 주셨습니다. 잘 죽으려면 바른 도리로 잘 살아야 합니다. 신앙과 수행으로 공을 쌓는 마음공부를 해야 잘 죽을 수 있습니다. 잘 죽어야 악도 윤회에 휩쓸리지 않고 다시 사람으로 태어날 수 있고, 바른 도리로 살아야 진급하며 사람답게 살아갈 수 있는 것입니다. 생과 사는 따로 분리된 것이 아니라 영생을 통해서 하나의 삶으로 이어져 있습니다. 잘 살아야 잘 죽을 수 있고 잘 죽어야 잘 태어나서 잘 살 수 있습니다. 잘 살기 위해서는 현재를 가장 소중하게 생각하고 최선을 다해서 정도로 살아가야 합니다.

둘, 생의 도를 모르면 동물과 같은 인생이다.

"살 때 생의 도를 알지 못하면 능히 생의 가치를 발하지 못할 것이요"

되는 대로 사는 것이 편할지는 모르나 그것은 삶의 가치가 없는 동물과 같은 인생입니다. 의미 없이 되는 대로 사는 것은 영혼 없는 육신에 옷을 입혀놓은 것과 같은 것입니다.

만일 보은하는 일에는 아무 관심이 없이 육신에만 공을 들여 빚만 지고 살다 간다면 내생에는 그 빚을 갚기 위해서 가축으로 태어나 갖은 고통 속에서 살 수도 있습니다.

그런데 세상 사람들은 아무 하는 일 없이 가축처럼 빈둥빈둥 놀면서 맛있는 것이나 먹는 것을 인생의 최고의 가치로 생각하는 사람들이 많이 있습니다. 이는 사은의 지중한 은혜와 보은의 도리를 모르는 한심한 일입니다. 육도사생 가운데 가장 소중한 사람의 몸을 받아 살면서도 그 가치를 발휘하지 못하고 살아간다면 신령한 영혼이 없는 가축과 같은 인생입니다.

셋, 죽음의 도를 모르면 악도를 면하지 못한다.

"죽을 때 사의 도를 알지 못하면 능히 악도를 면하기 어려우니라."

대부분 사람들이 육도사생이 과거 현재 미래로 윤회 되는 이치를 모르기 때문에 육신이 죽으면 모든 삶이 끝나는 줄 압니다. 육도사생의 윤회 되는 이치를 모르고 육신이 죽으면 모든 것이 끝나는 줄 아는 사람은 죽음에 대한 대비나 내생에 대한 대비를 할 리 만무하기 때문에 잘 죽기 어렵습니다.

우리는 다행히 일원대도를 만나서 육도사생으로 윤회 되는 원리를 알았으니 조금이라도 신심이 있는 상태로 죽는다면 본인의 노력과 천도재의 공덕으로 악도를 면하고 인도 수생할 수 있을 것입니다.

사람으로 태어나면 노력이라도 해 볼 수 있지만 만일 악도 윤회를 하게 되면 진급할 기회를 잡기는 대단히 어렵습니다. 그래서 죽음의 도를 모르고 막 사는 사람은 악도를 면하기 어렵다고 하신 것입니다.

생生과 사死의 공부

하나, 잘 사는 생生의 공부.

첫째, 악업은 달게 받고 선업으로 돌린다.

이 세상 모든 업을 관장하는 원리는 지은 대로 받는 인과의 원리입니다. 짓지 않고 받는 죄나 복은 없습니다. 내가 받는 악업은 내가 상대를 괴롭힌 대가를 되돌려 받는 것입니다. 상대가 없는 천업의 경우라도 내가 지은 악한 업보를 되돌려 받는 것이기 때문에 달게 받아야 합니다.

보통 사람들은 자기가 지은 업보를 되돌려 받는 이치를 모르기 때문에 악업을 받을 때 억울하게 당한다고 생각하며 무조건 거부하고 한술 더 떠서 원망과 복수의 마음을 가집니다.

그렇게 되면 이미 지어놓은 악업을 갚을 때 고리채를 얻어 빚을 갚는 것처럼 빚을 갚으면서 더 큰 빚을 지기 때문에 그 사람의 앞길에 고통이 그칠 날이 없게 됩니다.

그러므로 나에게 돌아오는 악업이 입에는 쓰지만, 마음을 고쳐먹고 달게 받으면서 어떻게든지 선업으로 돌리도록 해야 점점 악업이 줄어지고 선업이 늘어나서 앞길이 열리게 됩니다.

둘째, 선업은 아껴 받고 더 많은 보은을 한다.

보통 사람들은 선업이 돌아오면 당연한 것으로 생각하고 감사할 줄 모릅니다. 오히려 욕심을 부려 더 주지 않는다고 원망을 합니다. 그것도 모자라서 미래의 복을 앞당겨 탕진하는 경우도 적지 않습니다.

일 원 한 푼도 제대로 쓰지 못하고 어쩔 수 없이 신용불량자로 낙인찍힌 사람도 있지만, 욕구 충족을 위해 미래의 수입을 끌어다 쓰다가 신용불량자가 되는 사람들도 있습니다. 어떤 사람들은 적당히 떼어먹고 갚지 않은 것을 잘한 일이라 여기나 인과적으로 보면 자기 곳간에서 물건을 훔치는 것처럼 어리석은 일입니다.

그 돈은 국민의 세금으로 감면해 준 것이기 때문에 불특정 다수의 많은 사람에게 그 빚을 갚아야 합니다. 그러므로 후에 두고두고 손해나는 일이 많고 고통스러운 삶을 살면서 더 많이 빚을 갚아야 합니다.

그러므로 복을 더 받고 싶으면 빚지는 것을 좋아하지 말고 재물이나 인연이나 아껴 받으면서 더 많은 복을 짓고 살아야 앞길에 복이 쌓여서 더 잘살게 되는 것입니다.

셋째, 환상을 버리고 주어진 현실에 최선을 다한다.

우리 보통 사람들은 누구나 자기 미래에 대한 환상을 가지고

70

있습니다. 환상을 가지는 것은 정신적으로 건강하다는 증거이기 때문에 무조건 버릴 필요는 없습니다.

그런데 문제는 환상과 현실을 분간하지 못하는 사람입니다. 환상을 구체적으로 이루는 방법을 찾아 비전으로 바꾸고 그 비전을 이루기 위해서 구체적인 노력을 해야 합니다. 이것을 이루는 구체적인 방법을 하나하나 실천해서 성취감을 맛보고 사는 것이 건강한 사람들의 행복한 삶입니다.

그러므로 행복하게 살려면 헛된 환상은 버리고 자기에게 맞는 꿈으로 바꿔서 그 꿈을 이루기 위해 주어진 현실에 최선을 다하는 것이 진정으로 건강한 공부인의 삶입니다.

둘, 잘 죽는 사死의 공부.

첫째, 마음의 자유를 얻는 공부를 한다.

잘 죽고 싶어도 일심 모으는 능력이 없으면 잘 죽기가 어렵습니다. 잘 죽기 위해서는 앞에서 소개한 문창주 교도처럼 평상시에 일심 모으는 염불, 좌선, 기도와 경전공부로 마음의 자유를 얻어야 필요할 때 일심을 모으고 청정한 최후 일념으로 잘 죽을 수 있습니다.

잘 죽기 위해서는 평상시에 마음의 자유를 얻기 위해서 자기에게 맞는 수양, 연구, 취사의 방법을 동원해서 끊임없는 공을 쌓아가야 합니다. 되는대로 살다가 어느 날 갑자기 청정 일념을 모으고자 한다면 잘 안 되는 것입니다.

둘째, 선업을 많이 쌓는다.

지은 대로 받는 인과 업보는 과거 현재 미래로 이어지는 것이기 때문에 복 받고 좋은 인연을 만나려면 정신 육신 물질 간에 선업을 많이 쌓아야 합니다. 복 받고 싶은 욕심만 있고 복 받을 행동을 하지 않으면 그것은 희망 사항일 뿐입니다.

내가 지은 선업은 때가 되면 등을 아무리 떠밀어도 나에게 돌아오게 되어 있습니다. 언제 받나 하고 얄팍하게 계산을 하지 말고 좀 미련한 듯 선업을 짓기만 하면 자연히 나에게 좋은 일이 돌아오는 것입니다.

셋째, 악업을 받을 때 마음속에 원한이 없어야 한다.

제가 처음 집을 살 때 원광새마을금고에서 대출을 받았습니다. 매월 힘들게 이자와 원금을 갚아 가는데, 마지막 원금과 이자를 갚고 집 담보 서류를 찾아올 때 정말 홀가분해서 날아갈 것 같았습니다.

은행에서 돈을 대출받으면 약속대로 이자와 원금을 갚아야 하듯이 인과적으로 빚이 있다면 죄업의 빚을 갚을 때 감사한 마음으로 갚아야 죄업이 가벼워집니다. 만일 은행 빚을 갚지 않으면 법에 따라 제재를 받게 되듯이 갚아야 할 죄업을 갚지 않고 원망하며 피하려고만 하면 더 큰 죄벌을 받게 되는 것입니다.

이와 같이 우리가 알고 짓거나 모르고 지은 업은 돈을 빌린 것과 똑같은 이치이기 때문에 악업을 받을 때도 감사한 마음으로 달게 받아야 조금이라도 감면을 받을 수 있습니다. 만약 감사한 마음을 내기 어렵다면 원망하는 마음이라도 갖지 않도록 하고 빚을 갚아야 악업이 복리로 쌓이지 않을 것입니다.

원망과 복수심을 가지고 악업을 받는 것은 마치 고리 사채를 얻어 쓰고 제때에 갚지 못해서 엄청나게 이자가 복리로 불어나는 것과 같으므로 악업은 달게 받고 조금도 원망과 복수심이 없어야 합니다.

넷째, 영생에 변하지 않는 서원을 세운다.

여행을 하려면 목적지를 정하고 가야 시간을 낭비하지 않습니다. 우리가 살다가 생을 마감하는 것은 새로운 긴 여행을 하는 것입니다. 목적지가 정해지지 않은 여행은 이곳저곳을 기웃거릴 수밖에 없듯이, 서원이 세워지지 않은 영혼은 목적 없는 여행자와 같이 이곳저곳을 기웃거리다가 악도의 유혹을 받아 그곳에 태어나기 쉽습니다.

현실에서도 목적 없이 되는대로 빈둥빈둥 사는 사람은 육신의 욕망만 좇는 경향이 있어서 사람으로서의 가치가 없는 동물적인 삶을 살아가는 것입니다. 그러므로 굳은 서원으로 목적 있는 삶을 살아가는 것이 중요합니다. 영생을 흔들리지 않고 사람답게 살아가려면 큰 서원을 세우고 그것을 이루기 위한 신앙과 수행을 하면서 열심히 살아가야 합니다.

정리하자면 사람이 살아가면서 사람의 도리를 모르고 살아가면 사람으로는 가치가 없는 허수아비 인생이며, 사은의 지중한 은혜에 빚만 지고 사는 동물적인 삶입니다. 또한, 죽어가면서 죽음의 도를 모르고 죽으면 천상, 인간, 수라, 아귀, 축생, 지옥의 육도 세계와 이 세상으로 돌아오는 태, 란, 습, 화의 사생을 몰라 악도에 떨어져 무수한 고통을 받게 된다고 하였습니다.

생과 사는 하나로 이어지는 것이기 때문에 잘 살아야 잘 죽을 수 있고 잘 죽어야 잘 태어나서 잘 살 수 있습니다.

우리는 육도 사생 중에 만나기 어려운 사람 몸을 받았고 또 만나기 어려운 일원대도를 만나는 행운을 얻었습니다. 이렇게 어려운 기회를 만난 우리는 사람으로 태어난 기회와 일원대도 만난 기회를 놓치지 말아서 이 좋은 기회가 계속되게 해야 합니다.

그러기 위해서는 대종사님께서 하라는 대로 교리를 실천하는 실질적인 마음공부를 해야 합니다. 방법은 정기훈련 11과목과 상시훈련, 교당 내왕시 훈련 과목 등 많이 있습니다.

중요한 것은 서원을 굳게 세우고 그 서원을 이루기 위해서 각자에게 맞는 방법으로 끊임없이 자기 자신을 조각하고 창조해 나아가는 공을 쌓아가는 것입니다.

생사는 순간이다

대종사 말씀하시기를 「사람의 생사는 비하건대 눈을 떴다가 감았다 하는 것과도 같고, 숨을 들이쉬었다 내쉬었다 하는 것과도 같고, 잠이 들었다 깼다 하는 것과도 같나니, 그 조만의 차이는 있을지언정 이치는 같은 바로서 생사가 원래 둘이 아니요 생멸이 원래 없는지라, 깨친 사람은 이를 변화로 알고 깨치지 못한 사람은 이를 생사라 하나니라.」

(대종경 천도품 8장)

눈보라가 몰아치는 몹시도 추운 겨울날, 어떤 신사가 말을 타고 여행을 하고 있었습니다. 그런데 길을 가다가 어린아이를 등에 업고 멀리 있는 남편을 찾아간다는 한 젊은 부인을 만났습니다. 그들을 불쌍히 여긴 신사는 말에서 내려 같은 방향으로 가는 아기 업은 부인을 말에 태웠습니다.

말에 올라탄 부인은 아기를 찬바람과 눈보라로부터 보호하기 위해 자신의 추위는 아랑곳하지 않고 겉옷을 벗어 아이를 감쌌습니다. 길을 가는 동안 아이는 따뜻한 엄마 품에서 포근히 잠들었지만, 어머니는 거의 얼어 죽을 지경이 되었습니다. 몸은 자꾸 굳어가고 차츰 졸음이 몰려왔습니다. 이렇게 가다간 아기 엄마가 동사해 버릴 게 틀림없었습니다.

이것을 본 신사는 갑자기 그 부인을 내리게 한 후 아기를 뺏어 안고는 말을 타고 달렸습니다. 그러자 아기를 뺏긴 엄마는 미친 듯이 두 주먹을 불끈 쥐고는 말을 쫓아가며 아이를 돌려달라고 소리쳤습니다. 하지만 신사는 들은 체도 하지 않고 말을 몰고 갔습니다.

그렇게 얼마만큼을 달려간 뒤 신사가 말을 세웠습니다. 숨이 턱까지 닿아서 뒤쫓아 온 아기 엄마에게 신사는 "이젠 춥지 않지요?" 하고 물었습니다. 그리고 다시 그들을 말에 태운 후 무사히 목적지에 닿았습니다.

아기 엄마는 짧은 시간에 생과 사를 넘나들었습니다. 아기를 빼앗긴 엄마의 심정은 아주 절박했습니다. 얼어 죽어가던 자신을 잊어버리고 초인적인 능력을 발휘하여 말을 쫓아갔습니다.

생사의 문제는 눈 한번 뜨고 감는 사이에 있다고 하였습니다. 우리는 아기를 빼앗긴 엄마의 마음과 같이 절박한 심정으로 생사 문제를 해결하도록 최선을 다해야 할 것입니다.

천도품 8장 요점 정리

하나, 생과 사의 원리.

"사람의 생사는 비하건대 눈을 떴다가 감았다 하는 것과도 같고, 숨을 들이쉬었다 내쉬었다 하는 것과도 같고, 잠이 들었다 깼다 하는 것과도 같나니"

첫째, 눈을 떴다가 감았다 하는 것과 같다.

눈을 떴다가 감았다 하는 시간은 순간입니다. 생사는 순간이므로 느긋하게 생각할 일이 아니라는 말씀입니다. 눈을 감았다가 못 뜨면 죽는 것입니다.

둘째, 숨을 들이쉬었다 내쉬었다 하는 것과 같다.

숨 쉬는 시간이 눈 뜨고 감는 시간보다는 깁니다. 그러나 원리는 같은 것으로 숨을 내쉬었다 다시 들이쉬지 못하면 죽는 것입니다. 이 말씀 역시 생사는 긴 것이 아니라 한순간이므로 느긋하게 생각할 일이 아니라 시급한 일이라는 말씀입니다.

셋째, 잠이 들었다 깼다 하는 것과 같다.

숨 쉬는 시간보다 긴 것이 잠들고 깨어나는 시간인데 그것도 길어봤자 하룻밤 사이입니다. 잠자리에 들었다 깨어나지 못하면 죽는 것입니다. 이 말씀 역시 생사 문제는 내일로 미룰 수 없는 시급한 일이니 뒤로 미룰 일이 아니라는 말씀입니다.

둘, 생과 사는 둘이 아니다.

"조만의 차이는 있을지언정 이치는 같은 바로서 생사가 원래 둘이 아니요 생멸이 원래 없는지라, 깨친 사람은 이를 변화로 알고 깨치지 못한 사람은 이를 생사라 하나니라."

첫째, 조만의 차이는 있을지언정 이치는 같다.

앞에서 원리적으로 밝혀주신 생사의 이치는 누구에게나 다 해당이 됩니다. 단지 오늘이냐? 내일이냐? 의 차이가 있을 뿐이지 누구에게나 시급하게 해결해야 할 문제라는 것입니다.

둘째, 생사가 원래 둘이 아니다.

우리가 죽음의 문제를 고통스러워하는 것은 생과 사의 문제를 별개로 나누어 보는 데서 생기는 것입니다. 앞장에서 생사를 옷 갈아입는 것에 비유하였듯이 나라는 존재는 우주가 생길 때부터 존재하였고 앞으로 영원히 존재할 영원한 존재로서 몸과 얼굴만 바뀌는 것이지 나의 존재가 생겨났다가 없어졌다 하는 것이 아니라는 말씀입니다.

천지자연의 이치 따라서 해가 뜨고 지고 하루하루가 반복 되듯이 갔다가 새로운 얼굴로 나타나고 갔다가 새로운 얼굴로 나타나는 것이 반복되는 것이라는 말씀입니다.

이 시급한 생사문제를 나하고는 관계없는 일로 생각하고, 이 육신을 가지고 천년만년 살 것처럼 착각하고 준비 없이 살다가 갑자기 죽음을 맞이하니 두려운 것입니다.

우리가 끝이라고 생각하는 죽음은 끝이 아니라 새로운 시작입니다. 그러므로 준비한 사람에게는 죽는 것에 대한 두려움보다는 새롭게 시작될 자기의 미래에 대한 기대가 더 클 것입니다.

셋째, 깨친 사람은 이를 변화로 안다.

생사의 원리를 깨친 사람은 생사를 시작과 끝으로 받아들이지 않고 변화로 받아들입니다. 농부가 철 따라 준비하고 심고 가꾸어 거두는 농사와 같이, 변화의 주기에 맞게 정신, 육신, 물질 세 방면으로 지혜롭게 미래를 준비하는 것입니다.

넷째, 깨치지 못한 사람은 이를 생사라 한다.

생사의 원리를 모르는 사람은 생과 사를 시작과 끝으로 알기 때문에 육신에 집착하고 동물적인 욕구 충족에만 집중하여 사람의 바른 도리를 외면하고 짐승처럼 막되게 살아가기 쉽습니다. 이러한 사람은 죽음을 끝이라고 생각하기 때문에 내일에 대한 준비가 없어 내생에는 악도를 면하기가 어려울 것입니다.

생과 사의 공부

하나, 생사 공부는 미뤄서는 안 된다.

첫째, 지금 할 일을 다음으로 미루지 마라.

우리는 살아가는 과정에서 경계마다 취사선택을 해야 합니다. 무슨 일을 당하면 마음을 멈추고 먼저 할 일과 나중에 해야 할 일을 가리는 것이 원칙입니다. 그런데 우리는 대부분 하고 싶은 일과 하기 싫은 일로 선택을 하므로 정작 급한 일은 방치하고 먼저 해야 할 일을 나중에 하는 경우가 많습니다. 그러다 보니 일이 꼬이고 복잡해집니다. 그러므로 일을 당하면 마음을 멈추고 지금 당장에 해야 할 일을 우선으로 선택하여 뒤로 미루는 일이 없어야 생활이 편안합니다.

영생을 편안하기 위해서는 먼저 생사 문제를 해결해야 합니다. 생사문제는 마음공부의 문제입니다. 마음공부에 바탕해 일을 하면 그만큼 효율적인 일(불공)을 할 수 있으므로 마음공부의 효과는 몇 배 내지 몇십 배가 될 수 있습니다.

그러므로 생사문제를 해결하는 마음공부는 무슨 일보다 최우선으로 해야 합니다. 마음공부는 어려운 공부가 아닙니다. 자기 마음이기 때문에 하려고만 하면 누구나 쉽게 할 수 있는 재미있는 공부입니다.

둘째, 미리 준비하는 공부를 한다.

잘 갔다가 잘 오기 위해서는 최후 일념이 제일 중요합니다. 그러나 평소 일심 모으는 수양이 잘 되지 않은 사람은 최후 일념을 모으기가 어렵습니다. 그러므로 영생의 일정을 염두에 두고, 정신, 육신, 물질 간에 항상 미리미리 준비하는 공부심으로 살아야 합니다.

정신수양, 사리연구, 작업취사 공부에 대하여 미리미리 훈련되어 있으면, 죽음의 경계를 당하면 즉각 준비된 공부심이 발동하여 죽음의 경계에도 가장 효과적인 취사를 할 수 있습니다.

셋째, 지난 일은 잊어버린다.

시간이 뒤로 가는 법은 없습니다. 하지만 나의 영혼은 시간의 구애를 받지 않는 존재이기 때문에, 우리들의 생각은 과거로 가고 미래로 갈 수 있습니다. 우리 삶에 있어서 중요한 것은 현재이고 미래입니다. 그런데 생각은 과거에 집착하여 우리 삶에 있어서 가장 중요한 현재를 소홀히 하고, 미래의 준비도 부실하기 쉽습니다.

그리고 그 사람의 살림살이는 준비 없이 되는대로 사는 생활의 연속이기 때문에 부실하기 마련입니다. 부실한 살림살이는 그동안 공부심 없이 살아왔다는 증거입니다. 정신 육신 간에 풍요한 미래로 가기 위해서는 지나간 일은 잊어버리고 미래를 준비하는 현실에 충실해야 합니다.

둘, 생사를 하나의 삶의 과정으로 알아야 한다.

첫째, 생과 사를 삶의 과정으로 받아들인다.

죽음을 파멸로 받아들이기 때문에 고통이나 고통의 끝으로 생각하는 사람이 많습니다. 삶의 고통을 끝낸다고 자살을 선택하면 고통이 끝나는 것이 아니라 또 하나의 고통을 더하게 됩니다. 사은의 공물을 훼손한 벌이 추가되고 선악 간에 지은 업은 다음에 태어난 생명으로 이어져서 고통이 계속되는 것입니다.

그러므로 생과 사는 시작과 끝이 아니라 영생을 살아가는 삶의 과정으로 받아들여야 삶에 충실할 수 있고 책임 있는 인생을 살아갈 수 있습니다. 어린아이처럼 무책임하게 살아가는 것은 고통만 가중될 뿐입니다.

인과의 이치는 자기가 지어서 자기가 받기 때문에 선악 간에 지은 모든 업은 본인이 책임져야 합니다. 행복한 인생을 살아가려면 생과 사를 삶의 과정으로 받아들이고, 자기가 자기의 조물주임을 알아서 자기의 미래를 창조하는 책임 있는 인생을 살아가야 합니다.

둘째, 생과 사를 변화로 알고 준비한다.

젊은 사람은 늙은이로 변하고 늙은이는 죽어서 다시 자식이나 손자나 이웃으로 변해서 보은이나 복수를 할 것이니, 육도윤회의 순환과정을 예측하고 바른 도리를 가르치고 바른 도리를 행하면서 바르게 살아야 합니다.

사람마다 잘하는 것도 있고 잘 하지 못하는 것도 있어서 각각 그 능력이 다릅니다. 많이 해 본 것은 잘하고 해보지 않은 것은 잘 하지 못합니다.

나이 먹어서도 공부하는 습관을 계속 가지는 사람은 내생에도 공부를 잘 할 것이고, 일머리만 돌리는 사람은 내생에 태어나서 공부는 등한시하고 일거리만 찾는 것입니다.

대종사님께서는 지혜를 밝히기 위해서 공부를 하게 하였고 복을 받게 하려고 영육쌍전의 원칙을 밝혀주셨습니다.

원을 세우고 그 원을 이루기 위해서 뭐가 부족한지를 점검해서 몸과 마음이 다 온전하도록 미리미리 준비해야 합니다.

세상에는 세세생생 익혀온 남다른 재주를 가진 사람들이 많은데 준비된 그 재주도 덕으로 쓰라고 하였습니다. 아무리 출중한 재주라도 겸손하게 덕으로써 쓰지 않으면 그 재주로 죄짓는 일을 많이 하기 쉽습니다. 그러므로 남다른 재주를 가진 사람은 그 재주를 쓸 때 공부심으로 덕 있게 써야 그 재주가 복 짓는 참 재주가 됩니다.

정리하자면 삶과 죽음의 문제는 나와 관계없는 일이 아니라 나에게 시급하고 절실한 문제입니다.

삶과 죽음은 영생을 통해 반복되고 지속되는 것이므로 긴긴 인생의 여행에서 최선을 다하고 항상 준비하는 자세로 살아간다면 영생의 행복이 계속될 것입니다.

생사는 눈을 떴다가 감았다 하는 것과 같고, 숨을 들이쉬었다 내쉬었다 하는 것과 같고, 잠이 들었다가 깼다 하는 것과 같다고 하였습니다. 생사는 시급한 일이므로 찰나 찰나를 공부심으로 생사연마를 하며 살아갑시다.

영식은 새 몸으로
다시 태어난다

대종사 말씀하시기를 「저 해가 오늘 비록 서천에 진다할
지라도 내일 다시 동천에 솟아오르는 것과 같이, 만물이
이생에 비록 죽어 간다 할지라도 죽을 때에 떠나는 그
영식이 다시 이 세상에 새 몸을 받아 나타나게 되나니
라.」 **(대종경 천도품 9장)**

모 원로교무님께 직접 들은 이야기입니다. 원로교무님의 둘째 남동생이 모 대학 교수로 근무할 때의 일입니다.

어머님이 열반하신 후 얼마 되지 않아 둘째 남동생 꿈에 어머님이 오셔서는 정중하게 '문 좀 열어 달라'고 부탁을 하는 것이었습니다. 꿈이 역력하기는 했지만, 문을 열어달라는 말에 대해서는 대수롭지 않게 생각하고 넘겼는데, 며칠 후에 다시 어머님이 오셔서 화를 내시며 '문 좀 열어달라니까 왜 안 열어주느냐?' 하고 호통을 치시는 것이었습니다.

그때야 남동생은 정신이 번쩍 나서 문 열어달라는 말이 무슨 뜻인지 알게 되었습니다. 그 당시는 '둘만 낳아 잘 기르자'며 산아제한 정책을 해오던 때이었으므로 아이 둘을 낳고 정관수술을 했는데, 어머니의 말씀을 듣고 바로 다음 날 병원에 가서 정관 복원 수술을 받고 셋째 아이를 낳았다고 합니다.

이와 같이 죽은 영식은 새 몸을 받아 다시 태어나는 것입니다.

천도품 9장 요점 정리

하나, 영식은 지는 해가 내일 다시 뜨는 것과 같이 새 몸으로 나타난다.

"저 해가 오늘 비록 서천에 진다 할지라도 내일 다시 동천에 솟아오르는 것과 같이, 만물이 이생에 비록 죽어 간다 할지라도 죽을 때 떠나는 그 영식이 다시 이 세상에 새 몸을 받아 나타나게 되나니라."

오늘 지는 해가 내일 다시 뜬다는 것을 믿지 않는 사람은 없습니다. 하루도 해가 뜨지 않은 적이 없었기 때문에 당연한 것으로 믿는 것입니다. 해 뜨는 것만 그러는 것이 아니라 우주 안에 있는 모든 것은 다 똑같습니다.

이 세상에 진리는 하나이기 때문에 내일 해가 다시 뜨고 내년이 다시 오는 것이 틀림이 없다면 우리가 죽어가는 영식이 다시 새 몸을 받아 태어나는 것도 틀림없는 것입니다.

내일이 다시 오고 내년이 다시 오는 것을 믿는다면 자기가 죽어서 갔다가 다시 온다는 것도 믿어야 합니다. 진리는 하나이기 때문에 천지자연의 순환처럼 생사윤회도 똑같이 돌고 도는 것이라 생사윤회의 이치를 잘 몰라도 믿어야 합니다.

새 몸 받아오는 공부

하나, 규칙적인 생활을 한다.

우리 인류 문명이 발달하는 것은 새것에 대한 호기심 때문이라고 생각합니다. 그런데 그 호기심은 쉽게 싫증을 내는 병이 들게 했습니다.

우주의 진리는 끊임없는 반복을 통해서 생겨나고 성장하고 번성하는 변화가 일어나는데, 인간은 반복에 대하여 싫증을 내고 쉽게 포기하기 때문에 끝까지 노력하여 크게 성공하는 사람이 많지 않습니다.

호기심을 현실로 만들기 위해서는 끝까지 반복과 정성을 지속해 공을 들여야 합니다. 1초도 쉬지 않고 반복 순환하는 우주의 진리에 맞게 규칙적인 생활을 하는 것이 만사 성공의 기본이 되는 것입니다. 특히 좋은 일에는 습관이 잘 안 되고 나쁜 일에는 습관이 쉽게 물들기 때문에, 자기 비전을 세우고 원하는 비전에 맞게 길들여 가는 규칙적인 생활을 해야 꿈을 이룰 수 있습니다.

자기 미래의 서원에 맞게 습관을 길들여서 그 규칙적인 생활이 영생에 계속될 수 있도록 길들여야 저절로 천도도 되고 서원도 이루어지게 되는 것입니다.

둘, 상생 인연 공덕을 많이 쌓는다.

이 세상에서 좋고 나쁜 일이 많이 생기는데 그 일들은 대부분 인연관계에서 생기는 일들입니다.

석가모니 부처님께서 다 비우고 다 버리라고 하셨지만, 상생의 인연, 제도의 인연에 대한 욕심만은 가지라고 하셨습니다.

이 세상 모든 사람이 좋아하는 사람은 나에게 잘해주는 사람이요 싫어하는 사람은 나에게 잘 못 해주는 사람입니다. 이는 누구나 다 원하는 바요 누구나 다 하는 말입니다.

그러나 그 내용을 곰곰이 살펴보면 모순이 있습니다. 이 세상 모든 것을 지배하는 원리는 주고받는 인과보응의 원리인데 잘 못 주면서 잘 받기를 바라는 것은 욕심이요 이루어질 수도 없는 것입니다.

잘 받고 싶다면 내가 먼저 베풀어야 합니다. 우리 삶의 터전인 지구는 한정된 삶의 터전입니다. 한정된 삶의 터전에서 빼앗고 빼앗기를 반복하면 상극의 싸움과 전쟁이 그칠 날이 없습니다. 그러나 서로 주기를 반복하면 다 함께 상생의 선연으로 행복하게 살 수 있습니다.

좋은 인연관계는 주고 양보하고 위해주는 데서 이루어지는 것입니다. 한쪽만 잘하는 것은 한계가 있습니다. 쌍방이 서로 잘해야 다 함께 행복하게 살 수 있습니다.

행복하려면 주변 인연 모두를 교화해서 다 함께 마음공부를 해야 합니다. 그래야 이 세상 사람들이 상생의 선연으로 함께 잘사는 지상 낙원을 이룰 수 있습니다. 이 때문에 우리는 교화를 지상과제로 알고 최선을 다해야 합니다.

셋, 마음공부 하는 습관을 길들인다.

인간은 기본적으로 이기적인 데가 있습니다. 그 이기적인 감정으로 사는 것을 중생들의 삶이라고 합니다. 이기적인 삶은 크고 작은 싸움이 그칠 날이 없게 합니다.

우리는 각자가 각자의 조물주이기 때문에 각자의 행동을 취사선택할 수 있습니다. 각자 심신작용을 잘하기 위해서 경계를 당할 때마다 마음을 챙겨서 취사선택하는 것을 공부 삼아야 합니다. 이것을 마음공부라고 합니다.

이렇게 공부 삼아서 좋은 습관을 길들여가는 것이 자신을 제도하고 이웃을 제도하고 본인을 천도 하는 길입니다. 그래서 육근동작을 공부 삼아서 길들여가는 것은 대단히 중요한 일입니다.

넷, 정신 · 육신 · 물질로 복을 많이 짓는다.

지은 대로 받는 것이 인과보응의 이치이기 때문에 본인이 원하는 데에 대조하여 복을 지어야 합니다.

첫째, 정신적으로 복을 짓는다.

마음 편하기를 바란다고 해서 마음이 편해지는 것이 아닙니다. 마음을 불편하게 하는 것이 안과 밖으로 치고박고 난타전을 벌이고 있습니다.

안으로는 정신수양을 중심으로 연구, 취사의 삼대력을 길러야 어떠한 선악 경계에도 흔들림 없는 편안함을 유지할 수 있습니다. 무엇보다 정신수양의 공력을 쌓아야 합니다.

주변 인연들이 나의 속을 상하게 하는 일이나 속상한 말을 하지 않아야 내 마음이 편해집니다. 이것이 보통 사람들의 바람입니다. 그런데 나의 속을 상하게 하는 사람이 없기를 바라면서 나는 아무 생각 없이 남의 속을 긁어댑니다. 이렇게 되면 상대방의 보복이 돌아오기 때문에 정신적으로 편안하기 어렵습니다.

내 마음이 편안하고 내 편안한 마음으로 남을 배려하고 편안하게 해 주는 것이 바로 정신적으로 복을 짓는 일입니다. 그리고 그것이 내 마음을 편안하게 하는 길입니다.

하지만 기본적으로 남을 배려하는 것은 좋으나 무조건 배려만 하는 것은 경우에 따라서 악업을 조장할 수 있으므로 주의해야 합니다. 솔성요론 12조에서 밝혀 주신 바와 같이 인생의 바른길을 가르쳐 주면서 정당하게 남의 세정을 알아주는 것이 서로 좋은 원만한 복이 됩니다.

둘째, 육신적으로 복을 짓는다.

나만 편하고 남을 괴롭게 하는 것은 누구나 싫어하는 것입니다. 사람은 본능적으로 이기적인 면이 있어 남을 대우해 주기보다는 남이 나를 대우해 주기를 바랍니다. 주변 사람들이 모두 하인이나 종이기를 바라지만 모두가 죄와 복을 줄 수 있는 각자의 조물주 부처님이기 때문에 내가 바란다고 해서 그렇게 되는 것이 아닙니다.

지은 대로 받는 것이 인과의 원리이기 때문에 내가 남에게 봉사해준 만큼 남도 나에게 봉사를 해줍니다. 내가 필요할 때 도움을 받고자 하면 내 몸이 좀 수고스럽더라도 남이 필요로 할 때 도움을 주는 복을 지어야 복을 받을 수 있습니다.

셋째, 물질적으로 복을 짓는다.

이 세상 모든 사람이 부자로 살기를 원하지만 다 부자로 살지 못하는 것은 물질적으로 베풀지 않고 강제로 빼앗아서라도 자기가 많이 가지려고만 하는 이기적인 사람이 많기 때문입니다.

물질로 풍요한 부자가 되려면 먼저 열심히 노력하여 경제적인 자립을 해야 하며, 남에게 물질로 많이 베풀고 남이 돈을 잘 벌도록 도와줘야 합니다. 돈 버는 노력을 하지 않거나 남을 망하게 해놓고 자기만 부자 되려는 것은 인과의 법칙으로는 이루어질 수 없는 일입니다.

강제로 빼앗아서 내 앞에 가져다 놓은 것은 언젠가 도로 빼앗길 뿐 아니라 이자까지 쳐서 내 맘에 상처를 남기고 떠납니다. 그러나 서로 주기를 힘쓰면 나도 부자가 될 뿐 아니라 서로 좋은 상생의 인연이 맺어지게 됩니다.

마무리

보통사람들은 죽으면 모든 것이 끝난다고 생각하기 때문에 죽음에 대한 공포를 느끼는 것입니다. 몸의 죽음으로 우리 인생은 절대로 끝나는 것이 아니고 우주 만물이 변화하는 하나의 현상일 뿐입니다. 우주가 영원하여서 우리도 영원한 것입니다.

불행하고 힘들게 사는 것은 영원한 이치를 모르고 촉박하게 코앞에 일만 보고 미래에 대한 준비 없이 막되게 살았기 때문입니다. 영생을 삶의 과정으로 설정하고 장기적인 자기 인생의 비전을 세우고 그 비전을 한 단계 한 단계 이루어가는 신앙과 수행으로 현실에 충실해야 자기 앞날의 행복이 열려가는 것입니다.

영원한 인생을 하루살이처럼 마구 살지 말고 장기적인 비전을 세우고 그 비전을 이루어가는 신앙과 수행으로 일관하여 행복한 미래를 개척해 가시기를 바랍니다.

이승과 저승

대종사 말씀하시기를 「세상 말이 살아 있는 세상을 이승이라 하고 죽어 가는 세상을 저승이라 하여 이승과 저승을 다른 세계와 같이 생각하고 있으나, 다만 그 몸과 위치를 바꿀 따름이요 다른 세상이 따로 있는 것이 아니니라.」 (대종경 천도품 10장)

에드가 케이시가 저술한 전생탐구 제13화에 손자가 되어 환생한 윌리엄에 대한 이야기가 나옵니다.

알래스카와 캐나다에 살고 있는 아메리카 인디언의 여러 부족을 통칭하는 트란짓트인들 사이에서 일어난 일들입니다. 이들은 개인적인 일이 남에게 알려지는 것을 원하지 않기 때문에 그 의견을 받아들여 가명인 윌리엄 죠오지로 기록을 하였다고 합니다.

윌리엄 죠오지 1세는 훌륭한 어부였습니다. 그는 다른 트란짓트인과 마찬가지로 환생이라는 것을 믿고 있었으며 죽음이 가까워짐에 따라 환생하고 싶은 소망은 더욱 강해졌습니다. 그래서 자기 아들 중 가장 마음에 드는 셋째 아들과 며느리에게 자기가 만일 환생한다면 그들의 아들로 환생하겠다고 말했습니다. 그리고는 자기 몸에 있는 두 개의 반점을 가리키면서 그 아이는 이와 똑같은 모반母斑을 가지고 태어날 것이니 이 표시로써 자기가 환생한 것인 줄 알라고 했습니다. 그 두 개의 반점은 하나는 왼쪽 어깨에 또 하나는 왼쪽 팔꿈치 옆에 있었습니다.

윌리엄 죠오지 1세는 또 죽기 얼마 전에 그의 어머니로부터 받은 금시계를 아들에게 주면서 그 시계를 잘 보관해 두라고 하고는 훗날 환생할 것임을 증명해 보이겠다고 했습니다.

그 일이 있고 나서 몇 주일 후인 1949년 8월, 그는 자신이 일하던 어선에서 실종되고 말았습니다. 그리고 그 뒤에 얼마 있지 않아서 셋째 며느리가 임신하여 1950년 5월 5일에 남자아이를 낳았습니다. 이 아이는 아홉 번째 아이였습니다. 윌리엄 죠오지

1세의 실종이 있은 지 9개월이 경과한 뒤였습니다.

며느리는 출산 시의 진통 중에 꿈을 꾸었는데 시아버지가 나타나서 빨리 자기 아들과 만나고 싶다고 말하는 것이었습니다. 그녀는 너무 놀라서 꿈에서 깨어난 뒤 마치 시아버지가 있는 것 같은 환각에서 주위를 살펴보았다고 합니다.

그녀가 꿈속에서 본 시아버지는 죽기 전의 모습 그대로였습니다. 태어난 아기에게는 시아버지의 경우처럼 왼쪽 어깨와 왼쪽 팔꿈치 옆에 검은색의 모반母斑이 있었습니다. 이 증거로 인하여 아기에게는 윌리엄 죠오지 2세라는 이름이 붙여졌습니다.

죠오지 2세는 성장하면서 1세와 얼굴이 닮은 것은 물론이고 걸음걸이와 성격까지도 비슷하였으므로 할아버지인 윌리엄 죠오지 1세의 환생이라는 확신을 하도록 하였습니다. 배우지도 않았는데 어린 나이에 고기잡이나 배에 대해서 다양한 지식을 갖고 있었고 어느 만灣 부근이 제일 좋은 어장이라는 것도 알고 있었으며 어선의 그물 사용법도 이미 아는 듯이 보였습니다.

또 어느 날 그의 어머니가 보석함을 정리하고 있는데 죠오지 2세가 방에 우연히 들어왔다가 금시계를 보더니 '이건 내 것이야.' 하면서 자기가 갖겠다고 하는 것이었습니다.

그러나 그 후 열 살 무렵에는 전생의 기억들이 거의 없어졌다고 합니다. 99.9999%가 과거 전생 일을 잊어버리는 것이 정상인데 윌리엄 죠오지 2세는 다시 태어나서도 한동안 전생을 기억하고 있었던 것입니다.

이 사례에서 우리는 한번 죽으면 그것으로 끝나는 것이 아니라 이승과 내생을 끊임없이 거래한다는 것과 이 세상에 다시 와서도 과거 세상에서 하던 일을 계속한다는 것, 그리고 과거에 만나던 인연들을 다시 만나서 짓고 받는 것을 반복한다는 것을 알 수 있습니다.

천도품 10장 요점 정리

하나, 이승과 저승에 대한 세상의 말.

"세상 말이 살아 있는 세상을 이승이라 하고 죽어 가는 세상을 저승이라 하여 이승과 저승을 다른 세계와 같이 생각하고 있으나"

세상에서 일반 사람들이 현재 사는 세상과 죽어서 가는 저승을 다른 세상같이 생각하고 그렇게 말합니다.

둘, 이승과 저승은 몸과 위치를 바꾸는 것.

"다만 그 몸과 위치를 바꿀 따름이요 다른 세상이 따로 있는 것이 아니니라."

그러나 실제는 이승과 저승이 다른 세상이 아니라 현재 세상에서 몸과 위치를 바꾸는 것뿐이라는 말씀입니다.

이승과 저승을 하나로 사는 공부

하나, 하는 일을 영원히 한다고 생각하며 한다.

자기가 하는 일이 남의 일이고 잘못된 일도 순간만 모면하면 된다는 짧은 생각으로 일을 하는 사람이 많으므로 크고 작은 각종 사고가 끊이지 않고 일어납니다.

그러나 그 사람들이 한 일이 그것으로 끝난다고 생각하는 것은 착각입니다. 지은 대로 받는 인과법칙은 일의 성격과 지위와 인간관계 따라서 그와 같은 손해를 본인이 그대로 되돌려 받아야 하는 것입니다.

개인적으로 손해를 끼쳤으면 개인적으로 손해나는 일을 감당해야 할 것이고, 남의 직위를 잃게 했으면 나도 직위를 잃게 되는 과보를 당하게 될 것입니다.

몸과 위치가 바뀌기 때문에 서로 얼굴을 모르는 것뿐이지 인과보응의 이치는 몸과 위치가 바뀌는 것과는 상관없이 진행됩니다. 나의 주체인 영혼은 전생과 후생에 만나 서로 주고받기를 계속하는 것이 마치 어제 만났던 사람을 오늘 다시 만나고 어제 하던 일을 오늘도 계속 하는 것과 같은 이치입니다.

그러므로 무슨 일을 하든지 지금 내가 하는 이 일이 영원한 세상에 계속해야 할 일이라고 생각하고 매사를 미래에 돌아올 일까지 예측하며 주어진 일에 최선을 다해서 처리해야 합니다.

둘, 현재 만나는 인연은 다시 만난다.

제가 천도에서 근무할 때 저를 죽인다고 협박해 오는 사람을 용서한 일이 있습니다. 내가 잘못한 것이 없고 내가 정당한 일을 하는 과정에서 일어난 일이었지만, 그분이 원불교에 대하여 섭섭해 하는 마음을 풀어주기 위해서 5년 동안을 명절 때마다 찾아다니며 선물 불공했습니다.

상식적으로 말하면 그 사람은 살인미수자로 감옥에 잡아넣어야 하지만 인과의 진리를 알고 영생을 아는 나로서는 그분과 과거의 인연으로 풀지 못한 악연 때문에 만났다고 판단하고 내생에는 좋은 인연으로 만나기 위해서 5년을 불공했던 것입니다.

남남의 남녀가 뜻을 합하여 검은 머리 파뿌리 되도록 고락을 함께하겠다고 대중 앞에서 약속해 놓고 하루아침에 얼굴 바꾸고는 가족이 원수로 갈라지고 서로 미워하며 죽이는 경우까지 있는데 업이 남아있다면 나머지 인연을 좋지 않은 관계로 내생에 계속해야 합니다.

주변에서 만나는 인연들은 어떠한 인연이라도 순리로 자연스럽게 멀어지는 것은 몰라도 나쁜 방법으로 가슴에 한을 남기고 헤어지는 것은 위험한 일입니다. 그러므로 만나는 인연들은 영원히 계속 만나야 한다는 것을 전제로 만나고 헤어져야 합니다.

그렇지 않고 눈앞에 이익이나 나의 감정만을 앞세워 만나고 헤어지는 것은 앞으로 만날 나의 인연들을 각박한 인연으로 만드는 일입니다. 만나는 인연이 악연이면 선연으로 돌리는 공부를 하고, 선연이면 서로 관계가 좋게 지속이 되도록 공부심으로 보은 불공을 하며 만나고 헤어져야 합니다.

셋, 영원히 산다는 전제로 공부한다.

모든 불공의 가장 기본은 바로 나입니다. 나를 완벽한 불공의 도구로 만드는 공부가 부처 되는 마음공부입니다. 부처는 모든 방면에 원만하여야 하므로 최종 목표는 부처의 만능을 갖추는 것으로 표준 잡고 부족한 것을 채워가는 공부를 해야 합니다.

어떠한 사람을 만나더라도 서로 좋은 관계를 유지하고, 어떠한 일을 처리하더라도 원만하게 처리하기 위해서는 원만한 부처의 만능을 익혀가는 공부를 해야 원만한 불공이 가능합니다.

이와 같이 부처 되려는 원을 세우고 부처의 만능을 완성해 가는 마음공부를 하는 사람은 남의 시비에 시간 낭비할 여유가 없고 남의 흉허물에 시비할 겨를이 없습니다. 구체적으로 자기 할 일이 없는 사람들이 남의 시시비비에 바쁜 것입니다.

남의 일에 감 놔라 배 놔라 시비하는 사람일수록 대부분 반드시 자기가 해야 할 일은 하지 않고, 자기가 해야 할 시급한 일이 무엇인지도 모른 채 허수아비 인생을 살아가기가 쉽습니다.

남 지옥 갈 때 따라가는 것도 아닌데 남이 지옥 가는 일을 한다고 왜 내가 핏대 세우며 속상해야 하는지 곰곰이 생각해 보아야 합니다. 대종사님께서 정당한 일에는 목숨 걸라고 하셨는데 남 일에 핏대 세우는 사람일수록 정당한 일에는 고개 돌리는 사람이 많습니다.

대종사님 제자는 일상생활을 공부 삼아서 살아야 합니다. 그리고 그 공부는 눈앞의 일을 모면하는 수단이 아니라 영생을 살아가는 표준을 잡고 바른 도로서 바르게 살아가는 마음공부를 하는 것입니다.

특히 부족한 일과 잘 하지 못하는 일에 끊임없이 도전해서 자기의 부족함을 채워가는 공부를 하는 것이 중요합니다. 부족한 것을 채우는 공부 표준을 세울 때 영생을 계속한다는 생각으로 표준을 세우고 원만한 마음공부를 해야 합니다. 내가 잘하는 것은 덕으로 써서 복 짓는 기능이 되게 하고, 부족한 것은 노력해서 모난 인격을 원만한 인격으로 채워 가자는 것입니다.

정리해서 말씀드리자면 이승과 저승은 딴 세상이 아니라 현 세상이며, 현 세상에서 얼굴과 위치만 바꿀 따름이니까 눈앞에 일만 생각하지 말고 영생을 살아간다는 표준으로 살아가자는 것입니다.

일을 할 때도 영생을 계속한다는 장인 정신으로 일을 하고, 만나고 헤어지는 것도 영생의 인연으로 알고 만나고 헤어져야 합니다. 그때그때 하는 현실공부도 잘해야 하지만 영생을 잇는 서원으로 모든 일과 모든 인연을 맺어가면서 부족함을 채워서 원만한 인격을 만들어 가는 마음공부도 잘해야 합니다. 이것이 이승과 저승을 하나로 보는 원만한 공부입니다.

윤회의 경로와
윤회를 자유 하는 법

대종사 말씀하시기를 「사람의 영식이 이 육신을 떠날 때 처음에는 그 착심을 좇아가게 되고, 후에는 그 업을 따라 받게 되어 한없는 세상에 길이 윤회하나니, 윤회를 자유하는 방법은 오직 착심을 여의고 업을 초월하는 데에 있느니라.」 **(대종경 천도품 11장)**

경북 금릉군(지금 김천시) 옴팍 마을에 김갑용이란 사람이 있었습니다. 편모슬하에서 자란 김갑용은 5남매의 장남이었는데 딸들이 출가하자 어머니를 모시고 남동생 하나와 머슴, 그리고 두 명의 자녀를 거느리고 살았습니다.

그런데 1904년 갑자기 어머니가 돌아가시고 그로부터 얼마 있지 않아서 강아지 네 마리를 얻었습니다. 그 네 마리 가운데도 유독 한 마리가 복슬복슬 잘 생겨 집안사람은 물론 동네 사람들의 귀여움을 받았는데, 하루는 김갑용의 친구가 와서 "그놈 참 잘 생겼다. 귀를 세워 사냥개로 팔면 돈을 많이 받을 터인데!" 하고 이야기를 했습니다.

그 말을 들은 김갑용이 귀가 솔깃해져 친구를 시켜 귀를 째 세우려고 하니 강아지가 낑낑거리더니 쏜살같이 도망치고 말았습니다. 그런데 그날 밤 꿈에 돌아가신 어머니가 나타나, "이놈아, 너는 그렇게도 눈이 없느냐? 네가 귀를 째려 하던 강아지가 바로 네 어미다. 출가한 네 동생들이 가난해 몰래 쌀과 옷감 등을 빼내 주었더니 그것이 네게 큰 빚을 지게 되어 너희 집 도둑을 지키는 개로 태어난 것이다. 그런데 너는 그것도 모르고 귀를 째려 하느냐?" 하며 꾸짖는 것이었습니다.

소스라치게 놀라 꿈을 깬 김갑용은 이튿날 아내에게 꿈 이야기를 하였더니 아내도 그와 비슷한 꿈을 꾸었다고 했습니다. "너의 남편이 나를 알아보지 못하고 귀를 째려 하니 부디 네가 말려서 그러지 못하게 하라."고 하시더라는 것입니다.

그리하여 다음날부터 김갑용 내외는 그 강아지를 특별히 대우하기로 하고 쌀밥을 지어 고깃국에 말아서 마루 위에 올려놓고 '오여 오여' 하고 강아지를 불렀더니 강아지가 멀거니 눈을 크게 뜨고 쳐다보기만 하고 얼른 나와서 먹지를 않는 것이었습니다.

그래서 이상히 여겼는데 그날 밤 꿈에 또 어머니가 나타나서는 "네 이놈, 내가 너의 어미라고 떡 먹듯이 일렀는데 '오여 오여'가 무엇이냐? 너는 이 어미가 강아지로만 보인단 말이냐? 이놈, 다시 그런 짓을 했다가는 너의 집에 큰 풍파를 일어나게 할 것이니 정신 차려라." 하고 사라졌습니다.

김갑용은 꿈이지만 너무도 황송하여 이튿날에는 밥과 고기를 해놓고 강아지한테, "어머님, 어머님, 어서 노여움을 푸시고 잡수세요. 소자가 잘 몰라서 불효하였습니다." 하니 그때서야 꼬리치고 와서 잘 먹고 재롱을 피웠습니다.

영가가 이 육신을 떠나 새 육신을 받는 과정을 공부합니다.

천도품 11장 요점 정리

하나, 육신을 떠나면 착심을 따라간다.

"사람의 영식이 이 육신을 떠날 때 처음에는 그 착심을 좇아가게 되고"

사람이 죽으면 생시에 마음이 많이 가는 집착에 끌려서 간다는 말씀입니다. 가족에 집착하면 집안을 떠나지 못하고 재산에 집착하면 재물을 떠나지 못하고 그곳으로 가서 악도에 떨어지기 쉬운 것입니다.

둘, 업을 따라 한없이 윤회한다.

"후에는 그 업을 따라 받게 되어 한없는 세상에 길이 윤회하나니, 윤회를 자유 하는 방법은 오직 착심을 여의고 업을 초월하는 데에 있느니라."

김갑용의 어머니가 강아지로 태어났지만, 가족의 사랑을 받은 것은 전생에 가족을 사랑하는 공덕을 쌓았기 때문입니다. 이와 같이 집착 따라 태어나서 살아가는 과정에서는 전생에 지은 업을 되돌려 받고 사는 것입니다.

애완동물들이 호강하고 사는 것은 호강 받고 살 만한 전생에 업보가 있었던 것이고, 그 복이 다 하면 죽거나 버려지는 것입니다. 또한, 애완동물들이 주인에게 천대받고 사는 것도 그 주인을 때리고 천대하였던 업보가 있었을 것입니다.

어떤 사람은 애완동물을 애인처럼 예뻐하는 것을 보면 전생에 못다 한 사랑이 남아 있는 애인 관계라는 생각이 듭니다. 태란습화 사생으로 일단 태어나면 살아가는 과정에서는 업보를 따라가는 것이 정한 이치입니다.

착심과 윤회에 자유 하는 공부

하나, 착심을 떠나는 공부.

우리가 삼세 윤회를 할 때 가장 위험한 것이 집착입니다. 집착은 살아서는 현실의 지옥이고 죽어서는 악도를 면하기 어렵게 합니다. 자기가 원하는 것이 아무리 간절해도 물건이면 정당한 절차로서 취득해야 하고, 인연 관계이면 상대방의 마음을 사는 불공을 드려서 나에게 마음이 향하도록 해야 합니다. 억지로 하게 되면 원하는 인연도 얻지 못하면서 또 하나의 악연을 만들게 됩니다.

대종사님께서 마음공부 하는 마음 대중을 놓지 말고 엷은 얼음 밟듯이 세상만사를 조심스럽게 대하고 불공하라고 하신 것은 우리들의 악업을 면해주기 위해서입니다.

둘, 윤회원리와 자유하는 공부.

첫째, 십이인연十二因緣

불교의 중요한 기본 교리의 하나로 중생이 과거에 지은 업에 따라서 현재의 과보를 받고 현재의 업을 따라서 미래의 고苦를 받게 되는 열두 가지 인연을 말합니다.

십이인연을 십이연기十二緣起라고도 합니다.

① 무명無明은 미迷함의 근본이 되는 무지無知로 모든 죄악의 출발점이 됩니다.

② 행行은 무지로부터 다음의 의식작용을 일으키게 되는 동작

입니다.

③ 식識은 의식작용으로 사리판단 못 하는 마음이 분별하여 인식하는 마음입니다.

④ 명색名色은 이름만 있고 형상이 없는 마음과 형상이 있는 물질로 곧 사람의 몸과 마음입니다.

⑤ 육입六入은 안·이·비·설·신·의의 육근六根으로 인식하는 육신의 각 기관입니다.

⑥ 촉觸은 육근이 사물에 접촉하는 것으로 육근을 통해서 사물을 접하는 것입니다.

⑦ 수受는 경계로부터 받아들이는 고통, 또는 즐거움의 감각으로 육근을 통해서 경계를 받아들이는 것입니다.

⑧ 애愛는 고통을 버리고 즐거움을 구하려는 마음으로 경계를 받아들일 때 싫은 것과 좋아하는 것을 구분하여 좋아하는 것만 받아들이려는 애착심을 내는 것입니다.

⑨ 취取는 자기가 욕구하는 것을 취하는 것으로 경계를 당하여 생긴 집착심이 구체적인 욕심이 생겨나는 것입니다.

⑩ 유有는 업業의 다른 이름으로 다음 세상의 과보를 불러올 업입니다. 마음으로 정한 욕심을 충족하기 위한 구체적인 행동과 그 행동을 통해서 결정지어진 업을 말합니다.

⑪ 생生은 몸을 받아 세상에 태어나는 것입니다.

⑫ 노사老死는 늙어서 죽게 되는 괴로움으로 일생을 통해서는 늙어 죽는 것입니다.

중생은 무명으로 출발하여 욕심으로 삼세 윤회를 하고 불보살들은 진리를 깨달아 지혜로 출발하는 바른 도의 길을 밟아 삼세 윤회를 하는 것입니다.

둘째, 윤회를 자유 하는 공부

십이인연은 부처나 중생이나 과거 현재 미래로 윤회하면서 겪는 과정이고 순간적으로 일어나는 마음의 과정인데, 즐거움과 괴로움으로 나누어지는 중생과 불보살의 차이는 《정산종사법어》 경의편 45장에 애, 취, 유에 공부가 있다고 알려주셨습니다.

우리 교전이 모두 애, 취, 유에 대한 공부를 잘하여 불보살이 되는 공부입니다만, 오늘은 《정산종사법어》 경의편 45장 말씀으로 윤회를 자유하는 공부를 합니다.

"십이연기는 부처님이나 중생이나 다 같이 수생受生하는 과정이지마는 부처님은 그 이치와 노정路程을 알기 때문에 매하지 아니함이 다르며, 그중에서도 현재 삼인三因인 애와 취와 유에 특별한 공부가 있다."고 하였습니다.

가. 사랑하는 애愛의 공부입니다.

"애愛는 고통을 버리고 즐거움을 구하려는 마음"이라고 하였습니다. 《정산종사법어》에서는 "부처님은 천만 사물을 지어나갈 때 욕심나는 마음으로 갈애渴愛하거나 주착 하지 아니하며"라고 하였습니다. 인연이나 물질이나 좋아하는 것을 사랑한다고 표현한 것이며 그 사랑하는 방법에 공부가 있다고 하였습니다. 사랑을 욕심으로 구하면 얻기도 어렵고 얻었다 해도 쉽게 떠나버리는 것이기 때문에 얻는 과정이나 얻은 결과나 다 괴로운 것입니다. 그러므로 욕심을 비운 청정한 마음으로 도로써 구하면 과정이나 결과나 다 서로 좋은 즐거운 사랑의 공부가 되는 것입니다.

나. 소유하는 취取의 공부

"취取는 자기가 욕구하는 것을 취하는 것"이라고 하였습니다. 《정산종사법어》에서는 "또한 갈애하고 주착하는 마음으로 취하지 아니하며"라고 하였습니다. 물질이나 인연이나 사랑하는 것은 오래오래 간직하고 싶은 것이 인지상정입니다. 문제는 정당하지 못하게 욕심으로 많이 차지하고 오래오래 간직하려고 하므로 괴로운 것입니다.

그러므로 청정한 마음으로 소유하면서 좋은 인연 오래 가도록 정당한 불공을 하고, 최선을 다해서 노력은 했지만, 인연이 다해서 간다면 내 마음이 그 인연을 쫓아가지 않으며, 좋은 것이 온다 해도 넘치지 않아서 어떠한 경계를 당하더라도 한가하고 넉넉한 자기의 본래 중심 마음이 흔들리지 않게 해야 합니다.

다. 업을 짓는 유有의 공부

"유有는 업業의 다른 이름. 다음 세상의 과보를 불러올 업"이라고 하였습니다. 《정산종사법어》에서는 "또한 모든 업을 짓기는 하되 그 업에 주착하는 마음은 있지 아니하나니"라고 하였습니다. 욕심으로 짓는 업은 악업만 쌓여서 과정이나 결과나 괴로움만 더하게 됩니다.

그러므로 내가 알고도 짓고 또는 모르고 지은 모든 악업에 대하여 참회하면서 달게 받고 갚지 않으며 새로 짓는 업은 청정한 마음으로 인연을 맺어가고 청정한 마음으로 도에 맞게 물질을 구하여 수용하면 살아가는 과정이 모두 공부하는 수행이고 신앙이며, 살아가는 과정이 빚 갚는 보은이고 복 짓는 불공의 생활이 되어 항상 즐거움이 넘치는 해탈도인의 생활이 되는 것입니다.

결론적으로 업을 초월하고 윤회에 자유하는 길은 정신, 육신, 물질로 업을 지을 때 청정한 마음으로 도에 맞게 짓는 것이라고 하였습니다. 윤회에 자유하는 길은 오직 마음공부로 정신, 육신, 물질 인연을 청정하게 업을 지어가는 것입니다.

불보살이 다른 세상에 사는 사람이 아니라 내가 청정한 마음으로 경계를 받아들여 청정한 업을 지어가면 곧 내가 불보살이 되는 것입니다. 그러므로 일상생활에서 육근동작으로 정신, 육신, 물질 세 방면으로 업을 지어갈 때 청정한 마음으로 업을 지어서 업을 초월하고 윤회에 자유롭자는 것입니다.

최후 일념이
최초 일념

정일성鄭一成이 여쭙기를 "일생을 끝마칠 때 최후의 일념을 어떻게 하오리까." 대종사 말씀하시기를 「온전한 생각으로 그치라.」 또 여쭙기를 "죽었다가 다시 나는 경로가 어떠하나이까." 대종사 말씀하시기를 「잠자고 깨는 것과 같나니, 분별없이 자 버리매 일성이가 어디로 간 것 같지마는 잠을 깨면 도로 그 일성이니, 어디로 가나 그 일성이인 한 물건이 저의 업을 따라 한없이 다시 나고 다시 죽느니라.」　**(대종경 천도품 12장)**

제가 암 수술을 받을 때와 대장 복원 수술을 받을 때 두 번 마취 시술을 받았는데 마취에 들고 깨어나는 것이 호흡 한 번 하는 사이였습니다. 저는 마취에서 깨어나서 '내가 의정부교당 교무가 맞느냐?'고 나 자신을 확인하였습니다.

마취에 들고 마취에서 깨어나는 것은 물리적으로 무의식 세계에 들어가는 것이기 때문에 양심에 가책받을 일을 마음속에 감춰둔 사람은 본인도 모르는 사이에 의식이 돌아오기 직전에 말을 한다고 합니다. 이때 한 말은 의식이 완전히 돌아오기 전 무의식 상태에서 숨겨 둔 비밀을 말한 것이기 때문에 본인이 말을 했지만, 본인이 무슨 말을 했는지 전혀 모릅니다. 만일 옆에서 지켜보던 가족 중 아내나 남편이 들어서는 안 될 말을 했다면 뒤에 큰 싸움거리로 변할 수도 있습니다.

신심 있는 교무님들이나 교도님들은 큰 수술을 받을 때 마취가 시작되면 대개 일원상 서원문 등을 외우는데, 다시 깨어나면서 의식이 끊어졌던 그 부분부터 다시 이어서 염송을 하는 경우가 많다고 합니다.

마취할 때 의식이 끊어진 그 순간이 최후 일념이고, 마취가 풀려 의식이 돌아오는 그 순간이 최초 일념입니다. 죽었다가 다시 태어나는 생사나 마취에 들었다 깨어나는 것이나 잠들었다 깨는 것이 형식은 달라도 원리는 다 같은 것입니다.

천도품 12장 요점 정리

하나, 최후 일념은 온전한 생각으로 그치라.

최후 일념을 어떻게 가지는 것이 좋겠습니까? 하는 제자의 물음에 대종사님께서 "온전한 생각으로 그치라."고 하셨습니다.

온전한 마음은 우리가 마음이 동하여 분별하기 전의 무의식 세계 원형의 마음을 말하는 것입니다. 분별 속에 사는 보통 사람들은 이해하기 어려운 마음이기도 합니다.

이 마음은 마음공부를 많이 해야 터득할 수 있는 마음입니다.

둘, 죽어서 다시 태어나는 것은 잠자고 깨는 것과 같다.

"잠자고 깨는 것과 같나니, 분별없이 자 버리매 일성이가 어디로 간 것 같지마는 잠을 깨면 도로 그 일성이니, 어디로 가나 그 일성이인 한 물건이 저의 업을 따라 한없이 다시 나고 다시 죽느니라."

죽어서 다시 태어나는 것이 마치 잠자고 깨는 것과 같다고 하셨습니다. 천도품 8장을 말씀드릴 때 생사가 잠자고 깨는 순간이라고 말씀드린 바 있는데, 우리가 하루하루 살면서 저녁에 잠들고 아침에 깨어나는 것은 실제 생활에서 매일 최후 일념 최초 일념을 체험하는 것입니다. 분별없이 잠 잘 자는 것이 최후 일념을 잘 가지는 것으로써 생사 문제와 잠자는 것이 원리적인 면에서 같다는 말씀입니다.

최후 일념을 잘 가지는 공부

최후 일념을 잘 가지는 과제는 대종사님 말씀과 같이 분별없이 온전한 생각으로 숙면에 들기 어려우므로 공부 삼아서 온전한 일념으로 잠자기를 연마해야 합니다.

하나, 멈추는 공부를 한다.

우리의 마음을 들여다보면 마치 코 뚫지 않은 송아지와 같아서 제멋대로 천방지축 뛰어다니기 때문에 경계를 당하면 사고를 치기 쉽습니다. 분별 망상을 자기로 알고 사는 우리 보통 사람들은 자기의 참모습을 바로 알기가 어렵습니다.

그 송아지 같은 현실 마음 속에서도 지혜 있는 사람은 일을 지낸 뒤에 반성해보면 무엇이 잘되고 무엇이 잘 못된 것인지 알 수 있습니다. 이와 같은 자기반성을 미리 하는 대조공부가 멈추는 공부입니다.

일을 그르친 뒤에 반성하는 것도 다음 실수를 방지하기 위해서는 중요한 것이지만, 미리 반성하여 그르침을 사전에 방지한다면 효과는 나에게 몇 배 더 큰 이익으로 돌아옵니다.

특히 생사의 문제는 그르친 뒤에 반성하는 것은 때가 늦기 때문에 미리미리 평상시에 멈추는 공부를 해두면 절체절명의 생사 갈림길에서 온전한 열반의 길을 갈 수 있으므로 악도에 떨어질 위험을 사전에 방지하게 되는 것입니다.

그러므로 생사윤회를 잘하기 위해서 멈추는 유무념 대조 공부를 반드시 해야 합니다.

둘, 호흡하는 공부를 한다.

제가 암 수술 후 3일 만에 증상이 악화하여 가슴이 터질 것처럼 답답하고 숨쉬기가 어려워 숨쉬기를 멈추었더니 기계가 삐삐거리고 지켜보던 가족들이 방방 뛰는 것이 보였습니다. 그래서 공부 삼아 숨쉬기를 다시 계속하였습니다.

숨 쉬는 것은 단 5분만 멈춰도 죽게 되는 중요한 생명 활동입니다. 사람이 생명 활동을 어떻게 할 수는 없지만, 누구나 자기의 생명 활동에서 유일하게 간섭할 수 있는 것이 이 숨쉬기입니다.

자동적인 생명 활동을 따라 숨 쉬면서 살아가는 것이지만 숨 쉬기를 공부 삼아서 유념으로 하면 그것이 수양이고 계속하여 힘이 쌓이면 상상할 수 없는 능력이 나오기도 하며 최후 일념도 잘 가질 수 있는 것입니다. 최후 일념을 잘 챙기기 위해서는 호흡하는 공부를 오랜 시간 계속해야 하므로 공부 삼아서 계속해야 하는 것입니다.

좌선을 할 때 '들이쉬는 숨은 조금 길고 강하게 하며, 내쉬는 숨은 조금 짧고 약하게 하라'고 하였습니다. 제가 이 방법을 실천하면서 터득한 것이 들이쉬는 호흡 세 박자에 내 쉬는 숨 두 박자로 '오 박자 단전호흡법'입니다.

이 오 박자 단전호흡법을 제가 근무하는 교당마다 예회보에 등록하여 참고가 되도록 하였는데, 그 방법은 들이쉬는 숨은 단전까지 조금 길고 강하게 세 박자를 하고 내 쉬는 숨은 두 박자로 약하게 호흡을 하는 것입니다.

셋, 잠 잘 자는 공부를 한다.

이 숨 쉬는 공부를 일상생활에서 마음 챙기는 유무념 대조와 함께 병행하고 특히 밤에 잠자리에 누우면 이 오 박자 호흡을 하며 숙면에 드는 것입니다. 저는 이 오 박자 호흡으로 숙면에 좋은 효과를 보고 있습니다. 숙면하는데 좋은 방법이므로 잠 잘 자는 방법으로 적극적으로 권합니다.

오 박자 호흡으로 숙면에 쉽게 들면, 7~8시간 잠을 자야 하는 원칙에 얽매일 필요도 없으며, 최후 일념 잘 챙기는 공부도 되는 것입니다.

잠을 안 자더라도 단전호흡을 하며 선정에 들면 숙면을 하는 것과 같은 효과가 있다는 것이 과학적으로 증명되었기 때문에, 잠 많이 자야 한다는 것에만 집착하지 말고 오 박자 호흡으로 마음 쉬는 데 초점을 두면, 몸도 따라서 쉬어지게 되고 최후 일념도 잘 챙기게 되는 것입니다.

잠자기 전 준비도 중요합니다. 잠자기 전까지 번민에 시달린다든지 충격적인 장면이 나오는 영화나 드라마를 보고 나면 그 잔상이 계속 이어져서 잠자는 동안에도 계속되므로 온전한 잠을 자기 위해서는 잠자기 전 준비를 해야 합니다.

제가 천도에 근무할 때 자칭 불면증 환자라는 사람을 데리고 산 적이 있습니다. 그는 등만 붙이면 코를 골면서 자는데 잘 잔다고 하면 본인은 자지 않았다고 강하게 부정합니다. 잠을 자는 것은 몸이 쉬는 것이지만 마음도 쉬는 시간인데, 마음은 잠을 자야 한다는 강박관념에 사로잡혀 잠의 노예가 되어 있으므로 마음이 쉬지 못해서 몸도 깊은 잠을 못 자게 되는 것입니다.

그러므로 불면증을 예방하기 위해서나 나아가 최후 일념을 잘 가지기 위해서나 잠들 때 오 박자 단전호흡은 대단히 좋습니다.

최후 일념이 내생의 최초 일념이라고 하였습니다. 최후 일념이 중요한 것은 죽음이라는 상황이 단 한 번의 기회가 선도와 악도의 갈림길에 서는 절체절명의 순간이기 때문입니다. 최후 일념을 챙기는 이때가 미래가 열리는 기회가 될 수 있고, 헤어나기 어려운 함정에 빠질 수도 있는 순간입니다.

이와 같이 중요한 최후 일념을 챙기는 것은 저절로 잘 챙겨지는 것이 아니므로 공부 삼아서 챙겨야 합니다. 날마다 잠자는 것이 원리적으로 생사의 원리가 같아서, 공부심으로 잠을 잘 자면 매일 생사 연마를 하는 공부를 미리 하는 것입니다. 이와 같이 평상시에 최후 일념에 대한 마음공부를 많이 한 사람은 죽음의 기회가 진급하는 좋은 기회가 될 것입니다.

그러나 죽음의 기회가 마음공부를 하지 않는 사람에게는 결국 인생의 다음은 악도가 기다리는 함정이 될 수도 있습니다. 기회를 잘 이용하여 승급하기 위해서는 잠자는 기회를 최후 일념 잘 챙기는 마음공부의 기회로 삼아서 미리미리 연마해 두어야만 합니다.

죽음의 순간은 누구에게나 있는 것이기 때문에 각자가 최후 일념 챙기는 순간을 기정사실로 받아들이고, 마음공부로 미리미리 챙기고 공을 쌓아서 생을 바꿀 때마다 최후 일념을 잘 챙겨서 세세생생 진급과 진급을 계속하는 삶을 살아갑시다.

영혼이
새 육신을 받는 경로

한 제자 여쭙기를 "영혼이 이 육신을 버리고 새 육신을
받는 경로와 상태를 알고 싶나이다." 대종사 말씀하시
기를 「영혼이 이 육신과 갈릴 때는 육신의 기식氣息이 완
전히 끊어진 뒤에 뜨는 것이 보통이나, 아직 육신의 기
식이 남아 있는데 영혼만 먼저 뜨는 수도 있으며, 영혼
이 육신에서 뜨면 약 칠·칠七七일 동안 중음中陰으로 있
다가 탁태되는 것이 보통이나, 뜨면서 바로 탁태되는 수
도 있고, 또는 중음으로 몇 달 혹은 몇 해 동안 바람 같이
떠돌아다니다가 탁태되는 수도 있는데, 보통 영혼은 새
육신을 받을 때까지는 잠잘 때 꿈꾸듯 자기의 육신을 그
대로 가진 것으로 알고 돌아다니다가 한 번 탁태를 하면
먼저 의식은 사라지고 탁태된 육신을 자기 것으로 아느
니라.」   (대종경 천도품 13장)

제가 (주)천도에 근무할 때 자연보호 회원들과 경남 합천에 있는 해인사를 늦가을에 탐방한 일이 있었는데 청설모가 먹다 버린 것인지 곱게 다듬어진 상태의 완전히 마른 반 토막 잣 송이가 눈에 들어왔습니다. 무심코 이 잣 송이를 주워들고 주위를 둘러보니 온 산이 온통 잣나무뿐이었습니다.

이 해인사에서 경을 배우는 강원의 학승들이 어느 해 가을 장경각 뒤쪽의 잣나무 숲으로 잣을 따러 갔습니다. 잣은 해마다 절에서 수확하는 중요한 일 년 농사였습니다.

잣나무가 워낙 높아서 한 나무에 올라갔다가 다시 내려와서 다른 나무로 올라가려면 힘이 드니까 몸이 유연하고 빠른 학인들은 가까운 나뭇가지를 잡고 이 나무에서 저 나무로 건너뛰는 일이 많았습니다.

그 날도 그렇게 잣을 따다가 정심 학승이 자칫 실수하여 나무 밑으로 떨어지고 말았습니다. 마침 그 밑에 낙엽이 수북이 쌓여 있어 몸에 상처는 입지 않았지만 숨을 쉬지 않았습니다.

그 순간 정심 학승은 갑자기 어머님이 보고 싶다는 생각이 일어났고, 그 생각이 일어나자마자 어머니가 계시는 속가의 집에 들어서고 있었습니다.

정심 학승은 높은 나무 위에서 잣을 따는 힘 드는 일을 했기 때문에 배가 많이 고픈 상태에서 숨을 멈추었습니다. 그래서 집에 들어서자마자 길쌈을 하고 있는 누나의 등을 짚으며 밥을 달라고 하였습니다.

그런데 이게 어찌 된 일입니까? 어머니와 함께 길쌈을 하던 누나가 갑자기 펄펄 뛰며 머리가 아파 죽겠다는 것이었습니다.
밥 좀 달라고 한 것뿐인데 머리 아프다고 펄펄 뛰니까 정심 학
승은 면목이 없어서 마당 한쪽에 우두커니 서 있었습니다.

그런데 어머니가 보리밥과 풋나물을 된장국에 풀어 바가지에
담아오는 것을 보고 실망스럽기는 했지만 그나마 주는 대로 받
아먹으려고 했는데, 어머니는 시퍼런 칼을 들고 이리저리 내두
르며 "네 이놈 객귀야, 어서 먹고 물러가라." 벼락같이 고함을
지르는 것이었습니다.

정심 학승은 깜짝 놀라 뛰어나오며 "에잇, 빌어먹을 집. 내 생
전에 다시 찾아오나 봐라!" 하고 투덜거렸습니다. "그래, 나도
참 별일이지. 중이 된 몸으로 집에는 무엇하러 왔나? 더군다나
사람대접을 이렇게 하는 집에 왜 왔나?" 하고 후회를 하고는 마
음을 돌려 "절로 가자, 나의 진짜 집은 해인사다." 하고는 해인
사를 향해 갔습니다.

그렇게 정심 학승이 해인사를 향하여 열심히 가고 있는데, 길
옆 꽃밭에서 청춘 남녀가 화려한 옷을 입고 풍악을 울리며 신나
게 놀고 있는 것이었습니다. 너무나 재미있게 놀고 있으므로 해
인사 가는 것도 잊어버리고 잠시 넋을 잃고 그 광경을 바라보고
있으니, 한 젊은 여자가 다가와서 옷자락을 잡아당기며 "스님,
우리랑 함께 놀다 가세요." 하고 유혹을 하는 것이었습니다.

여자의 유혹에 제정신이 돌아온 정심 학승은 "중이 어찌 이런
곳에서 놀 수 있겠소?" 하고 사양을 하고 돌아서니 여인은 그를
보고, "에잇, 그놈의 중! 간이 작아서 평생 중질밖에 못 해 먹겠

다.” 하고 욕을 퍼부었습니다.

정심 학승은 욕을 하든 말든 다시 해인사로 돌아오는데, 이번에는 예쁘장하게 생긴 여인이 길가에 서 있다가 붙잡고 놀다 가라고 매달리는 것이었습니다. 여인을 억지로 뿌리치고 걸음을 해인사를 향해 얼마를 가니까, 이번에는 머리에 수건을 질끈 동여맨 수십 명의 무인이 활을 쏘아 잡은 노루를 구워 먹으면서 함께 먹을 것을 권하였습니다.

정심 학승이 무사들을 간신히 뿌리치고 절에 도착하니 재齋가 있는지 염불 소리가 들려 왔는데 그 염불 소리가 이상하였습니다. 가까이 다가가서 유심히 들어보니 한 스님은 ‘은행나무 바리때’ 또드락 또드락 ‘은행나무 바리때’ 또드락 또드락 하며 목탁을 두드리고 있고, 또 한 스님은 ‘제경행상’ 딸랑딸랑 ‘제경행상’ 딸랑딸랑하며 요령을 흔들고 있는 것이었습니다.

한 번도 들어보지 않은 염불이라 혼잣말로 “참 이상한 염불도 다 한다.”고 생각하면서 죽은 사람을 안치해 둔 열반당涅槃堂 간병실로 가보니 자기와 꼭 닮은 사람이 누워 있는 것입니다. 그래서 그 사람을 발로 툭 차는 순간 정심 학승은 누워 있는 그 몸으로 들어가서 다시 살아났습니다.

그런데 조금 전[실은 전날]에 집에서 보았던 누나와 어머니는 물론 평소 알고 있는 여러 사람이 자기를 앞에 놓고 슬피 울고 있다가 눈 뜨고 일어나는 자기를 보고 소스라치게 놀라는 것이었습니다.

영문을 알 수가 없었던 정심 학승은 깨어난 자신을 보고 기절

초풍을 하는 어머니에게 여쭈었습니다.

"어머니, 왜 여기 오셔서 울고 계십니까?"

"네놈이 산에 잣을 따러 갔다가 죽었지 않았느냐! 그래서 지금 초상 치를 준비하고 있었다."

듣고 보니 나무에서 떨어진 후 지난 일들이 진정 일장춘몽이었습니다. 그래서 사실을 확인하기 위해서 다시 어머니에게 물었습니다.

"혹시 집에서 누나가 아픈 일이 있었습니까?"

"그럼, 어제 멀쩡하던 누나가 갑자기 죽는다고 하여 귀신한테 밥을 바가지에 풀어서 버렸더니 다시 살아나더구나."

정심 학승은 생전 들어보지 못한 이상한 염불 소리가 생각나서 자신을 위해 염불을 해주던 도반 스님에게 물었습니다.

"아까 내가 들으니 '은행나무 바리때'라고 염불을 하고, 다른 스님은 '제경행상' 염불을 하던데 도대체 그것이 무슨 염불 소리 입니까?"

'바리때' 염불을 하던 학승이 말했습니다.

"응- 나는 전부터 은행나무로 만든 너의 바리때를 매우 갖고 싶었어. 너의 유품 중에서 그것만은 꼭 가지고 싶다는 생각이 어찌나 강하게 나던지 너를 위해서 입으로는 나무아미타불 염불을 하면서도 마음으로는 은행나무 바리때에 대한 생각을 떨쳐 버릴 수가 없었어. 정말 미안하네."

요령을 흔들며 '제경행상' 염불을 하던 학승도 말했습니다.

"나도 역시 그랬다네. 네가 평소에 애지중지하던 제경행상諸

經行相이라는 책이 하도 탐이 나서 입으로는 나무아미타불 염불을 하면서도 마음으로는 저 책만은 내가 가져야지… 하면서 염불을 하였지. 미안하네.”

자기가 겪은 모든 것이 사실임을 확인한 정심 학승은 불현듯 생각나는 것이 있어서 갑자기 벌떡 일어나 밖으로 뛰쳐나갔습니다. 절로 돌아오던 길을 반대로 거슬러 가면서 유혹받은 세 곳을 확인하였습니다.

노루를 구워 먹던 무사들이 있던 곳은 말벌집이 있었고, 예쁜 여자가 유혹하던곳을 가보니 뱀이 똬리를 틀고 있었고, 남녀가 풍악을 울리며 신명 나게 놀던 곳에 가보니 웅덩이에서 무당개구리가 놀고 있었습니다.

정심 학승은 숨이 정지되는 순간 최후 일념이 어머니를 보고 싶은 것이었기 때문에 평상시 보고 싶었던 어머니한테 간 것입니다.

집에 집착이 있었다면 소, 돼지, 개가 되었을 것이고, 만일 신심과 공부심이 없었으면 개구리, 뱀, 말벌 등으로 태어날 수 있었을 것입니다.

이와 같이 집착과 무명은 무서운 것이므로 집착을 떼는 마음공부와 사물을 바르게 보고 바르게 판단하는 지혜 밝히는 마음공부가 자신 천도에는 아주 중요한 것입니다.

천도품 13장 요점 정리

영혼이 이 육신을 버리고 새 육신을 받는 경로와 상태를 다음과 같이 말씀해 주셨습니다.

하나, 영혼이 육신과 갈릴 때.

"영혼이 이 육신과 갈릴 때는, 육신의 기식氣息이 완전히 끊어진 뒤에 뜨는 것이 보통이나, 아직 육신의 기식이 남아 있는데 영혼만 먼저 뜨는 수도 있으며"

보통은 의사가 죽음이라고 판정할 그때 육체에서 이탈하는 것이나 아직 숨 쉬고 심장이 뛰는 생명활동이 남아있는 경우에도 영혼이 먼저 떠난 경우도 있다는 것입니다.

둘, 중음(영혼).

"영혼이 육신에서 뜨면 약 칠·칠ㄴㄴ일 동안 중음中陰으로 있다가 탁태되는 것이 보통이나, 뜨면서 바로 탁태되는 수도 있고, 또는 중음으로 몇 달 혹은 몇 해 동안 바람 같이 떠돌아다니다가 탁태되는 수도 있는데"

첫째, 중음 기간은 보통은 49일쯤 된다고 하였습니다.

둘째, 바로 탁태되는 경우는 죽은 즉시 몸을 받아가는 경우도 있다고 하였습니다.

셋째, 중음 기간이 긴 경우는 정심 학승이 전날 일어난 일을 조금 전으로 알고 있는 바와 같이 영혼은 시간관념이 없기 때문에 아주 오랜 시간 떠돌아다니기도 하고 오랜 시간 어느 곳에 집착하기도 한다는 것입니다.

셋, 중음의 영혼 상태.

"보통 영혼은 새 육신을 받을 때까지는 잠잘 때 꿈꾸듯 자기의 육신을 그대로 가진 것으로 알고 돌아다니다가 한 번 탁태를 하면 먼저 의식은 사라지고 탁태된 육신을 자기 것으로 아나니라."

첫째, 꿈꾸는 것과 같다. 일반적으로 꿈에 자기 몸을 가진 것으로 알고 움직이듯이 영혼은 현생의 자기 몸을 가진 것으로 알고 돌아다닌다는 것입니다.

둘째, 한 번 탁태되면 의식은 사라지고 새 몸을 자기 것으로 안다. 영혼이 일단 새로운 몸을 받으면 과거는 순식간에 잊어버리고 새 몸을 자기라고 생각한다는 것입니다.

공부의 과제

마음 가는 곳이 욕심이나 착심이 있는 곳이기 때문에 악도에 떨어지지 않게 하려면 욕심이나 착심을 버리고 청정한 마음을 가지도록 하는 것이 중요합니다. 하지만 말은 쉽지만 실제로 자기 마음을 통제하는 데는 많은 공을 들여야 가능하기 때문에 평상시에 미리미리 마음을 온전하고 청정하고 편안하게 가지도록 마음공부를 해야 합니다.

사람이 죽어서 새 몸을 받을 때까지의 과정과 상태를 살펴보았습니다. 육체적으로는 보통 완전히 죽음에 이른 뒤에 영혼이 몸을 떠나지만, 아직 몸의 생명활동이 남아 있는데 영혼이 먼저 떠나는 경우도 있다고 하였습니다. 또 영적으로는 자기 몸을 가진 것으로 착각하고 약 49일 동안 떠돌아다니다가 인연 따라서 몸을 받게 되며 새 몸을 받은 즉시 과거의 생각은 사라지고 새 몸을 자기로 인식한다고 하였습니다. 또한, 착심이 있는 경우나 인연이 닿은 경우에는 죽은 즉시 새 몸을 받아 가는 경우도 있다고 하였습니다.

우리가 공부할 문제는 착심이나 무명을 타파하는 마음공부를 생시에 많이 해서 선도 악도를 구분해서 선도로 진급하는 것입니다. 그러므로 생사윤회를 잘하기 위해서는 생전에 마음공부를 부지런히 해서 모든 경계에 마음을 자유 할 힘을 쌓아야 악도에 떨어지지 않을 수 있습니다. 부지런히 마음공부를 해서 자기 천도를 자기가 마치고 갑시다.

생사에 대한 의심을
해결하는 법

한 제자 여쭙기를 "저는 아직 생사에 대한 의심이 해결
되지 못하와 저의 사는 것이 하루살이 같은 느낌이 있사
오며, 이 세상이 모두 허망하게만 보이오니 어찌하여야
하오리까." 대종사 말씀하시기를 「옛글에 "대개 그 변
하는 것으로 보면 천지도 한때를 그대로 있지 아니하고,
그 불변하는 것으로 보면 만물과 내가 다 다함이 없다."
한 구절이 있나니 이 뜻을 많이 연구하여 보라.」

(대종경 천도품 14장)

1947년, 시릴 호킨스라는 영국인에게 이상한 일이 생깁니다. 그의 아내는 간호사였는데 남편 호킨스가 1947년 겨울에 접어들면서부터 갑자기 이름을 바꾸겠다고 선언을 합니다.

특별한 이유도 없는데 이름을 바꾼다고 하니까 아내는 이상하게 생각하고 말렸으나 집요하게 우겨서 별 수 없이 동의하게 되었고 시릴 호킨스란 이름을 버리고 '카알 퀸수호'로 법적 절차를 밟아 바꾸게 되었습니다.

퀸수호를 줄여서 쿠안이라 부르게 되어 그때부터 시릴 호킨스는 카알 쿠안이 되었는데 이름만 바꾼 것이 아니라 생활도 동양식으로 모두 바꾸어버렸습니다. 그 뿐만 아니라 살던 집과 재산을 모두 팔고 고향을 버리고 새로운 곳으로 몇 차례 이사하면서 아는 사람과 완전히 인연을 모두 정리해버리고 새로운 삶을 시작했습니다.

그런데 만 1년이 약간 지난 1949년에 가벼운 사고로 약간의 뇌진탕과 같은 증상을 보이다 회복된 뒤부터는 호킨스로 살던 과거 기억까지 완전히 잊어버리고는 "나는 과거에 라마승이었다"고 하면서 실제로는 카알 쿠안도 아닌 롭상람파라는 사람으로 살아가는 것입니다.

그리고는 과거를 이야기하는데 티베트에서 태어나 자라고 스님이 되고 수도를 하고 깨달음을 얻었다고 했습니다. 그 후 중국 공산당이 티베트를 침공하여 학살하는 현장을 보았고 정치적인 간첩 음모로 중국과 일본에서 고문을 당하면서 결국 몸을 못 쓰게 되었다고 했습니다. 그런데 꼭 해야 할 일이 남아있었던 롭상람파는 삶을 이어가기 위하여 명이 다한 시릴 호킨스의 몸을 빌려서 카알 쿠안이 되었다고 했습니다.

롭상람파는 카알 쿠안으로 살면서 윤회의 세계를 세상에 알리고 있습니다. 티베트에서 의학을 전공한 그는 인류의 건강을 위해 계속 연구를 하였다고 합니다. 그가 저술한 책의 내용을 현지에서 확인해보니 모두 사실임이 밝혀지면서 윤회의 세계를 직접 증거로서 알려주는 실증자가 된 것입니다.

이 보고서에서 중요한 것은 사람이 몸이 죽는다고 인생이 끝나는 것이 아니라 영혼은 영원한 삶을 계속 이어간다는 사실입니다.

천도품 14장 요점 정리

하나, 하루살이 같은 인생관.

"저는 아직 생사에 대한 의심이 해결되지 못 하와 저의 사는 것이 하루살이 같은 느낌이 있사오며 이 세상이 모두 허망하게만 보이오니 어찌하여야 하오리까."

이러한 생각은 불생불멸 인과보응의 진리를 모르는 보통사람들 대부분이 가지는 생각이라고 할 수 있습니다.

둘, 변하는 것(인과보응) 연구.

"옛글에 대개 그 변하는 것으로 보면 천지도 한때를 그대로 있지 아니하고"

변하는 세계는 우리가 육근으로 감지하는 현실 세계를 말합니다. 천지 만물이 그대로 있는 것은 하나도 없으며, 이와 같이 끊임없이 계속 변하는 원리를 우리는 인과보응의 이치라고 합니다. 예화에서 말씀드린 롭상람파의 인생과 시릴 호킨스의 인생을 변화라고 보면 됩니다.

셋, 변하지 않는 것(불생불멸) 연구.

"그 불변하는 것으로 보면 '만물과 내가 다 다함이 없다.' 한 구절이 있나니 이 뜻을 많이 연구하여 보라."

변하지 않는 것은 본질적인 것입니다. 예화에서 전생의 롭상람파와 후생의 시릴 호킨스의 몸을 빌린 영혼은 하나라는 것을 알 수 있습니다. 이 영혼은 몸을 몇 억만 번을 바꿔도 변하지 않는 나의 주체입니다. 나의 주체인 영혼이나 우주의 질서인 생멸 없는 도와 인과보응의 이치는 변하지 않기 때문에 변하지 않는 진리라고 하는 것입니다.

변 불변에 맞게 사는 공부

하나, 변하는 인과의 이치에 맞게 사는 공부.

요즈음 세태를 보면 세상의 변화를 실감합니다. 옛날에는 자녀가 부모를 공경하고 받드는 것이 당연한 미풍양속이었습니다. 그런데 요즈음 부모를 버리고 때리고 살해까지 하는 패륜아가 늘어나고 있습니다. 부모와 자식 간에 중심은 돈입니다. 향락과 욕구충족에 방해된다고 생각하면 부모는 안중에도 없는 패륜아가 많아지는 것이 안타깝습니다.

현실 속에서 부모들이 살아가는 것을 보면 자식을 어리게만 보고 몇백 년 몇천 년 살 것처럼 변화에 대해 대비를 하지 않고 사는 것이 문제가 있습니다.

나도 변하고 자식도 변하고 만물도 변하고 세상의 가치관도 시대 따라 변합니다. 때문에 고정 관념을 가지고 과거에 집착하면 고통만 가중될 뿐입니다. 따라서 그 변하는 것에 따라 가족에 연연하지도 말고 오직 한가하고 넉넉한 해탈의 심경으로 살면서, 살아가는 모든 면에서 변하는 것을 예측하여 미리 준비하고 미리 방비하는 지혜로운 삶을 살아가야 합니다.

변하는 세계의 근본 원리는 지은 대로 받는 인과보응의 이치이기 때문에 남과 비교하지 말고 자기를 되돌아보며, 자기의 미래를 설계하고 자기의 미래를 준비하는 생활이 되어야 합니다.

몸도 변하고 마음도 변하고 세상도 변하고 세상인심도 변하고 가치관도 변하고 인연도 변하고 물질도 변하기 때문에 눈에 보이는 것은 언젠가 사라질 것이라는 예상을 하고 거기에 맞게 대비를 하는 것입니다.

특히 생사의 문제는 언제나 절박한 문제이기 때문에 미리미리 생사연마를 해야 합니다.

첫째, 지혜가 부족하면 지혜 닦는 공부를 많이 해야 합니다.

하면 한 만큼 되는 것이 인과의 이치이기 때문에, 공부하지 않고 지혜가 밝아지기를 바라는 것은 있을 수 없는 일입니다. 대종사님께서는 가장 효과적으로 지혜 밝히는 방법을 《교전》에 밝혀주셨으니까 우리는 실천만 하면 지혜가 밝아집니다. 마음 공부를 하지 않고 지혜 밝아지는 법은 없습니다.

둘째, 복이 부족하면 복 짓는 공부를 해야 합니다.

복은 정신 육신 물질과 인연인데, 누리고 낭비만 하면서 부자 되기를 바라는 것은 이루어질 수 없습니다.

부자와 가난한 사람이 다른 것은 돈을 보는 관점입니다. 부자는 10원짜리 동전을 볼 때 10만 개만 모으면 백만 원이 된다는 것을 알고 모으고 투자할 생각을 합니다. 그러나 가난한 사람은 10원짜리를 볼 때 쓸 생각부터 하며 돈을 보기 때문에 10원짜리는 껌 한 개도 못 사 먹는 가치 없는 돈이라고 함부로 취급하고 아무 데나 버립니다. 티끌 모아 태산이란 말과 같이 세상에는 작은 것으로부터 커지는 것이 천리의 원칙이기 때문에 부자 되려면 푼돈이라도 계속 모아야 합니다.

인연도 마찬가지입니다. 함부로 말하여 남의 속을 상하게 하고 함부로 행동하여 남에게 피해를 주면서 나는 대우를 받고 싶어 합니다. 주변 인연이 각박한 것은 내가 그만큼 각박하게 처신을 한 업보가 많았기 때문입니다. 현재 혹 내가 잘못한 부분이 없는데 남에게 부당한 대우를 받는다 해서 구태여 내 손에 피를 묻히며 복수할 일은 없습니다. 죄는 지은 대로 받는 것이기 때문에 내가 갚지 않아도 진리가 대신 갚아주게 되어 있습니다.

정의 실천을 위해서 옳고 그른 것을 가리는 것은 좋지만, 개인적인 일을 내가 직접 복수를 하는 것은 나를 괴롭히는 악한 인연만 만들 뿐이므로 삼가야 합니다.

좋은 인연이 많기를 원하면 남에게 봉사하고, 남에게 칭찬을 많이 하고, 옳은 일에 찬성하고, 그른 일에 반대하며, 이기려고만 하지 말고 질 자리에 져 주어야 합니다.

주의 사항은 도덕의 기준이 없이 무조건 잘해 주고 무조건 져 주면 질서를 파괴하는 악한 사람을 도와 함께 악업을 짓는 것이므로 결국 그 악한 인연들과 갈수록 힘들게 살아야 합니다.

가까운 자식에게 부당한 대우를 받는 원인이 상당 부분 부모한테도 부당한 요청을 들어준 책임이 있다는 부분을 곰곰이 생각해보면 부당한 요청은 지혜롭게 거절하고 정당한 청은 법도 있게 들어주는 것이 상생 선연으로 복 받는 길이라는 것을 아실 것입니다.

둘, 불변하는 불생불멸의 이치에 맞게 사는 공부.

살아가면서 우리가 가장 공을 많이 들여야 할 부분이 변하지 않는 자기 영혼입니다. 마음공부를 하지 않는 99%의 일반사람들은 이 영혼이 자기와 관계가 없다고 생각하고 오로지 자기 육신에 대해서만 공을 들이고 삽니다. 그러나 육신에만 공을 들이고 살게 되면 죽을 때 99%를 잃어버리기 때문에 전 재산을 잃게 됩니다.

《대종경》불지품 16장에 말씀하시기를「옛 성인의 말씀에 "사흘의 마음공부는 천 년의 보배요 백 년의 탐낸 물건은 하루 아침 티끌이라." 하였건마는 범부는 이러한 이치를 알지 못하므로 자기의 몸만 귀히 알고 마음은 한 번도 찾지 아니하며, 도를 닦는 사람들은 이러한 이치를 알므로 마음을 찾기 위하여 몸을 잊느니라.」고 하였습니다.

영원하지 않은 육신에 집착하는 것은 어리석은 일입니다. 그렇다고 대종사님께서 현실을 부정한 것은 아닙니다. 살아가는 현실적인 육신 생활에도 충실하여 현실 불공을 잘하면서, 영원한 영혼의 삶을 위해서 마음공부와 공덕을 쌓으라고 영육쌍전으로 표준을 잡아 주셨습니다. 단 육신에 올인 하지 말고 균형에 맞게 몸과 마음을 모두 온전하게 하는 마음공부와 실지 불공을 잘하라고 하신 것입니다.

《대종경》불지품 16장에 영원한 영혼의 삶을 위한 마음공부에 충실하면, 몸과 마음에 자유롭고, 천상락을 얻고, 육도사생을 자유로울 수 있다고 말씀하셨습니다.

우리는 다행히 대종사님의 일원대도를 만나서 영원한 영혼의 세계를 풍요하게 하는 마음 공부법을 알았으니, 모든 것의 근본이 되는 영원한 영혼의 삶을 위하여 마음공부를 열심히 하자는 것입니다.

정리하자면 육신에 매달려 올인하는 생활을 하는 사람은 하루살이와 같이 허망한 인생을 살게 된다고 하였습니다. 우리는 다행히 대종사님의 일원대도를 만났으니 영과 육에 균형이 맞는 원만한 공부를 하여 행복한 영생을 준비해 나가야 하겠습니다.

변하는 인과의 이치에 맞춰서 공부심으로 현실 불공을 잘하여 복을 장만하여 세세생생 복이 풍족하게 살자는 것이며, 변하지 않는 영혼의 삶에 풍요함을 주는 지혜를 얻기 위하여 마음공부를 열심히 하여 몸과 마음의 자유를 얻어서 삼세 육도 사생을 자유롭게 드나들면서 능력 있는 불보살로 사는 것이 생사에 대한 의심을 확실하게 해결하는 길입니다.

하루살이와 같이 불안하게 살 것인지, 육도사생을 자유로이 드나들며 행복하게 살 것인지, 그 선택은 우리 각자에게 달려 있습니다. 현명한 선택으로 세세생생 복과 지혜가 원만하게 갖춰진 활불로 살아갑시다.

지푸라기도
백억화신을 나툰다

대종사 말씀하시기를 「세상의 유정有情 무정無情이 다 생의 요소가 있으며 하나도 아주 없어지는 것은 없고 다만 그 형상을 변해 갈 따름이니, 예를 들면 사람의 시체가 땅에서 썩은즉 그 땅이 비옥하여 그 근방의 풀이 무성하여질 것이요, 그 풀을 베어다가 거름을 한즉 곡식이 잘 될 것이며, 그 곡식을 사람이 먹은즉 피도 되고 살도 되어 생명을 유지하며 활동을 하게 될 것이니, 이와 같이 본다면 우주 만물이 모두 다 영원히 죽어 없어지지 아니하고 저 지푸라기 하나까지도 백억 화신을 내어 갖은 조화와 능력을 발휘하느니라. 그러므로 그대들은 이러한 이치를 깊이 연구하여 우주 만유가 다 같이 생멸 없는 진리 가운데 한량없는 생을 누리는 것을 깨쳐 얻으라.」

(대종경 천도품 15장)

영혼과 육신에 관한 공부를 하는 데 있어 먼저 이해를 돕기 위해서 모든 물질의 가장 기본 물질인 화학적인 원자 이야기를 하겠습니다.

이 세상에 모든 물질을 더는 나눌 수 없이 잘게 나누었을 때 제일 작은 알맹이를 화학적 용어로 원자라고 합니다. 그 작은 원자는 원자핵과 전자로 구성되어 있습니다. 그러나 전자, 양성자, 중성자 등의 존재가 밝혀지면서 원자가 더 나눌 수 없는 불가분不可分한 입자가 아니라는 사실이 밝혀졌습니다. 그리고 이제는 소립자素粒子라고 하는 한 무리의 입자가 물질의 궁극 입자로 연구되고 있다고 합니다. 그러나 화학 원소로서의 특성을 유지하는 입자를 표시하는 단위는 여전히 원자를 가장 작은 단위의 물질로 표시합니다.

원자原子는 영어로 아톰atom이라고 하는데 아톰은 물질의 궁극적 입자라는 뜻을 가지고 있습니다. 원자의 영어명인 'atom'이라는 말도 그리스어로 더는 나눌 수 없다는 뜻으로 비분할非分割을 의미하는 '아톰오스atomos'에서 유래한 것이라고 합니다.

원자는 숫자를 하나 둘 세듯이 화학적으로 변하지 않는 작은 알맹이 단위를 말하는 것이고, 산소나 수소처럼 특성을 잃지 않는 범위에서 도달할 수 있는 물질의 기본적인 최소입자인 단위를 원소라고 하는데, 그 원소의 종류는 현재 지구 상에 천연 92종과 인공 15종으로 총 107종이 존재한다고 합니다. 이 107종의 각 원소의 원자가 모이고 흩어지면서 천지 만물을 이루고 있는 것입니다.

지구 상에 70%를 차지하는 물을 예로 들면 수소 원자 2개와 산소 원자 1개가 합쳐지면 물이 됩니다. H는 수소로 양이온이 되는 성질이 강하고, O는 산소로 음이온이 되는 성질이 강합니다. 수소는 잘 타는 것이고 산소는 잘 타도록 돕는 것인데, 수소 원자 2개에 산소 원자 1개를 합하면 물이 됩니다. 특성으로 보면 잘 타는 것과 잘 타도록 돕는 것이 합해진 것이므로 잘 타서 없어져 버릴 성질인데, 일원의 진리는 오히려 불을 끄는 물이 되는 조화로 나타나는 것입니다.

지구의 한 부분인 우리의 몸은 70%가 수소와 산소로 이루어져 있습니다. 이것이 원만구족하고 지공무사한 일원상 진리가 현실로 나타난 진공묘유의 조화입니다. 이와 같이 텅 빈 데서 묘하게 나오는 일원상 진리의 조화는 이 세상에 존재하는 107개의 원자가 이리저리 합쳐지면서 세상 만물을 이루는 것입니다.

사람의 경우 수소 원자와 산소 원자를 제하면 나머지 30%는 몇 개의 원자의 조합에서 이루어진 물질이라고 합니다. 사람은 영혼이 주가 되기 때문에 무한 가치가 있는 것이지 몸의 물질 가치는 과학자의 입장에서 보면 별로 값나가지 않는 물질들이라고 합니다. 이 영혼의 주체만 있으면 필요한 물질들이 인연 따라 모여서 무한한 가치의 생명활동을 하다가 인연이 다하면 흩어지는 것입니다.

천도품 15장 요점 정리

이 천도품 15장은 변화의 세계에 대한 원리를 설명한 것입니다.

하나, 지푸라기의 변화.

"세상의 유정有情 무정無情이 다 생의 요소가 있으며 하나도 아주 없어지는 것은 없고 다만 그 형상을 변해 갈 따름이니, 예를들면 사람의 시체가 땅에서 썩은즉 그 땅이 비옥하여 그 근방의 풀이 무성하여질 것이요, 그 풀을 베어다가 거름을 한즉 곡식이 잘 될 것이며, 그 곡식을 사람이 먹은즉 피도 되고 살도 되어 생명을 유지하며 활동을 하게 될 것"이라고 하였습니다.

더 설명할 필요가 없이 우리 몸을 이루고 있는 물질이 어떻게 변신을 하는지 자세하게 설명을 해 주셨습니다.

둘, 백억화신.

"우주 만물이 모두 다 영원히 죽어 없어지지 아니하고 저 지푸라기 하나까지도 백억 화신을 내어 갖은 조화와 능력을 발휘하느니라."고 하였습니다.

백억화신은 불교 신앙의 대상인 법신불·보신불·화신불의 삼신불三神佛 가운데 하나로, 신앙의 대상을 그 성질상으로 보아 셋으로 나누어 설명하는 것인데, 화신불은 숫자가 많다는 뜻으로 백억화신이라고 말하는 것입니다.

삼신불을 성질상 다른 의미로 설명해 드리자면,

① 법신불은 영원무궁토록 변하지 않는 만유의 본체인 법法에 인격적 의미를 부여하여 말하는 것이며, 형상도 없고 빛깔도 없는 진리 그 자체를 가리키는 말로, 곧 이치의 부처理佛를 말하는 것입니다.

② 보신불은 인因에 따라 나타나는 불신佛身으로서, 보살위의 어려운 수행을 견디고 정진 노력한 결과로 얻어진 영구성 있는 불신佛身으로, 아미타불 같은 경우를 말하는 것입니다.

③ 화신불은 응신불 또는 응화신불이라고도 하는데, 일체중생을 제도하기 위하여 거기에 알맞은 형태로 나타나는 역사적·현실적 존재로서의 부처, 곧 소태산 대종사나 서가모니불 같은 경우이며, 화신불의 경우에 우주 만물 하나하나를 화신불이라고 말하기도 합니다.

화신불에도 정正화신불과 편偏화신불이 있습니다. 정화신불은 법신불의 진리 그대로 나타난 여래 부처님과 같은 화신불이고, 편화신불은 법신불의 진리 일부분만이 나타난 범부 중생의 화신불과 천지 만물의 화신불을 말합니다.

그런데 우리 모든 사람의 마음속에도 삼신불을 갖추고 있다고 하여 이를 자성 삼신불이라고도 합니다. 자성 청정 법신불은 내 마음의 본성 곧 본래 성품을 말하고, 자성 원만 보신불은 자성에서 나타나는 밝은 지혜를 말하며, 자성 백억 화신불은 본래 성품에서 밝은 지혜가 솟아 육근[몸과 마음]으로 업을 짓는 것을 말합니다.

백억화신불百億化身佛은 진리의 나타난 부처로서, 소태산 대종사님이나 서가모니불을 포함해서 넓은 의미에서는 삼라만상이 모두를 백억화신불이라고 하는 것입니다.

백억화신불을 원불교 용어로 말하면 처처불상 사사불공에서 처처불의 원리를 설명한 것입니다. 그러므로 마음공부 하는 사람은 내 마음 밖에서 삼신불을 구하려 하기 전에 자신의 자성 삼신불을 먼저 발견하도록 노력하는 것이 사사불공을 잘하여 복을 구할 수 있는 근본이 됩니다.

백억화신불을 나투는 공부

하나, 처처불임을 알고 닮아가는 공부.

내가 백억화신불로 나타나기 위해서는 정화신불이 되는 공부를 해야 합니다.

일원상 법어에서는 눈, 귀, 코, 입, 몸, 마음이 원만구족 지공무사한 것이니 원만구족 지공무사하게 사용하라고 설명해 주셨습니다. 우리가 본래 원만구족하고 지공무사한 부처임을 알아서, 일상생활에서 본래 마음이 어디에 가리지 않고 그대로 눈, 귀, 코, 입, 몸, 마음으로 보고 듣고 냄새 맡고 말하고 느끼고 판단하여 덕을 나투는 정화신불이 되어야 백억화신불을 잘 나타내는 공부가 됩니다.

현재 우리가 바르게 보지 못하고 바르게 듣지 못하고 바르게 냄새 맡지 못하고 바르게 말하지 못하고 바르게 느끼지 못하고, 바르게 판단하지 못하는 것은, 자기가 원만구족하고 지공무사하다는 것을 모르거나 알아도 닮아가는 훈련이 부족해서입니다.

백억화신을 나투기 위해서는 먼저 내가 본래 원만한 부처임을 아는 공부를 해야 하고, 아는 만큼 실천으로 나타내는 훈련을 반복해서 부처의 능력이 저절로 나와야 합니다. 반복훈련을 하고, 하고 또 해서 저절로 부처의 능력이 나올 때까지 계속해서 저절로 부처의 은혜가 나타나게 해야 합니다.

둘, 사사불공을 잘하는 공부.

사사불공은 앞에서 부처를 알고 나투는 공부와 다르지 않습니다.

대종사님께서 타력인 처처불만 밝히신 것이 아니라 자력의 사사불공까지 밝히신 뜻은 마음공부를 해서 자기 혼자만 신앙으로 극락을 즐기라는 것이 아니라, 하나를 알면 하나를 실천하여 육근동작이 모두 은혜로 나타나게 하여 나도 너도 다 함께 은혜로운 세상을 만들어서 지상낙원에서 함께 행복하게 살자는 것입니다. 이것이 대종사님께서 새 시대의 주세불로 이 땅에 오신 의미입니다.

예를 들면 혼자만 원불교 법을 즐기고 혼자만 원불교에 다니는 것이 아니라, 가족들에게 은혜가 나타나고, 이웃에게도 은혜가 나타나서 다 함께 원불교 일원대도를 배우고 가르쳐서 지상낙원을 만들어 가는 것입니다. 이와 같이 처처불상 사사불공을

141

실천하는 공부를 지성으로 하면 천지 만물이 모두 부처임을 알고 부처로 섬기는 정화신불이 되는 것입니다.

이 몸이 죽는다 할지라도 이 육신은 그 성분이 백억화신을 나타낸다고 하였습니다.

이 세상에 백억화신불로 나타낼 때는 반드시 그 주체가 있어야 각 성분(원소)이 모여서 보고 만질 수 있는 변화의 물체로 나타날 수 있습니다. 그 주체가 바로 영혼으로 이 영혼의 주체가 물질을 모아서 백억화신을 드러나게 하는 것입니다.

그 주체인 영혼은 우주가 생길 때부터 있었고 이 우주와 영원히 함께하는 영원한 참 나입니다. 참 나는 모양도 냄새도 소리도 맛도 없으며 우주에 하나뿐인 유아독존입니다. 허공에 있던 수소 둘과 산소 하나가 합쳐서 물로 나타나듯이 참 나는 우주 만물의 주체로써 인연 따라서 이 세상에 한량없는 백억화신으로 나타나서 선악 간 업을 지어가고 지은 그 업을 따라서 새로운 얼굴로 나타나는 것입니다.

키가 크고 작고, 얼굴이 예쁘고 밉고, 성격이 좋고 나쁘고, 사람과 동물로 천차만별로 나타나는 것은 모두 몸과 마음으로 지은바 업력이 다르므로 다르게 나타나는 것입니다.

만물은 모두 지은바 업에 따라서 모였다가 흩어지는 것입니다. 그러나 그 주체는 나이며 나의 모양을 결정하는 것은 어떠한 마음으로 어떠한 원소와 인연의 업을 짓느냐에 달려 있습니다. 지은 대로 받는 인과의 이치는 좋은 업을 지어야 좋은 원소가 인연 따라 모여서 좋은 몸이 이루어지는 것입니다.

   참 나의 주체가 백억화신의 몸을 나타낼 때 마음공부로 불공을 잘하여 가는 곳마다 은혜가 나타나게 해야 좋은 원소가 모이는 것입니다. 세세생생 나타날 때마다 마음공부로 정화신불로 나타나서 가는 곳마다 지상낙원을 만드는 활불로 살아갑시다.

전생과 금생은
거년과 금년 같다

대종사 신년식에서 대중에게 말씀하시기를 「어제가 별 날이 아니고 오늘이 별 날이 아니건마는, 어제까지를 일러 거년이라 하고 오늘부터를 일러 금년이라 하는 것 같이, 우리가 죽어도 그 영혼이요 살아도 그 영혼이건마는 죽으면 저승이라 하고 살았을 때는 이승이라 하나니, 지·수·화·풍 사대四大로 된 육체는 비록 죽었다 살았다 하여 이 세상 저 세상이 있으나 영혼은 영원불멸하여 길이 생사가 없나니, 그러므로 아는 사람에 있어서는 인생의 생·로·병·사가 마치 춘·하·추·동 사시 바뀌는 것과 같고 저 생生과 이 생이 마치 거년과 금년 되는 것 같으니라.」
(대종경 천도품 16장)

일본 규슈의 조그마한 암자에 마을 사람들을 상대로 돈놀이하는 스님이 살고 있었습니다. 스님은 돈놀이만큼은 참으로 철저해 이자나 원금을 받을 날짜가 되기 3일 전이면 어김없이 돈을 빌려 간 사람을 찾아가서 통보했습니다.

"다가오는 10일이 이자를 낼 날이니 꼭 가져오시오."

"사흘 후면 원금을 갚아야 하는데 돈은 준비해 두었소?"

돈을 가진 스님 앞에서 마을 사람들은 모두 "예 예" 하며 굽신거렸지만 돌아서면 욕을 하고 손가락질하였습니다.

"도는 뒷전인 채 돈만 밝히는 순 땡추 같으니!"

그러나 마을 사람들은 가난한 데다 다른 곳에서 돈을 쉽게 빌릴 수가 없었으므로 돈이 아쉬우면 싫든 좋든 스님을 찾아갈 수밖에 없었습니다.

그러던 어느 해 여름, 한 청년이 스님에게 돈을 갚기 위해 암자를 찾았습니다. 마침 스님은 낮잠을 자고 있었으므로 단잠을 깨우기가 싫어서 깨어날 때까지 기다리기로 하였습니다.

그때 이제 막 마루 밑 댓돌에서 나와 마당에 똬리를 틀고 있는 뱀 한 마리가 청년의 눈에 들어왔습니다. 대문까지 가지런하게 놓여있는 디딤돌 중 세 번째 돌 위에 앉은 뱀은 자꾸만 자신이 똬리를 틀고 앉은 돌 밑을 내려다보는 것이었습니다.

청년은 '심심하던 차에 잘 만났다.' 하고 콩알만 한 왕모래를 주위 뱀을 향해 '톡' 던졌는데 뱀은 왕모래를 맞고서도 꼼짝하지 않았습니다. '이상하다. 어째서 꼼짝을 하지 않지?' 청년은 '어디 보자.' 하면서 이번에는 굵직한 돌을 주워 힘껏 뱀을 향해 던졌고 돌은 정확히 뱀의 이마 부분에 맞았습니다.

바로 그 순간 방에서 낮잠을 자고 있던 스님이 '아이코!' 하고 비명을 질렀습니다. 스님의 비명소리에 놀란 청년이 "스님! 왜 그러십니까?" 했더니, "어, 자네 왔는가? 어떻게 왔는가?" 하고 어리둥절해 하는데, 스님의 이마에 시뻘건 피멍이 맺혀 있었습니다.

청년은 '아, 이것이 웬 조화지?' 생각하고 차분하게 스님 앞에서 이야기를 꺼냈습니다.

"스님, 부디 조심하십시오. 스님의 육신은 방안에서 코를 골며 주무시고 있었지만, 스님의 정신은 뱀이 되어 돈을 지키고 있었습니다. 제가 여기에 온 지 한 시간가량 되었는데, 언제부터인가 저 세 번째 디딤돌 위에 뱀이 올라앉아 자꾸만 돌 밑을 살피고 있었습니다. 무료하던 차에 왕모래를 집어 던졌는데 맞고도 까딱하지 않기에 이상한 생각이 들어 굵은 돌을 주워 힘껏 던져보았지요. 그런데 돌은 뱀의 이마에 맞는데 비명은 스님이 질렀습니다. 스님, 잘 생각해 보십시오. 스님의 몸뚱이는 방에 들었지만, 스님의 정신은 벌써 다음 몸뚱이가 되어 디딤돌 밑에 있는 돈을 지키고 있었던 것이 아닙니까?"

그 일이 있고 보름 정도 지났을 때, 스님은 디딤돌 밑에 감추어 놓았던 돈을 모두 파내 가난한 마을 사람들에게 골고루 나누어 주었습니다. 그리고 돈을 빌려줄 때 받은 문서들을 모두 태운 다음 어디론지 멀리 떠나버렸습니다.

날마다 맞이하는 밤과 낮이 이어져서 금년과 내년으로 이어지는 것이며, 삶도 이와 같이 이어지는데 그 중심에는 마음이 있습니다. 날마다 시시때때로 미래를 위해서 마음공부 훈련을 해두지 않으면 죽음의 경우를 당해서 앞에 소개한 스님처럼 악도를 면하지 못할 것입니다.

천도품 16장 요점 정리

하나, 평범한 날이 특별한 날이다.

"어제가 별 날이 아니고 오늘이 별 날이 아니건마는, 어제까지를 일러 거년이라 하고 오늘부터를 일러 금년이라 하는 것 같이, 우리가 죽어도 그 영혼이요 살아도 그 영혼이건마는 죽으면 저승이라 하고 살았을 때는 이승이라 한다."

영혼은 영원한 시간에 우주와 함께 살아오면서 삶이 이어지는데, 우리 보통 사람들은 그날그날을 자기 편의대로 선을 그어놓고 어제다 오늘이다 하고, 작년이다 금년이다 하고 살아갑니다. 또 살아있는 세상을 이승이다, 죽어가는 세상을 저승이다 구분을 지어 살아오면서도, 당연히 이어지는 내일, 내년, 내생에 대한 것은 망각한 채 살아갑니다.

영혼이 생사가 없다는 것을 알고 변화에 맞춰 준비하며 살아가는 사람은, 그날이 기대되는 특별한 날이며 축복의 날이 될 것입니다. 그러나 영혼이 영원히 사는 이치를 모르고 욕심으로 되는 대로 사는 사람은 특별한 그날이 지옥문이 열리는 날이 될 수 있습니다.

둘, 몸은 변화가 있으나 영혼은 영원하다.

"지수화풍 사대로 된 육체는 비록 죽었다 살았다 하여 이 세상 저 세상이 있으나 영혼은 영원불멸하여 길이 생사가 없다."

몇 가지 원자의 조합으로 이루어진 우리의 육신은 영혼의 지은바 업보의 인연 따라 원자들이 모였다 흩어졌다 하는 것입니다. 영혼의 인연 따라 원자들이 모이면 생이라 하고 원자들이 흩어지면 죽음이라고 하나 이것은 영혼이 영원히 살아가는 변화의 과정일 뿐입니다.

셋, 아는 사람은 생사를 변화로 안다.

"아는 사람에 있어서는 인생의 생로병사가 마치 춘하추동 사시 바뀌는 것과 같고 저 생生과 이생이 마치 거년과 금년 되는 것 같다."

불생불멸과 인과보응의 이치를 아는 사람은 이 몸이 태어나서 노병사의 과정을 거쳐 죽고 다시 태어나고 죽고 하는 것이, 마치 봄, 여름, 가을, 겨울 사시순환 하는 것과 같다는 것을 알고, 돌아오는 풍요한 생애를 위하여 거기에 맞게 준비하는 삶을 성실하게 살아가는 것입니다.

그러나 이러한 이치를 모르는 사람은 봄과 여름에는 농사를 짓지 않고 즐기고 놀기만 하던 사람이 춥고 배고픈 가을과 겨울과 새봄을 맞이하는 것과 같이, 아무 준비 없이 살다가 죽음을 맞이하면 어리석고 춥고 배고픈 고통의 세월을 맞이하게 될 것입니다.

불생불멸과 인과보응의 이치를 알고 준비하고 사는 사람은 여름에 열심히 땀 흘리며 농사를 지어서 풍요하고 행복한 가을과 겨울을 맞이하는 것과 같이, 복 많이 짓고 마음공부 많이 하여 복 많이 받고 지혜가 밝은 풍요한 새로운 삶을 살아가게 되는 것입니다.

날마다 특별한 날을 준비하는 공부

하나, 항상 현재를 소중하게 생각한다.

과거는 지나갔으니 되돌릴 수 없고 미래는 아직 오지 않았기 때문에 사용할 수 없습니다. 현재를 소중하게 알고 사는 사람은 주어진 현실에 최선을 다하기 때문에 지나간 과거도 현재를 잘 살아갈 수 있는 경험과 자료가 되고, 미래를 설계하고 준비하는 현재의 삶에 충실하기 때문에 돌아올 미래도 기대되는 행복한 미래를 만들어 갑니다.

그러므로 지나간 과거도 집착하지 말고 오지 않은 미래를 끌어다가 근심할 필요가 없습니다. 농부가 더우나 추우나 농사에 실기하지 않도록 최선을 다하는 것처럼, 과거나 미래에 집착하는 시간에 정신을 차려서 현재 무엇이 가장 중요한 일인지를 챙겨서 주어진 현실에 집중해서 공부심 놓지 말고 최선을 다하는 것이 가장 중요한 일이고 가장 잘 사는 방법입니다.

둘, 항상 준비한다.

미래에 대한 준비는 정신과 육신의 교육과 훈련입니다.

모든 부모가 자녀교육에 최선을 다하는 것은 바로 그것이 자녀의 미래가 좌우되고 부모들의 장래에도 행복과 불행에 영향을 미치는 중요한 문제이기 때문입니다. 수도인이 욕망을 접고 교리훈련에 최선을 다하는 것도 자기 앞길에 진급하는 중요한 일이기 때문입니다.

만일 지나간 과거에 사로잡혀서 미래를 준비하지 않고 현실에 불성실한 사람들은 하루살이와 같이 보이는 세계만 아는 사람들입니다. 이와 같이 하루살이처럼 살다 보면 내생으로 이어지는 죽음의 기회가 악도를 면치 못하는 위기가 될 수 있는 것입니다.

오늘과 내일로 이어지고 금년과 내년으로 이어지는 영원한 삶이 계속 이어진다는 것을 알고 믿고, 지은 대로 받는 인과의 이치를 알고 믿는 사람은, 언제나 미래를 준비하며 현실의 삶을 긍정적으로 받아들이고 아무리 어려운 일이 닥쳐도 주어진 현실에 최선을 다하는 삶을 살아가는 것입니다.

현실에서 도피하기 위하여 극단적인 선택과 극단적인 행동을 자행하는 사람도 있는데, 이것은 자기의 행동을 자기가 책임져야 하는 자기 조물주의 이치를 모르는 어리석은 일입니다.

우리는 각자의 운명을 좌우하는 조물주가 바로 자기라는 것을 알고 주어진 현실을 공부심으로 열심히 살아서 내년과 같은 내생을 준비하고 사는데 최선을 다해야 합니다.

어제가 별 날이 아니고 오늘도 별 날이 아닙니다. 그러나 별 날이 아닌 그 날들이 이어져서 한없는 영생으로 이어집니다. 이처럼 전체적으로 보면 그날그날이 특별한 날이 아니지만, 개개인의 사람들을 보면 그 가운데는 최후만찬에 초대를 받아 가는 특별한 날을 맞이하게 됩니다. 그러므로 언제 오라는 통보가 올지 모르기 때문에 우리는 매일매일 성실한 삶을 살아야 하겠습니다.

어제와 오늘, 금년과 내년이 그날이지만 우리 모두는 항상 준비하는 마음공부로 특별한 날을 특별하게 맞이하여 진급과 행복의 기회로 만들어 갑시다.

영원한 나의 소유

대종사 말씀하시기를 「사람이 평생에 비록 많은 전곡을 벌어 놓았다 하더라도 죽을 때는 하나도 가져가지 못하나니, 하나도 가져가지 못하는 것을 어찌 영원한 내 것이라 하리오. 영원히 나의 소유를 만들기로 하면, 생전에 어느 방면으로든지 남을 위하여 노력과 보시를 많이 하되 상相에 주함이 없는 보시로써 무루無漏의 복덕을 쌓아야 할 것이요, 참으로 영원한 나의 소유는 정법에 대한 서원과 그것을 수행한 마음의 힘이니, 서원과 마음공부에 끊임없는 공을 쌓아야 한없는 세상에 혜복의 주인공이 되나니라.」 **(대종경 천도품 17장)**

대종사님께서 많이 인용하셨던 최일양대_{日養臺·불명} 이야기입니다.

영산성지에서 해안선 일주도로로 진행을 해 나가다 보면 정관평 왼쪽을 돌아 옥녀봉 고개를 넘어서면 응암 바위가 나옵니다. 이 응암 바위를 돌아가면 구수리 한시랑 마을이 나오고 그 동네 뒤로 산모퉁이를 돌아가면 최일양대가 살았던 구수미 나루터가 있습니다.

최일양대는 이 구수미 나루터 주막에 살면서 인근 마을 불쌍한 걸인들이나 나룻배 손님들에게 따뜻한 밥을 챙겨 주었습니다. 인근 마을에 해산하는 집이 있으면 뱃사람들에게서 받은 미역 다발을 꼭 보내주고 간병도 해 주었습니다. 굶주린 사람들에게는 식량은 물론 말려서 보관해 둔 해산물들까지 손수 갖다 주었습니다.

배를 타기 위해서는 갯벌에 발이 빠지는 일이 흔한 일이었는데, 그때마다 최일양대는 개펄로 범벅이 된 손님들의 짚신과 버선 등을 빨아서 부엌 솥뚜껑 위에다가 밤새도록 말려서 신겨 보내곤 하였습니다. 비나 바닷물에 젖은 옷들은 빨아서 말리고 다려서 입혀 보내는 것은 물론 짚신을 만들어서 필요한 나그네들에게 나누어주기도 했습니다.

최일양대의 희생적인 보시와 덕행의 소문은 법성포와 영광군 일대에 파다하게 퍼졌습니다. 그러나 최일양대는 자기를 돌보지 않고 남에게 좋은 일을 많이 하였으나 너무나 많은 일로 지친 나머지 그만 병이 들고 말았습니다. 죽음이 가까워지자 한 스님이 묏자리를 지정하여 주었고, 마을 사람들은 일양대의 후덕을 기리며 눈물로써 그 장례를 치러 주었습니다.

그 후 세월이 많이 지나서 영광군에 고을 원님이 부임하였는데, 꿈에 생생하게 구수미 나루터와 주막과 묘가 보이므로, 아랫사람을 시켜 확인한 다음 꿈에 자주 본 최일양대 묘를 찾아갔습니다. 원님 부인은 태어나면서부터 한쪽 주먹이 펴지지를 않았는데, 묘소에 도착하니 그 손이 저절로 펴졌습니다. 그런데 더욱 놀라운 것은 손바닥에는 전생의 이름인 '일양대'란 글이 선명하게 쓰여 있는 것이었습니다. 전생의 일양대가 원님 부인으로 다시 온 것이었습니다. 그 후 원님 부부는 논 10여 두락을 마을 사람에게 붙여 주면서 최일양대의 제사를 올리도록 하였습니다.

힘들고 어렵게 사는 우리에게도 미래에 대한 희망을 품게 해 주고, 바르게 열심히 살아갈 용기를 주는 일화입니다.

천도품 17장 요점 정리

하나, 죽을 때, 평생 모은 재산은 하나도 가져가지 못한다.

"사람이 평생에 비록 많은 전곡을 벌어 놓았다 하더라도 죽을 때는 하나도 가져가지 못하나니, 하나도 가져가지 못하는 것을 어찌 영원한 내 것이라 하리오."

평생 벌어 놓은 재산은 생전에 법신불 사은으로부터 잠깐 빌려

쓰다가 되돌려 주는 공물이지 죽을 때 가져갈 재산은 아닙니다.

둘, 죽을 때 가져갈 수 있는 재산.

"영원히 나의 소유를 만들기로 하면, 생전에 어느 방면으로든
지 남을 위하여 노력과 보시를 많이 하되 상相에 주함이 없는 보
시로써 무루無漏의 복덕을 쌓아야 할 것이요."

대종사님께서는 죽을 때 가져가는 재산 목록을 확실하게 일
러주셨습니다. 남을 위해 노력 봉사한 것이며 남을 위해 희사한
보시라고 하였습니다.

그러나 우리가 참고로 알아야 할 것은 좋은 일 한 것을 자랑하
면 자랑하는 광고비로 복이 많이 소모되므로, 온전히 가져갈 보
시는 내가 복을 지었다 하는 상을 내지 않는 보시라는 것을 명
심해야 합니다.

셋, 영원한 나의 소유물.

"참으로 영원한 나의 소유는 정법에 대한 서원과 그것을 수행
한 마음의 힘이니, 서원과 마음공부에 끊임없는 공을 쌓아야 한
없는 세상에 혜복의 주인공이 되나니라."

내생으로 가져가는 영원한 나의 재산 가운데 복보다 더 소중
한 재산은 성불제중 하겠다는 서원과 성불제중하기 위한 마음
공부라고 하였습니다. 성불제중 하겠다는 서원을 세우고 마음
공부에 끊임없는 공을 쌓아야 지혜도 밝아지고 복도 많은 세상
의 주인공으로 살 수 있습니다. 참다운 복을 짓기 위해서는 서

원과 마음공부가 필요한 것입니다.

영원한 재산 모으는 공부

하나, 삼학수행을 한다.(지혜)

영생을 소유하는 복을 잘 짓기 위해서는 지혜가 있어야 합니다. 그러므로 지혜 밝히는 삼학공부를 하는 것이 먼저입니다.

첫째, 정신수양 공부

정신수양은 마음의 여유를 가지는 공부입니다. 때와 장소 가리지 말고 여유 있는 마음을 기르기 위해서 때에 맞게 염불, 좌선, 기도, 명상, 멈추는 공부, 무시선 무처선 공부 등으로 끊임없이 여유 있는 마음 바탕을 만들어야 행복할 수 있습니다.

둘째, 사리연구 공부(일과 이치를 연구하는 공부)

이 세상을 이루는 기본 원리가 있는데 그것을 대종사님께서 일과 이치라고 하였습니다. 일과 이치를 모르면 아무리 세상을 잘 살아가고 싶어도 잘 살아가기 어렵습니다.

세상 자체가 그대로 일과 이치이므로 항상 공부심을 가지고 상황에 맞게 경전공부, 강연공부, 회화공부, 일기공부, 의두공부, 성리공부를 해서 일과 이치를 잘 알아야 잘 살아갈 수 있습니다.

셋째, 작업취사 공부(실천하는 공부)

대각을 하고 실천하지 않는 성자는 없겠지만, 만일 공부인이 일원의 진리를 깨쳐서 알았다 해도 실천하지 못하면 공리공론입니다. 상시일기, 주의, 조행, 인간의 바른 도리로 끊임없이 훈련의 공을 쌓는 공부로 하나를 알면 하나를 실천해서 세상에 덕이 나타나게 해야 행복한 좋은 세상을 살아갈 수 있습니다.

행복한 세상을 살아가기 위해서는 옳은 일은 실천하고, 그른 일은 하지 않는 실천이 행복을 불러올 수 있는 모든 공부의 기본입니다.

둘, 선업공덕을 쌓는다.(복)

첫째, 정신으로 복을 짓는다.

남을 위해 빌어주고 남 잘되는 것 좋아하고 칭찬하는 것입니다. 사촌이 논 사면 배 아프다는 속담이 있는 바와 같이, 우리 보통사람들은 나와 가까운 사람에게 좋은 일이 생기면 좋아하는 것이 아니라 시기 질투를 하고 미워하고, 훼방하고, 심지어 모함하고 강제로 빼앗기까지 합니다.

그러나 내가 먼저 상대를 칭찬해 주어야 상대도 나를 칭찬해 주고, 내가 먼저 잘되라고 기도해주고 잘되도록 협력해 주어야 가까운 사람들의 칭찬과 도움을 받고 살 수 있습니다.

정신적으로 남을 적극적으로 도와주기 위해서는 마음공부를 해서 정신의 자력을 얻어야 가능한 일입니다. 속상한 일 당하면 남을 원망하기 전에 나는 남 좋은 일에 박수치고 칭찬해 주었는가? 가슴에 손을 얹고 반성해 보아야 합니다.

정신적으로 큰 복을 짓기 위해서는 삼학병진의 무시선공부로 마음의 힘을 쌓는 공부를 하여 삼대력을 얻어야 나의 앞길도 열어가고 지혜롭게 남의 앞길도 열어주게 되는 것입니다.

둘째, 육신으로 복을 짓는다.

우리가 죽을 때까지 생명유지 활동을 스스로 해결하기 위해서 최선의 노력을 하는 것이 자력생활입니다. 그러나 육신의 욕구는 편안함을 추구하기 때문에 내 주위 인연들의 고달픔을 희생의 제물로 삼아 안락함을 추구하는 일이 많습니다. 이것이 우리 인간사회에서 갈등을 불러오는 원인입니다.

스스로 해야 할 일은 스스로 해결하여 주위 인연에게 괴로움을 주지 않아야 서로 좋은 관계가 이어집니다.

잘해 주어도 버릇이 나빠지는 이기적인 사람도 있으므로, 어려서부터 가능하면 자기가 할 일을 자기가 하도록 가르쳐야 금생뿐 아니라 영생을 좋은 인연관계로 잘 살 수 있습니다.

공부심이 부족하여 자기 영역을 벗어나 상대의 사생활을 간섭하고 통제하려 하며 스스로 고통을 자초하는 경우도 없지 않지만, 좋은 인연관계를 만들어가기 위해서는, 주위 인연관계로 육신이 고달프면 원망하지 말고 먼저 내가 남을 힘들게 하고 살았음을 참회 반성해야 합니다.

사람 인人 자가 서로 기대어 글자를 이루듯이 우리는 서로 위해주고 서로 도와가며 사는 것입니다. 내 육신만 편하려고 기대지 말고 내가 좀 힘들더라도 남을 돕고 산다는 기본을 가지고 살면서 내가 할 일은 내가 해결하고 힘 미치는 대로 주위 인연을 돕도록 해야 현생은 물론 세세생생 내가 어려울 때 도움받는 행복한 삶을 살아갈 수 있습니다.

그러기 위해서는 규칙적인 생활과 꾸준한 운동으로 육신의 자력을 길러야 건강한 몸으로 나의 일을 해결하고 남의 일을 도울 수 있습니다.

셋째, 물질로 복을 짓는다.

우리가 살아가는 이 시대는 일찍이 없었던 찬란한 물질문명이 꽃을 피운 시대입니다. 여기에 마음공부만 첨가하면 지상낙원을 누리는데 전혀 손색이 없는 시대를 우리가 살고 있습니다. 그런데 문제는 이러한 지상낙원에 살면서도 공부심으로 사는 사람이 많지 않다는 것입니다. 욕심을 채우기 위해 부당한 방법을 동원하여 물질문명을 누리려고 하다가 불행과 고통을 불러오는 일이 많습니다. 그러나 이러한 욕심은 물질의 소유를 제대로 누리지도 못할 뿐만 아니라, 내가 가지고 있는 것까지 빼앗겨야 하는 벌금 성격의 손해를 감수해야 하는 것입니다.

물질적으로 부자 되는 길은 남을 위하고 공중사업을 위하는 보시 공덕을 많이 쌓아야 합니다. 돈은 반드시 정당하게 벌어야 하고, 죽을 때 가져가지 못하는 돈은 우리가 세상을 행복하게 살아가는 수단이 되어야지, 돈이 삶에 목적이 되어서는 안 되는 것입니다.

남에게 베푼 보시 공덕은 몸이 바뀌어도 받을 수 있는 국민연금보다 더 확실한 보험입니다. 그것은 불생불멸과 인과보응의 진리가 보장하기 때문입니다.

단 주의사항은 좋은 일 하는 곳에 보시해야지 만일 나쁜 일을 하는 곳에 보시하면, 본전은 고사하고 죄 짓도록 도와준 만큼 공업共業의 벌까지 배당받아야 됩니다. 그러므로 보시도 가려서 해야 합니다. 정당한 곳에 해야 하고, 희망이 있는 곳에 해야 하고, 약자에게 해야 합니다.

복을 지어라, 지혜를 밝혀라, 원만하게 살아라, 영생을 보고 여유 있게 살아라. 하는 것은 말이 아니라 실천하는 마음공부라야 이루어지는 것입니다.

돈을 포함한 모든 물질을 내생으로 가져가지 못하는 재산인 줄 알면서도, 육신과 물질에만 온통 바치면, 현생은 물론 내생은 허망한 인생이 되는 것입니다.

마음공부로써 법 있게 살라는 말이지, 물질의 현실이 허망하다고 아무것도 하지 말라는 것은 아닙니다.

현실을 정당하게 공부심으로 최선을 다해서 살아야 합니다. 마음공부로 사는 것이 내생의 재산을 마련하는 가장 기본입니다. 영생의 서원을 세우고 공부심으로 살면서, 안으로는 지혜 밝히는 삼학공부를 열심히 하고, 밖으로는 모든 인연과 물질로 상생선연과 선업을 지어서 안과 밖으로 원만한 삶을 살도록 하자는 것입니다.

마음공부 없이 지혜가 밝을 수 없고 짓지 않은 복을 받을 수 없습니다. 그러므로 영생을 잘 살기 위해서 지혜 밝히는 마음공부와 선업공덕을 쌓는 보시 공부를 해서 세세생생 행복하게 살아가야 하겠습니다.

염라국과 명부사자

대종사 선원 대중에게 말씀하시기를 「그대들은 염라국
閻羅國과 명부 사자冥府使者를 아는가. 염라국이 다른 데
가 아니라 곧 자기 집 울타리 안이며 명부 사자가 다른
이가 아니라 곧 자기의 권속이니, 어찌하여 그런고 하면
보통 사람은 이생에 얽힌 권속의 정애情愛로 인하여 몸
이 죽는 날에 영이 멀리 뜨지 못하고 도로 자기 집 울안
에 떨어져서 인도 수생의 기회가 없으면 혹은 그 집의
가축도 되며 혹은 그 집안에 곤충류의 몸을 받기도 하나
니, 그러므로 예로부터 제불 조사가 다 착 없이 가며 착
없이 행하라고 권장하신 것은 그리하여야 능히 악도에
떨어지는 것을 면할 수 있기 때문이니라.」

(대종경 천도품 18장)

어린 시절 이웃 동네에 사시던 할머니께서 돌아가신 뒤 마을 어르신들로부터 전해 들은 이야기입니다.

할머니가 돌아가신 뒤 몇 달 후부터 그 집에는 자주 뱀이 출몰하곤 했는데, 그 집 며느리의 이야기를 빌리자면 평소 할머니가 관리하던 곡식 창고와 장독대 인근에 똬리를 틀고는 아무리 쫓아도 도망갈 생각을 하지 않는다는 이야기였습니다.

동네 사람들 이야기로는 할머니는 생전에 곡식 창고를 애지중지하여 죽을 때까지 창고 열쇠를 며느리에게 넘겨주지 않았다고 합니다. 며느리가 있었지만, 간장이나 된장 등을 꼭 할머니가 직접 퍼다 주어 음식을 해먹을 정도로 며느리에게 권한을 일절 주지 않고 집착이 강했다고 합니다.

이 사례를 통해 우리는 할머니가 죽어서 집 울타리를 벗어나지 않고 집안에서 뱀으로 태어났다는 것을 추측해 볼 수 있습니다. 대종사님께서 말씀하신 염라국과 명부 사자가 내 집이고 가까운 인연이라는 말씀을 증명해 주는 사례입니다.

천도품 18장 요점 정리

하나, 염라국은 자기 집

"그대들은 염라국閻羅國과 명부 사자冥府使者를 아는가. 염라국이 다른 데가 아니라 곧 자기 집 울타리 안이며"

우리는 염라국이 아주 먼 곳으로 알고 살아왔는데, 대종사님께서는 염라국이 바로 자기 집이라고 하였습니다.

둘, 명부 사자는 자기 권속

"명부 사자가 다른 이가 아니라 곧 자기의 권속이니"

이승에서 염라국으로 데려가는 인도자를 저승 사자 또는 명부 사자라고 하는데 다른 이가 아니라 자기 권속이라고 하였습니다.

셋, 염라국이 자기 집이고, 명부 사자가 자기 권속인 이유

"어찌하여 그러냐고 하면 보통 사람은 이생에 얽힌 권속의 정애情愛로 인하여 몸이 죽는 날에 영이 멀리 뜨지 못하고 도로 자기 집 울안에 떨어져서 인도 수생의 기회가 없으면 혹은 그 집의 가축도 되며 혹은 그 집안에 곤충류의 몸을 받기도 하나니"

염라국이 자기 집이고 명부 사자가 자기 권속인 이유는 집착심 때문이라고 하였습니다. 집착심을 가지면 영이 멀리 뜨지 못하고 평상시 살았던 자기 집안에 머문다는 것과 인도에 출생할 기연이 없으면 삼악도에 떨어질 위험성도 있다는 말씀입니다.

넷, 악도를 면하려면 착 없는 마음과 착 없는 행동을 하라

"그러므로 예로부터 제불 조사가 다 착 없이 가며 착 없이 행하라고 권장하신 것은 그리하여야 능히 악도에 떨어지는 것을 면할 수 있기 때문이니라."

그래서 악도에 떨어지지 않으려면 착심을 떼고 착 없는 행동을 하라고 일러주셨습니다.

착 없는 공부

하나, 착 없는 마음을 기르자.

착 없는 마음을 기르자고 하나 정작 착 없는 마음을 기르는 것은 말처럼 쉬운 것이 아닙니다. 집착에 대한 말은 설교할 때마다 하게 되니까 실증이 나기도 하겠지만, 이 집착을 떼는 공부는 실지 생활에서 행복한 삶을 위해서나 생사윤회에서 악도를 면하는 가장 중요한 문제이면서 제일 어려운 문제입니다.

특히 집착하는 것을 살펴보면 자기가 가진 것 가운데 가장 소중한 것에 집착하고, 자기가 가장 잘하는 것에 집착하고, 자기가 가장 노력을 많이 한 것에 집착하고, 자기가 가장 좋아하는 것에 집착하는 것인데, 이것을 하지 말라는 것은 죽으라는 것과 같은 것입니다.

그러나 근본적인 것을 살펴보면 집착심이 죽으면 내가 살 것이며 집착심이 살면 나는 죽는 것입니다. 집착심을 떼는 공부는 그만큼 어려운 것이기 때문에 죽기로써 하라는 것입니다.

착심을 없애는 공부는 내가 좋아하는 일만 하고 싫어하는 일은 안 하는 것이 아닙니다. 착 없는 마음을 기르기 위해서는 무슨 일이나 먼저 해야 할 일인지 해서는 안 되는 일인지를 가려서, 아무리 하기 싫어도 해야 할 일은 하고 아무리 하고 싶어도 해서 안 되는 일은 하지 않는 것입니다.

처음에는 잘 안되지만, 우리의 마음은 신묘해서 하기 싫은 일도 좋은 이유를 찾아서 좋은 일이고 꼭 해야 할 일이라고 자기

에게 주문을 외우듯이 계속 생각하면 좋아지고 습관이 되어 잘
하게 되는 것입니다.

무시선에서 놓아도 동하지 않아야 한다고 말씀하신 바와 같이
좋아하는 일도 하지 말아야 하는 일이면 놓아버리고, 하기 싫은
일도 해야 하는 일이면 평상시에 하고 싶었던 일을 하는 것처럼
즐겁게 열심히 하면, 좋고 싫은 것에 끌리지 않는 해탈의 심경
으로 잘하게 되는 것입니다.

이렇게 오래오래 마음을 길들이면 자기 마음을 자기 마음대로
하는 경지에 들게 되어 집착을 버리고 마음을 자유자재하게 됩
니다.

둘, 착 없는 행동을 길들이자.

신라 김유신 장군은 젊은 시절 술만 취하면 천관이라는 기생
집을 찾아다녔습니다. 그러던 어느 날도 술에 취해 말을 타고
집으로 간다고 갔는데, 말이 멈춰 정신을 차려 보니 천관의 집
앞에 와 있었습니다. 김유신 장군은 그때 죄 없는 애마의 목을
치고 마음을 챙겨 다시는 기생집을 찾지 않고 병법 공부와 무술
연마에 힘써 삼국통일의 대장군이 될 수 있었습니다.

이와 같이 마음의 집착만 떼는 것으로 끝나는 것이 아니라 몸
에 따라다니는 업장도 녹여내야 완전한 해탈이 됩니다. 착 없는
행동을 길들이는 데 중요한 것은, 좋은 습관과 착 없는 습관을
길들이는 것입니다.

보통 사람들은 행동의 기준이 없이 되는대로 살면서 자기 무

덤을 파는 일일지라도 좋아하는 일과 하고 싶은 일만 하게 되므로 그 악업이 많이 쌓여서 나쁜 행동을 멈춰야 하는 줄 알면서도 그 업력에 끌려 멈추지 못하게 되는 것입니다.

해야 할 일만 행하고 해서는 안 되는 일이면 죽기로서 금해야 집착이 떨어지는 공부가 됩니다. 또한, 좋은 습관도 잡고 놓는 것을 자유 해야지 집착하면 안 됩니다. 아무리 옳은 일이라도 천년만년 할 것처럼 최선을 다하여 살다가도 물러나거나 금할 때가 되면 나와 아무 관계가 없는 일처럼 뒤도 돌아보지 말고 용기 있게 물러서는 공부를 용기 있게 하자는 것입니다. 이런 공부를 많이 해야 집착이 없는 해탈의 경지에 들어갈 수 있습니다.

착 없는 공부가 착 없는 마음만 가지고 되는 것이 아니라 착 없는 마음을 착 없는 행동으로 연결하게 하는 훈련을 지속해야 진정으로 착 떼는 공부가 됩니다. 좋아하는 일을 금하는 때와 하기 싫은 일을 용기 있게 실천하는 그때가 가장 큰 힘이 쌓이는 때입니다. 집착을 떼는 것이 쉽게 되는 것이 아니므로 용기 있게 많은 시간을 통해서 수양공부, 연구공부, 취사공부로 힘을 쌓아야 가능한 것입니다.

대종사님께서는 염라국과 명부 사자가 결국 자기 마음 가운데 있는 집착심이라는 것을 알려주셨습니다. 그 집착심을 떼는 공부도 두 가지로 일러 주셨습니다.

첫째는 마음 가운데 착 없는 마음을 길들이는 공부를 하라고 하였습니다. 둘째는 착 없는 행동을 길들여서 업장을 소멸시키라고 하였습니다.

내 몸과 마음속에 담겨있는 업을 다 소멸시킬때까지 실천을 계속해서 마음만 먹으면 몸도 동시에 착 없는 경지에 일치될 때까지 실천해야 합니다. 현재는 몸과 마음이 따로따로이지만 결국은 몸과 마음이 하나 되기까지 계속 훈련을 해야 합니다.

주종으로 볼 때 착심이 떨어지면 몸도 따라가기는 하겠지만, 세세생생 건강한 몸과 마음으로 잘 살기 위해서는 몸과 마음이 하나로 일치될 때까지 몸과 마음의 착 떼는 공부를 병행해야 빠르게 업장을 소멸하고 자유자재한 경지에 이르게 되는 것입니다.

마음의 착심과 몸의 업력이 소멸할 때까지 착 떼는 공부를 계속하여 삼세를 자유 하는 대 도인으로 삽시다.

평소에 착 없는
공부를 하라

대종사 말씀하시기를 「사람이 평소에 착 없는 공부를 많이 익히고 닦을지니 재·색·명리와 처자와 권속이며, 의·식·주 등에 착심이 많은 사람은 그것이 자기 앞에서 없어지면 그 괴로움과 근심이 보통에 비하여 훨씬 더 할 것이라, 곧 현실의 지옥 생활이며 죽어갈 때에도 또한 그 착심에 끌리어 자유를 얻지 못하고 죄업의 바다에 빠지게 되나니 어찌 조심할 바 아니리요.」

(대종경 천도품 19장)

김제에서 조금 들어가면 봉황교당이 있습니다. 교도가 별로 없었던 초창기 시절, 교당을 짓고 있는 와중에 한 사람이 찾아와 급한 사정이 있다며 천도재를 꼭 좀 지내달라고 했습니다. 이내진이라는 영가의 천도재였습니다.

이내진은 교당 바로 옆 동네인 김제시 봉남면 화룡리에 살았습니다. 그는 농사짓고 사는 평범한 40대 농부였는데 농한기에 친구들과 정읍 내장산에 놀러 갔다가 갑자기 졸도하여 친구들이 서둘러 택시를 타고 병원으로 옮겼으나 이송 도중에 그만 유명을 달리하고 말았습니다.

가족들은 너무 갑작스럽게 당한 일이라 아무런 경황도 없이 집에서 삼일장을 치르게 되었습니다. 상을 다 치르고 난 그날 밤, 부인이 방에 누워 자식들과 살아갈 일을 걱정하고 있는데 갑자기 섬뜩한 느낌이 들어 주위를 살펴보니 아랫목에 죽은 남편이 앉아 있었습니다.

너무 피곤해서 헛것이 보이는 모양이라고 생각하고 눈을 비비고 다시 보았으나 분명히 남편이었습니다. 싸늘한 표정의 남편을 본 순간 부인은 몸서리치게 남편이 무서워졌습니다. 부인은 너무 무서워서 다른 방으로 자리를 옮겼으나 남편은 그 방에도 있었습니다. 부인은 그렇게 몇 날 며칠을 잠을 자지 못하고 보냈습니다.

그러다 보니 부인은 날이 갈수록 말라 뼈와 가죽만 남는 상태로 변해갔습니다. 자식들 때문에라도 살아야 한다는 생각에 무당을 찾아가 굿을 해 보았으나 아무 소용이 없었습니다. 그러다가 이웃 마을에 원불교가 지어진다는 소문을 듣고 집 짓는 도중에 천도재를 지내달라고 부탁을 해 온 것입니다.

집을 짓는 도중에 천도재를 지낸다는 것이 참으로 난처한 일이었지만 교무님께서는 교당 한쪽을 정리해 임시 불단을 마련하고 정성을 다한 천도재를 지내주었습니다. 그 결과 영가는 천도를 받을 수 있었고 부인도 건강을 다시 찾을 수 있었습니다.

그리고 이 천도재를 시작으로 많은 재가 들어와서 부족한 건축비를 충당할 수 있었습니다. 그 일로 동네 인심이 쏠려서 동네 사람이 교당 건축에 모두 조력을 하게 되었고 교화의 기틀을 마련할 수 있었습니다.

집착심이 이렇게 무섭다는 것을 여실히 말해주는 증거이자 천도재가 얼마나 중요한지 잘 알게 해주는 사건입니다.

천도품 19장 요점 정리

하나, 착 없는 공부는 평상시에 많이 하라

"사람이 평소에 착 없는 공부를 많이 익히고 닦을지니"

착심은 무거운 업력이라서 필요할 때 착 없는 마음을 가지고자 하지만 그리 안되는 것이므로 평상시에 경계를 당할 때마다 착 없는 마음과 착 없는 행동을 길들여야 된다고 하였습니다.

둘, 착심이 많으면 현실의 지옥생활이다

"재색명리와 처자와 권속이며, 의식주 등에 착심이 많은 사람은 그것이 자기 앞에서 없어지면 그 괴로움과 근심이 보통에 비하여 훨씬 더할 것이라, 곧 현실의 지옥 생활이며"

요즈음 사람들은 대부분 핸드폰을 몸에 지니고 사는데 그 중에는 핸드폰이 손에 없으면 불안해서 안절부절 하는 사람이 많다고 합니다. 이런 사람들은 핸드폰 중독증으로 핸드폰에 대한 집착 때문에 그렇습니다.

착심이 많으면 세상에서 모든 사람들이 욕심을 내는 재물, 여색, 명예, 이끗, 가족, 의식주, 일상 수용품 등에 마음이 사로잡혀서 그것들이 없어 질까봐 전전긍긍하므로 근심 걱정으로 현실에서 지옥생활을 한다고 하였습니다.

셋, 착심에 끌려 자유가 없으므로 죄업의 바다에 빠진다.

"죽어갈 때도 또한 그 착심에 끌리어 자유를 얻지 못하고 죄업의 바다에 빠지게 되나니 어찌 조심할 바 아니리요."

착심은 현실 지옥임과 동시에 죽어서는 죄업의 바다에 빠지게 된다고 하였습니다.

착심 떼는 공부

하나, 착심 떼는 공부는 평상시에 한다.

현대인들에게 스포츠는 선수나 구경꾼이나 다 함께 즐거움입니다. 스포츠에서 중요한 것은 준비된 선수라야 선수나 구경꾼이 행복할 수 있습니다. 스포츠뿐만 아니라 우리가 살아가는 이 세상에서 모든 방면에 준비된 사람만이 제대로 대접을 받고 사는 것입니다.

나의 행복과 나의 천도와 나의 영생을 책임질 수 있는 것은, 평상시에 마음공부를 부지런히 하여 정신적으로 준비된 자력을 얻어야 가능합니다.

육신의 능력은 영혼의 능력에 따릅니다. 과거 현재 미래를 영원히 이어가는 영혼의 능력이 모든 행복과 불행을 좌우하게 되는 것입니다.

그러므로 평상시에 경계를 당할 때마다 안정된 마음과 지혜로운 마음과 정의로운 마음을 챙겨서 물질과 경계에 흔들림 없는 온전한 마음을 길러서 마음의 자유를 얻어야 괴로운 집착심에서 벗어나 해탈을 하게 되는 것입니다.

괴로운 집착심에서 해탈하는 길은 평상시에 공부심으로 사는 것입니다.

둘, 마음의 자유를 얻어야 한다.

무시선에서 석벽의 외면이 되고 철주의 중심이 된다고 하였는데 그 말씀은 어떠한 경계가 나를 흔들어도 흔들리지 않는 마음을 갖는 것이 마치 바위로 쌓은 벽처럼 튼튼하고 철 기둥처럼 강건하다는 것입니다. 평상시에 경계마다 편안하고 지혜롭고 바른 마음을 갖는 공부로 끊임없는 공을 쌓아서 힘이 생기면 이처럼 어떠한 경계에도 흔들림 없는 마음의 자유를 얻게 됩니다.

세상에서 좋아하는 모든 부귀영화나 재색명리나 처자 권속이나 나의 몸까지도 죽을 때는 하나도 가져가지 못합니다. 가져가지 못하는 것은 진정한 내 것이 아닙니다. 살아생전에 필요한 것을 법신불 사은으로부터 잠깐 빌려 쓰는 것일 뿐입니다. 그러므로 우리는 진정으로 내 것이 무엇이고 영원한 나의 재산이 무엇인지 고민하고 헛된 것에 인생을 낭비하는 것을 반성해야 합니다. 그러나 부귀영화나 재색명리나 처자 권속이나 나의 몸까지도 마음의 자유를 얻어 성리에 바탕을 둬서 사용하면 그것이 영생의 복덕을 쌓는 일이고 현실의 지상낙원을 수용하는 것입니다.

어디서 무엇을 하든지 생과 사의 경계를 넘나들 때도 덕이 되고 행복이 되고 은혜가 될 수 있는 것은 준비된 마음공부뿐입니다. 마음공부로 마음의 자유를 얻는 능력이 있어야 자기가 원하는 미래를 창조할 수 있습니다.

대종사님께서 착 없는 마음을 가지고 착 없는 행동을 하도록 말씀해 주셨습니다. 착심에 사로잡히면 그것이 현실의 지옥이고 죽어서는 악도를 면하기 어렵다고 하였습니다.

착심을 버리고 마음의 자유를 얻으려면 일 당하기 전에 평상시에 끊임없는 마음공부로 준비가 되어있어야 합니다. 일마다 경계마다 마음공부로 삼대력을 얻어서 마음의 자유를 얻게 되면 부귀영화나 재색명리나 처자 권속이나 나의 몸까지도 바르게 활용하여 나도 행복하고 너도 행복하고 우리 모두가 행복해질 수 있으며 생과 사를 넘나드는 생사윤회에도 자유롭게 되는 것입니다.

대종사님께서는 우리가 모두 부귀영화나 재색명리나 처자 권속이나 나의 몸까지도 마음공부로 바르게 사용해서 행복하기를 원하셨습니다. 문제는 마음공부는 하지 않고 부귀영화나 재색명리나 처자 권속이나 나의 몸까지도 욕망으로 사용하려고 하니까 나도 불행하고 이웃도 불행하고 세상도 불행해지는 것입니다.

경계마다 마음공부로 일관하여 마음의 자유를 얻어서 부귀영화나 재색명리나 처자 권속이나 나의 몸까지도 행복한 지상낙원을 창조하는 데 사용합시다.

생전에
자기 묘지 잡는 것은
위험하다

대종사 말씀하시기를 「근래 사람들이 혹 좋은 묘터를 미리 잡아 놓고 거기에 자기가 묻히리라는 생각을 굳게 가지는 수가 더러 있으나, 그러한 사람은 명을 마치는 찰나에 영식이 바로 그 터로 가게 되어 그 주위에 인도 수생의 길이 없으면 부지중 악도에 떨어져서 사람 몸을 받기가 어렵게 되나니 어찌 조심할 바 아니리요.」

(대종경 천도품 20장)

변산 월명암은 예로부터 수도 도량으로 유명하여 큰 스님들이 많이 다녀간 곳입니다.

월명암에서 수도하여 도를 깨친 대사 한 분이 하루는 절 뜰 앞에 서 있었는데, 그때 큰 멧돼지 한 마리가 절 아래서 정신없이 달려오더니 절 안에서 길을 잃고 어디로 갈 줄 모르고 헤매는 것이었습니다.

이를 불쌍히 여긴 대사가 월명암 마루 밑 문을 열고 들어가도록 한 후 상좌에게 시원한 냉수 한 그릇을 떠 오도록 하였습니다.

그리고 조금 있으니까 총을 든 포수가 숨을 헐떡거리며 달려와 대사에게 물었습니다.

"스님, 멧돼지 못 봤습니까? 내가 멧돼지를 잡으려고 따라오다가 월명암 근처에서 놓쳐버렸습니다."

"본 것도 같고 안 본 것도 같습니다. 그러나 당신이 비지땀을 흘리며 숨을 몰아쉬는 것을 보니 멧돼지를 잡기 전에 먼저 죽게 생겼소. 여기 시원한 냉수나 한 그릇 드시오."

대사가 냉수 그릇을 건네주니 목이 말랐던 포수는 대사가 건네주는 냉수 한 그릇을 벌컥벌컥 마셨습니다. 이를 물끄러미 지켜보던 대사가 말을 건넸습니다.

"멧돼지는 곧 잡게 될 터이니 멧돼지를 잡기 전에 내 이야기나 한번 들어보시오."

"사냥하는 사람에게 무슨 이야기를 한다는 것입니까? 멧돼지 간 길이나 일러 주십시오."

"이쪽으로 간 것 같기도 하고, 저쪽으로 간 것 같기도 하니 알아서 가시오."

"그런 말이 어디 있습니까? 빨리 이야기하시고 알려 주십시오."

그래서 대사가 이야기를 시작했습니다. 예로부터 변산에는 명당이 많기로 소문이 나서 지관들이 많이 찾아왔습니다. 하루는 지관 한 사람이 명당을 찾아다니다가 그만 길을 잃었는데, 이틀을 산속에서 헤매다가 추석을 앞두고 벌초를 하러 온 사람을 겨우 만나게 되었습니다.

기진맥진하여 죽기 직전에 사람을 만나게 되었으니 이 지관이 얼마나 반가웠겠습니까? 그런데 지관이 쓰러져서 쉬다 정신을 차려 둘러보니 나뭇가지에 도시락이 매달려 있는 것이 보였습니다. 전날부터 끼니를 거른 지관은 시장기가 발동하였습니다. 한술 얻어먹을 요량으로 벌초하는 사람이 도시락 먹기만을 기다렸습니다.

벌초를 끝낸 그 사람은 옆에 사람이 있어도 본체만체 밥 먹어 보란 말도 않고 혼자서 밥을 먹기 시작했습니다. 이제나저제나 기다려 보았지만 본 척도 하지 않았고 도시락도 얼마 남지 않았습니다.

"여보시오. 내가 이 산중에서 길을 잃고 헤매느라고 몇 끼니를 굶어서 기갈이 자심하오. 나 좀 요기를 하게 밥 한 수저라도 주시오."

"도시락이 몇 개라도 모자랄 지경인데 남 줄 밥이 어디 있습니까?"

그리고는 남은 도시락을 다 먹어버리자 기갈이 극심했던 지관은 원한을 가득 품고 죽었습니다. 머슴은 "죽으려면 다른 곳에서 죽을 것이지 하필 남의 묘지에서 죽어, 별 재수 없는 꼴을 다 보겠네." 하며 돌아갔습니다.

원한을 가득 품고 죽은 지관은 결국 그 묘지 부근에서 독사로 태어났습니다. 벌초하던 사람은 해마다 그 묘지에 와서 벌초하였습니다. 몇 해가 지난 어느 날, 그날도 벌초하고 도시락을 먹은 다음 가까운 곳에 있는 옹달샘에 가서 물을 먹으려는 순간 그 독사에게 입을 물려 죽게 되었습니다.

"내가 너에게 무슨 원수진 일이 있다고 물어 죽게 해."

벌초하던 사람은 가슴에 원한을 품고 죽었습니다. 그리고 그는 산중에 멧돼지로 다시 태어났습니다. 몇 해가 지나 다 자란 멧돼지는 변산 산중에 뱀이란 뱀은 다 잡아먹고 다녔는데 벌초하는 사람을 물어 죽게 한 독사도 그만 잡아먹히게 되었습니다.

멧돼지에 잡혀먹힌 독사는 다시 사람으로 태어나서 포수가 되었습니다. 그런데 그 포수는 다른 짐승은 잡지 않고 오로지 멧돼지만 사냥했습니다.

대사의 이야기를 들은 포수는 눈물을 흘리며, "그 이야기가 바로 제 이야기만 같습니다."라고 하니까, 대사가 "바로 당신 이야기입니다. 멧돼지를 잡고 나면, 멧돼지는 다시 당신을 잡기 위해서 또 무엇으로 태어날지 모르니, 어찌하렵니까?" 하고 물었습니다.

포수는 다시 대사에게 "어찌하면 좋겠습니까?"하고 반문을 하였습니다. 대사는 "원망을 다 놓아버리고 갚을 차례에 참아 버리면 되니 그 총부터 버리시오." 하였습니다.

대사의 법문을 들은 포수는 총을 주춧돌에 내리쳐 두 동강을 냈습니다. 이어서 대사는 "그 멧돼지는 이 마루 밑에 있습니다. 어찌하렵니까?"하고 물으니까 포수는 "잡지 않으렵니다."라고 대답했습니다.

포수는 식은 밥 한 덩어리가 원한이 되어 이렇게 원한이 끊이지 않는 구나! 하는 깨달음이 생겨 머리를 깎고 대사의 상좌가 되었습니다. 그리고 수도 정진한 끝에 마침내 인과의 이치를 깨달았습니다.

인과 윤회에 관한 이 예화에서 죽은 지관의 영가가 묘지 주변에 있는 독사로 태어나고 머슴이 다시 멧돼지로 태어난 것과 같이, 죽은 영가가 죽어서 어떻게 태어났는지를 생각해보면 대종사께서 미리 자기 묘 자리 잡으면 안 된다고 하신 의미를 이해할 수 있을 것입니다.

천도품 20장 요점 정리

하나, 묘지 미리 잡아놓고 묻히리라는 사람이 있다.

"근래 사람들이 혹 좋은 묘 터를 미리 잡아 놓고 거기에 자기가 묻히리라는 생각을 가지는 수가 더러 있으나"

예화에 나온 지관처럼 명당에 대한 믿음이 독실한 사람은 묘지에 대한 절대적인 믿음을 가지고 자기 인생을 걸고 살아간다고 합니다. 그 가운데 특히 자기 묘 자리를 잡는 것은 여러 가지 면에서 인과의 이치에 거슬리는 것입니다.

나무도 죽으면 땅 기운을 받지 못하는데, 죽은 시체가 산 사람에게 무슨 영향을 주겠습니까? 대종사님께서 묘 터는 보지 말고 하늘 기운 땅 기운 받고 사는 산 사람이 사는 집터는 보고 살라고 하셨습니다.

둘, 묘지에 대한 집착은 악도에 떨어질 위험이 있다.

"그러한 사람은 명을 마치는 찰나에 영식이 바로 그 터로 가게 되어 그 주위에 인도 수생의 길이 없으면 부지중 악도에 떨어져서 사람 몸을 받기가 어렵게 되나니 어찌 조심할 바 아니리요."

합리적인 이치를 모르고 묏자리에 맹신하는 사람은 죽어서 바로 그리로 가서 악도에 떨어질 위험성이 있음을 경고하여 주셨습니다.

집착을 떼는 공부

하나, 집착의 무서움을 알아야 한다.

이 천도품 20장에서 해주신 말씀의 핵심은 집착심을 버리는 것입니다. 묘지에 집착심을 가지면 그 묘지 부근에서 악도에 떨어질 가능성은 크지만 인도수생의 기회는 거의 만날 수 없습니다.

어떠한 것도 집착은 자기를 속박해서 지옥을 만들기 때문에 집착심을 가져서는 안 되며 특히 묘지에 대한 집착심은 악도에 떨어질 위험성이 크다는 것입니다.

둘, 자유로운 마음을 길들인다.

대산 종사님께서 한창 정진하실 때 붓글씨를 쓰셨는데, 어느 때부터 붓글씨에 능이 나기 시작하였습니다. 마음먹은 대로 잘 써져서 주변 사람들이 감탄하였고, 어느 날 붓글씨를 쓰면서 그대로 계속 쓰면 천하 명필이 될 것이라는 자신감이 생기더랍니다.

그런데 마음 대조를 해보니 '내가 도를 이루려고 대종사님 문하에 왔지 천하 명필 되려고 온 것은 아니지 않느냐?' 하는 생각이 들었습니다. 그때부터 마음을 단단히 먹고 붓을 꺾어버리고 마음공부에 전력하여 크게 힘을 얻으신 뒤에 다시 붓을 잡으셨다고 하였습니다.

대산 종사님께서 삼대불공법에 대한 법문 보설에서 붓글씨 쓰시던 경험을 말씀해주시면서 "옆 사람도 모르게 귀신도 모르게 깊은 적공을 쌓으라"고 당부 말씀을 해주셨습니다.

이 부연 법문은 필자가 직접 당시 삼동원에서 받들었습니다. 날짜는 기억하지 못하지만 법문은 생생하여 지금도 이 법문을 직접 받드는 느낌의 감동이 있습니다.

법문의 요지는 '아무리 잘하는 일이라도 그것을 과감하게 놓고 남모르게 속 깊은 공부를 해야 큰 힘이 쌓인다'는 내용이었습니다. 자유로운 마음을 길들이기 위해서는 하고 싶은 일도 금해 보고 하기 싫은 일도 해 보고, 마음을 잡기도 하고 놓기도 하여 어느 것에도 걸림 없는 자유로운 마음을 길들여 가자는 것입니다.

대종사님께서 묘지의 실례를 들어주시면서 우리들이 무엇에나 마음이 집착되면 안 된다고 하셨습니다. 대산 종사님께서는 큰 도를 이루기 위해서는 자기가 잘하는 일도 놓을 줄 알아야 큰 힘을 쌓을 수 있다고 하였습니다. 일상생활에서 좋은 습관을 길들여서 좋은 업을 쌓아가는 것이 현실에서 복덕을 쌓는 중요한 불공입니다.

그러나 아무리 좋은 일이라도 집착심이 있으면 그 집착심 때문에 좋은 일 하는 그 마음이 나쁜 마음으로 변할 가능성이 있고, 죽어서는 악도에 떨어질 위험성이 있습니다. 그러므로 잡고 놓는 공부를 할 때 능이 나서 자유자재 하려면 본래 어디에도 걸림이 없는 성품자리를 터득해서 그 성품자리에 기준해서 마음을 써야 합니다.

우리 모두 의두 성리 마음공부로 삼세윤회를 자유자재하는 불보살의 반열에 오릅시다.

신심 없는 사람은
제도 받기 어렵다

한 제자 무슨 일에 대종사의 명령하심을 어기고 자기의
고집대로 하려 하는지라, 대종사 말씀하시기를 「작은 일
에 그대의 고집을 세우면 큰일에도 고집을 세울 것이니,
그러한다면 모든 일을 다 그대의 주견대로 행하여 결국
은 나의 제도나 천도를 받지 못할지라 제도와 천도를 받
지 못할 때에는 내 비록 그대를 구원하고자 하나 어찌할
수 없으리라.」 **(대종경 천도품 21장)**

경남 산청군에 심원사라는 절이 있습니다.

옛날에 이 절에 묘심妙心이라는 스님이 있었는데 절이 너무 낡아 중수를 하기 위해 부처님께 기도를 시작하였습니다. 그런데 기도를 끝마치던 날 부처님께서 꿈에 나타나 하시는 말씀이, "내일 아침 일찍 일어나 동구 밖에 나가 제일 먼저 보는 사람에게 시주를 청하라." 하시었습니다.

묘심 스님은 꿈을 꾸고 나서 기쁜 마음에 이튿날 아침 일찍 일어나 부처님께 예불하고 권선문을 들고 동구 밖에 나갔습니다. 그런데 맨 처음으로 만난 사람은 아랫마을 조 부잣집에서 머슴살이하는 머슴이었습니다.

묘심 스님은 머슴 사는 주제에 무슨 돈이 있으랴 싶어 크게 실망을 했으나 부처님 말씀을 믿고 다가가서 사정을 말하였더니, 머슴이 반가워하며 "절을 중수하면 부처님한테 어떤 은혜를 받습니까?" 하고 물었습니다.

스님이 답변하기를, "부처님 불법의 진리는 두 가지입니다. 하나는 불생불멸의 진리 따라 우리 영혼이 영원히 생사 윤회하는 진리인데, 불사 공덕으로 세세생생 생사윤회 중에 선도에 태어날 것이며, 둘은 인과진리이니 불사 공덕으로 세세생생 오복이 족족할 것입니다."

머슴은 생사 진리와 인과 법문을 받들고 크게 신앙심이 일어나서 "절을 중수하려면 돈이 얼마나 듭니까?" 하고 물었습니다. 스님은 "약 백 냥만 가지면 될 것입니다." 하고 말했습니다. 머슴은 "그렇다면 제가 하겠습니다." 하고 권선문에 도장을 찍었습니다.

묘심은 하도 허망하여 "당신에게 무슨 돈이 그렇게 많이 있습니까?" 하고 물었습니다. 머슴은 "예, 저는 조 부잣집에서 40년 간 머슴을 살았는데 그동안 장가를 들기 위해 한 푼도 쓰지 않고 모았습니다. 그런데 이제 나이 오십 삼세가 되었으니 이 나이에 장가를 간들 무슨 재미를 보겠습니까?" 하며 그 돈을 시주하겠다고 했습니다.

묘심 스님은 "그렇다면 고맙습니다." 하고 권선문에 백 냥을 적고 조 부잣집에 가서 돈 백 냥을 받아다가 절 중수를 곧 시작하였습니다. 그러나 동네 사람들은 머슴보고 미쳤다고 비방하고 또 묘심이 그를 꼬여 뜯어냈다고 헛소문을 퍼뜨렸습니다.

그런데 이상하게도 그 머슴은 시주한 뒤 며칠 있다가 중풍中風으로 쓰러지고 말았습니다. 상황이 이리되자 조 부잣집에서 다른 머슴을 시켜 이 머슴을 절로 보냈습니다.

묘심은 하는 수 없이 방 하나를 정해 주고 정성껏 간호하면서 시주한 공덕이 헛되지 않다면 반드시 나을 것이라고 믿었습니다. 그리고 그를 위해 백일기도를 시작하였습니다. 그런데 기도를 시작한 지 며칠이 되지 않아 머슴은 병이 더하여 그만 죽고 말았습니다.

묘심은 하도 허망하고 기가 막혀서 누구한테 말도 못하고 혼자 정성껏 화장하여 장례를 잘 치러주었습니다. 아무리 좋게 생각을 하려고 해도 부처님이 너무나도 야속했습니다. 그 머슴이 평생 동안 번 돈을 다 절에다 바쳤는데 병을 낫게 하여 주지는 않고 오히려 병이 더하여 죽고 말았으니 "부처님은 영험이 없다." 하고 홧김에 도끼를 가지고 법당에 들어가 불상의 이마를 도끼로 내려쳤습니다. 그러나 묘심 스님은 비록 홧김에 한 일이긴 했지만, 처사가 지나쳤음을 뉘우치고 곧장 이마에 박힌 도끼를 빼려고 온갖 노력을 다했으나 한번 박힌 도끼는 꿈쩍도 하지 않았습니다. 묘심 스님은 크게 민망하여 모든 것을 그대로 놓아두고 걸망을 싸서 짊어지고 절을 떠났습니다.

이산 저산 이절 저절 유랑하기 25년, 공부를 많이 하였으나 항상 심원사 부처님 생각이 떠나지 않아 마음이 무거웠습니다.

"지금쯤 절이 완전히 폐허 되었으리라. 아니 혹 누가 들어가 도끼를 빼고 시봉을 하고 있는지도 모르지." 이렇게 여러 갈래로 생각하다가 한번 찾아가 참배나 드리고 오겠다. 하고 절을 찾아 갔습니다.

공교롭게도 묘심 스님이 찾아간 그 날, 산청군에 새로 박정재라는 원님이 부임하여 심원사에 얽힌 이야기를 듣고 "그럴 리가 있느냐? 내가 한번 가서 도끼를 빼 보리라." 하고 호위 시종인 몇을 데리고 절을 찾아 왔습니다. 원님은 부처님 이마에 꽂힌 도끼를 보고 "이상도 하다." 하며 손으로 도낏자루를 잡아 빼니 별 힘을 쓰지 않았음에도 도끼가 쑥 빠져나오는 것이었습니다. 그런데 도끼날에 푸른 글자로 "화주 묘심 시주 머슴 상봉"이라고 쓰여 있었습니다.

죄송한 마음으로 말도 못하고 지켜보던 묘심이 그때야 원님 앞에 나아가 절을 하고 그 도끼의 내력을 이야기하니, 원님은

"참으로 신기하다." 하며 더욱 신심이 나서 부처님께 절을 올렸습니다. 그리고 묘심 스님을 붙들고 "나는 전생에 시주한 공덕으로 일자무식이었지만 좋은 곳에 태어나 이런 벼슬을 하게 되었으니, 스님께서 다른 곳으로 가지 말고 저와 함께 공부하게 해 주세요"하고 사정하였습니다.

세상 사람들은 참으로 보기 드문 일이라 감탄하였습니다.

부처님의 법문 한마디에 신심을 내서 평생 피땀 흘린 전 재산을 바치는 것은 아무나 할 수 없는 일입니다. 더구나 좋은 일은 고사하고 병들어 죽게 되었는데도 머슴은 불생불멸의 인과보응의 이치를 계속 믿고 원망심이 없이 순수한 마음으로 명을 마치는 신심을 바쳤습니다. 이러한 사심 없는 굳은 믿음이 큰 복을 가져다준 것입니다. 우리가 생멸 없는 도와 인과보응 되는 이치를 사심 없이 믿고 실천하여 천도와 제도를 잘 받을만한 신심이 있는지 반성해 보는 시간이 되기를 기원합니다.

천도품 21장 요점 정리

하나, 자기 고집을 세우면 제도나 천도를 받지 못한다.

"작은 일에 그대의 고집을 세우면 큰일에도 고집을 세울 것이니, 그러한다면 모든 일을 다 그대의 주견대로 행하여 결국은 나의 제도나 천도를 받지 못할지라."

신심은 자기 주견을 세우지 않고 스승의 지도에 따르는 것이라고 하였습니다. 자기 주견을 세우고 고집을 부리는 사람은 제도나 천도를 받지 못한다고 하신 것입니다. 특히 자기가 최고인 줄 아는 사람은 신심 나기 어렵고 진리를 깨치기도 어렵다는 말씀이 천도품 21장 말씀과 맞아떨어집니다.

자기가 최고인 줄 아는 사람은 신심 나기가 어려운데 신성품 5장에 이런 사람이 신심 나는 경우는 전생에 큰 서원을 세운 사람이라고 대종사님께서 말씀하셨습니다. 살아서는 물론이고 죽어서도 신심 없고 고집 센 사람은 제도나 천도를 받기가 어렵다는 말씀입니다. 사심 잡념 없는 믿음을 가진 사람이 제도나 천도를 받는 것입니다.

그러므로 많이 배우고, 권세가 높고, 돈이 많아도 순수함을 잃지 않아야 살아생전에나 죽어서나 제도와 천도를 받을 수 있는 것입니다.

제도나 천도 잘 받는 공부

하나, 믿음이 깊어지는 공부.

원불교에 오래 다녔어도 주위 인연이나 재물이 박덕하고 나쁜 습관이 좋게 달라지지 않고 하는 일이 잘 안 풀리는 원인은 전생과 현생 등 많은 세월에 불생불멸의 진리와 인과보응의 이치에 대한 믿음이 부족한 탓입니다.

확실한 믿음이 있는 사람은 자기에게 도움이 되는 일을 하라고 하면 성심성의를 다 해서 실천하므로 시간이 가면 갈수록 신심과 공부심과 공익심이 깊어져서 사심 없는 복을 짓고 큰 복을 받게 됩니다.

누구나 큰 복 받기를 원하지만 결국에 복 받는 사람은 불생불멸과 인과보응의 일원상 진리를 믿고 복 받을 일을 실천하는 사람입니다. 믿음은 자기를 위한 것이니까 누구에게 보여주기 위한 형식적인 믿음이 아니라 자기가 행복하고 자기가 스스로 좋게 변해서 중생이 불보살로 변해가는 신심을 가져야 합니다.

둘, 깨달음을 얻는 공부.

실천이 잘 안 되는 경우는 확실하게 모르는 경우이거나 믿음이 없기 때문입니다. 확실하게 알면 믿고 믿으면 실천을 하지 않을 수 없습니다. 그러나 일반적으로 잘 알지도 못하면서 대충 아는 것에 그치고 깨달음에 이르는 노력은 하지 않는 경우가 대부분입니다.

보통 사람이 안다고 하는 것도 남에게서 학습을 받은 것으로 그 지식은 남의 지식이지 자기의 지식은 아닌 경우가 많습니다. 보통 사람들은 학습을 통해서 안 것을 실천해야 확실하게 알게 되고, 아는 것과 믿음과 실천이 깊어지면서 여러 단계를 거쳐 깨달음의 경지에 이르게 되는 것입니다.

수백 생 수천 생을 닦아 깨달음을 얻으신 부처님의 법문을 한 번 듣고 깨치는 경우는 최상근기라고 하였습니다.(육조대사) 그러나 우리 보통사람들은 안 것을 심화시키는 훈련을 반복함으로써 깨달음의 경지에 이르게 되는 것이기 때문에, 속 깊은 삼학병진의 마음공부로 적공을 쌓아야 깨치게 되는 것입니다.

셋, 실천 불공의 공부.

믿음과 깨달음은 결국 올바른 실천으로 불공을 잘하기 위한 것입니다. 착심이 악도에 떨어질 위험이 있다는 것을 알았으면 그 착심을 떼는 공부에 대하여 실천을 해야 비로소 착심을 확실하게 알고 착심을 확실하게 알면 착심을 떼는 공부를 확실하게 할 수 있는 것입니다.

착심을 떼는 것도 자기이고 착심으로 해를 당하는 것도 자기이며 복을 지어 복 받는 것도 자기이고 죄를 지어 벌을 받는 것도 자기이므로 은혜가 나타나는 실천의 불공이 있어야 복을 받는 것입니다. 그러므로 대종사님의 대도정법에 대한 확실한 믿음과 깨달음으로 실천을 해서 나의 몸과 마음이 가는 곳마다 은혜가 나타나는 불공이 되도록 해야 합니다.

자기 천도는 자기가 하는 것이 가장 확실한 길입니다. 그러나 자력이 부족한 범부 중생은 차선책으로 불보살의 힘을 빌려서 천도를 받는 것인데 천도와 제도를 받는 첫째 조건이 믿음입니다. 일원대도 정법에 대한 확실한 믿음을 세우는 것이 우선되어야 합니다.

사람이 세상에 핏덩이로 태어나서 사은의 보살핌 속에 자력을 얻어서 비로소 사람의 가치를 나타내는 자력 있는 성인의 삶을 살아갑니다. 우리가 모두 확실한 믿음과 깨달음과 실천으로 정신적으로나 물질적으로 성숙한 자력인이 되어서 나와 이웃과 세상에 덕을 베풀고 환영받는 불보살의 삶을 살아갑시다.

수도와 천도는 하나다

대종사 선원 대중에게 말씀하시기를 「그대들이 이와 같이 세간의 모든 애착과 탐착을 여의고 매일매일 법설을 들어 정신을 맑히고 정력을 얻어 나가면 자신의 천도만 될 뿐 아니라 그 법력이 허공 법계에 사무쳐서 이 주위에 살고 있는 미물 곤충까지도 부지중 천도가 될 수 있나니, 비하건대 태양 광선이 눈과 얼음을 녹이려는 마음이 없이 무심히 비치건마는 눈과 얼음이 자연 녹아지듯이 사심 잡념이 없는 도인들의 법력에는 범부 중생의 업장이 부지중에 또한 녹아지기도 하나니라.」

(대종경 천도품 22장)

불경에서 나오는 '천도재의 유래'에 대하여 말씀을 드리겠습니다.

음력 7월 15일은 '우란분절盂蘭盆節'입니다. 우란분절은 불교의 4대 경절(초파일, 성도하신 날, 우란분절, 출가하신 날) 가운데 하나입니다. 우란분절이란 말을 우리말로 풀이하면 거꾸로 매달렸다는 뜻입니다. 다시 설명하자면 지옥에서 죄를 많이 지은 죄인들이 거꾸로 매달려서 고통을 받고 있다는 뜻인데, 돌아가신 우리들의 부모가 그러한 고통을 받지나 않을까 하는 걱정을 해 보는 날이라는 것입니다.

석가모니 부처님 제자 중에 신통력이 제일인 목건련이란 제자가 있습니다. 이 목건련을 존칭해서 목련 존자라고 부릅니다. 이 목련 존자에게는 혼자되신 어머니가 한 분 계셨는데, 목련 존자가 출가한 뒤로 타락하여 스님들을 흉보며 나쁜 일만 행하면서 죄짓는 것을 일삼고 살았습니다. 아들인 목련 존자는 그것이 안타까워서 만나면 그러시지 말라고 말렸으나 끝내 듣지 않고 그렇게 살다가 돌아가시고 말았습니다.

어머니께서 돌아가신 뒤에 목련 존자가 신통력으로 천상에서 인간 수라 아귀 축생 세계까지 두루 살펴보았으나 찾을 수가 없었습니다. 마지막으로 지옥에 가서 보니까 어머니가 거꾸로 매달려서 고통받고 있는데 그 형상이 어찌나 흉측한지 자식의 눈으로 차마 바라볼 수가 없었습니다.

본래 효성이 지극했던 목련 존자는 그 모습을 보고 가슴이 찢어지는 아픔을 느끼게 되었습니다. 그러나 어찌할 수가 없으니까 석가모니 부처님 앞에 엎드려 울면서 자기 어머니를 구해달라고 사정을 하였습니다.

부처님께서는 "목련아 너무 슬퍼하지 마라. 너희 어머님은 저 세상에 있을 때 출가한 스님들을 비방하고, 미신을 믿고, 인과를 믿지 아니하며, 살생을 많이 하고 축생을 죽여 사육을 즐기며, 이웃 사람들을 삿된 곳으로 이끌어서 여러 사람을 죄악에 빠트린 과보로 그런 것이다."고 하시었습니다.

목련이 "그곳에서 어떻게 나오게 할 수 있습니까?" 하고 부처님께 여쭈니까, 부처님께서는 "목련아, 네 어미의 죄가 너무 크고 무거워서 네가 비록 도력이 있고 신통력이 있다 하나 네가 네 어미의 죄를 대신할 수도 없고 구제할 수도 없다. 네 효성이 지극하나 불, 법, 승 삼보를 비방한 죄는 어찌할 수 없다."고 하였습니다. 부처님도 도와줄 수 없다는 말에 목련 존자는 땅을 치며 통곡을 하였습니다.

이것을 본 부처님은 "목련아, 내가 너의 측은한 마음을 헤아려 한 가지 방법을 일러주리라. 성불제중의 큰 서원을 세우고 대도를 성취하기 위하여 열심히 수도하는 모든 스님에게 공양하면 네 어미의 죄가 가벼워져서 지옥고를 면하게 될 수 있을 것이다."고 하셨습니다.

목련 존자는 때마침 하안거를 마치는 스님들이 있어서 진수성찬을 대접하였고, 스님들은 3개월 적공한 힘으로 정성을 다해서 기도를 드려서 어머니를 지옥의 고통에서 면해드리게 되었다고 합니다.

이때부터 백중날은 절에 공양도 많이 들어오고 그 정진한 힘으로 천도를 해달라고 천도재도 많이 들어온다고 합니다. 이것이 백중날 부모 천도재를 지내게 된 유래입니다.

열심히 마음공부 하는 것이 본인의 천도와 다른 사람을 천도하는 가장 큰 힘이라는 것에 대하여 함께 공부합니다.

천도품 22장 요점 정리

하나, 마음공부는 자신 천도와 주위 인연 천도의 힘.

"그대들은 이와 같이 세간의 모든 애착과 탐착을 여의고 매일매일 법설을 들어 정신을 맑히고 정력을 얻어 나가면 자신의 천도만 될 뿐 아니라 그 법력이 허공 법계에 사무쳐서 이 주위에 살고 있는 미물 곤충까지도 부지중 천도가 될 수 있나니"

보이는 세계만 보고 사는 우리 보통 사람들은 쉽게 이해되는 것은 아니지만, 대종사님께서 밝혀 주신 바와 같이 마음공부를 열심히 하면 자신 천도뿐만 아니라 주변의 무연중생까지도 은연중에 천도가 된다고 하였습니다. 이러한 이치가 있으므로 합리적이고 효과적인 원불교 천도재에 정성을 들이고 법 높은 법사를 초빙하여 설법과 독경 법공양을 올리는 것입니다.

둘, 주위 인연 천도의 원리.

"비하건대 태양 광선이 눈과 얼음을 녹이는 마음이 없이 무심히 비치건마는 눈과 얼음이 자연 녹듯이 사심 잡념이 없는 도인들의 법력에는 범부 중생의 업장이 부지중에 또한 녹기도 하나니라."

보이지 않은 진리 세계에서 무연중생까지도 천도되는 원리를 태양광선에 비유해서 누구나 이해하기 쉽게 설명해 주셨습니다. 태양광선이 비치면 자연히 얼음이 녹아버리듯이 마음공부로 쌓은 힘이 있으면 그 법력의 힘이 주위에 있는 무연중생까지 미쳐서 범부중생의 업력이 녹는다고 하셨습니다.

자신 천도를 위한 마음공부

하나, 애착 탐착을 끊는다.

자신 천도의 첫 번째 공부는 애착 탐착을 끊는 것입니다. 애착 탐착이 있으면 애착 탐착의 기운이 모이고 그 업력이 쌓여서 그 업력을 이기지 못하면 악업의 경계를 당해서 해서는 안 되는 줄 알면서도 그 업력에 끌려 악행을 하므로 악도에 떨어지게 됩니다.

교당에 오래 다녔고 법사위에까지 오른 분이 어떤 경계로 인하여 종교를 바꾼 경우를 보았는데, 그 교도는 업력이 두터워서 그러는 것입니다.

세월이 지난 후에 "왜 그때 적극적으로 말리지 않았느냐?"고 원망을 하였다고 하는데 아마 그분은 그때 말렸어도 듣지 않았을 것입니다. 왜냐하면, 그것은 무거운 업력에서 비롯된 것이기 때문입니다. 특히 애착, 탐착, 원착은 어느 업력보다 더 무거운 업력이기 때문에 애착, 탐착, 원착을 끊는 공부를 하려면 죽을 힘을 다해서 해야 합니다.

둘, 법설을 많이 듣는다.

법설을 들을 때는 뉘우치기도 하고 바른 양심이 잠깐 돌아오기도 하지만 교당 문밖에 나가면 업력에 가려서 그 법문을 잊어버리게 됩니다. 그러나 법문을 열 번 백 번 천 번 들으면 각성이 깊어져서 문밖에 나가서도 그 마음을 유지할 수 있게 되는 것이므로 가능하면 법회 빠지지 않고 법회에 참석해서 설교시간에 정신을 차려 법설을 귀담아듣도록 노력해야 합니다.

또한, 법설을 들으면서 좋은 마음을 가지는 그 순간은 업력이 녹아나는 시간이므로 법설을 많이 들으면 그만큼 업력이 많이 녹아날 것입니다. 법설을 들을 때 재미있고 듣기 좋은 말만 들으려고 하면 업력이 녹아나지 못하지만, 법사의 말이 서툴고 듣기 좋은 말이 아니라도 불생불멸 인과보응의 진리가 담겨있는 법설을 많이 들으면 업력이 녹아나는 것입니다.

셋, 정신을 맑힌다.

천도에 최고의 능력은 말이 아니라 마음에 쌓인 삼대력입니다. 정신을 맑히는 수양력을 많이 쌓은 도인은 아무 말이 없어도 태양광명이 얼음을 녹이듯이 주파수 맞는 신심이 있는 범부 중생들의 업력이 녹아서 천도와 제도를 받게 되는 것입니다. 그러므로 자신 천도나 다른 사람의 천도나 청정 일념을 모으는 정신수양이 중요한 것입니다.

넷, 수도자를 돕는다.

대종사님께서 제자 최수인화에게 해 주신 말씀입니다.

옛날에 젊은 부부가 아들 하나를 두고 단란하게 살았습니다. 하루는 남편이 발심이 나서 "도가에 가서 수행적공을 하고 싶다."고 말하니, 아들은 가지 못하게 붙잡았고 부인은 "집안 걱정하지 말고 큰 도인이 되라."고 하며 남편이 큰 도인 되기를 빌어주었습니다.

그 후 출가한 남편은 오랜 세월이 흘러 후생에 큰 도인이 되었습니다. 그 도인이 어느 날 제자들과 길을 가다가 까마귀 한 마리가 까악까악 울어대는 소리를 듣고 슬픈 기색을 보였습니다.

제자들이 "무슨 일이십니까?" 하고 물었습니다.

"저 까마귀의 전생은 내 아들이었다. 나의 출가를 방해한 과보로 까마귀 몸을 받은 것이다."라고 하였습니다.

또 길을 가다가 꽃가마를 탄 왕비의 행렬을 보더니 만면에 미소를 띠고 기뻐하였습니다.

제자들이 궁금하여 그 이유가 무엇인지 물으니까 "저 왕비는 전생에 나의 아내이었다. 나의 출가를 즐겁게 찬성하고 후원해 준 공덕으로 왕비의 몸을 받은 것이다."라고 일러주었습니다.

이와 같이 인과의 이치는 소소영령한 것입니다.

출가자를 돕는 것은 큰 복을 받는 것이기 때문에, 직접 돕거나 간접적으로 장학 후원을 하면 그 은혜를 입은 도인들의 활동에 따라서 투자한 복보다 몇백 배 몇천 배의 큰 복으로 되돌려 받게 되는 것입니다.

원불교 가족 가운데에도 원불교에 함께 나와서 함께 공부하는 교도님도 있고, 가족들이 원불교에는 나오지 않아도 원불교에 나가는 교도님에게 공부나 사업을 잘하도록 적극적으로 협조하는 사람도 있으므로 이런 사람은 복 받을 때 협조한 만큼 함께 복을 받을 것입니다.

반대로 어느 교도가 가까운 인연이 원불교에 나오는 것도 못하게 하고, 원불교 공부나 사업하는 것을 방해하다 벌 받는 것을 보았는데, 이런 사람들은 일생뿐만 아니라 영생에 관계된 일을 방해한 죄이기 때문에 일반적으로 생각하는 인과의 벌보다 더 큰 벌을 받게 됩니다. 그러므로 정법 수행을 함께하는 것이 제일 좋고 정법 수행을 방해하지 않도록 잘 타이르고 지도해야 합니다.

자신 천도나 다른 사람의 천도를 하기 위해서 쉬지 않는 마음공부로 수양의 힘, 연구의 힘, 취사의 힘을 쌓아서 삼대력을 얻어야 합니다. 그 힘은 저절로 쌓이는 것이 아니라 불생불멸과 인과보응의 진리를 믿고 끊임없는 마음공부로 힘을 쌓아야 합니다.

일없으면 염불 좌선 기도로 힘을 쌓고, 경전·의두·성리 공부로 연구의 힘을 쌓고, 일 있을 때를 대비하여 준비하고, 일기와 반조 공부로 죄와 복을 결산하는 것입니다.

일 있으면 그일 그일에 전일 하는 수양의 힘을 쌓고, 그일 그일에 알음알이를 구하여 일과 이치에 통달하는 지혜의 힘을 쌓고, 마음을 멈춰 해야 할 일은 죽기로써 실천하고, 그른 일은 죽기로써 금해서 경계마다 취사의 힘을 기르면, 그 힘으로 지옥 중생도 건질 수 있는 삼대력을 얻게 되는 것입니다.

그 힘은 빌려올 수도 없고 대신할 수도 없는 힘으로, 오직 스스로 마음공부 하는 대중 놓지 말고 끊임없는 적공을 쌓아야 얻게 되는 힘입니다.

마음공부로 삼대력을 얻어서 자신 천도를 마치고 또한 지옥 중생이라도 건질 수 있는 능력을 정성을 다해 기릅시다.

하늘 사람과 땅 사람

대종사 말씀하시기를 「사람 가운데에는 하늘 사람과 땅 사람이 있나니, 하늘 사람은 항시 욕심이 담박하고 생각이 고상하여 맑은 기운이 위로 오르는 사람이요, 땅 사람은 항상 욕심이 치성하고 생각이 비열하여 탁한 기운이 아래로 처지는 사람이라, 이것이 곧 선도와 악도의 갈림길이니 누구를 막론하고 다 각기 마음을 반성하여 보면 자기는 어느 사람이며 장차 어찌될 것을 알 수 있으리라.」

(대종경 천도품 23장)

우리 속담에 민심이 천심이란 말이 있습니다. 직접적인 이해관계가 없는 여러 사람의 어디에 가림이 없이 순수하게 나오는 마음이 바로 하늘마음이란 것입니다.

2015년 1월 중순에서 2월 초까지 약 20여 일간 이 천심이 빛을 발하는 사건이 있었습니다.

어느 직장인이 늦게까지 근무하고 퇴근길에 임신한 아내가 좋아하는 크림빵을 사서 집으로 돌아가다가 뺑소니차에 치여 사망을 했다는 뉴스가 있었습니다. 이 뉴스는 많은 사람의 마음을 아프게 하고 분노하게 하였는데 사고가 난 지 2주가 지나도 뺑소니차 단서를 찾지 못하고 있었습니다.

그런데 이 일을 마치 자기 일처럼 생각한 많은 사람이 관심을 두고 제보를 하고 협조를 하여 19일 만에 한 네티즌이 제보한 CCTV가 단서가 되어 수사망이 좁혀들자 범인이 자수하였습니다. 천심의 위력은 미궁 속에 빠질 뻔했던 뺑소니 사건을 범인이 숨을 곳이 없게 만들었습니다.

천심에 대하여 공부합니다.

천도품 23장 요점 정리

하나, 하늘 사람과 땅 사람

"사람 가운데에는 하늘 사람과 땅 사람이 있나니, 하늘 사람은 항시 욕심이 담백하고 생각이 고상하여 맑은 기운이 위로 오르는 사람이요, 땅 사람은 항상 욕심이 치성하고 생각이 비열하여 탁한 기운이 아래로 처지는 사람이라"

천심은 흔히 어린아이나 장애인이 가진 순수한 마음이라고
말 하는데 참다운 천심은 마음공부로 자력을 얻은 본래 마음입
니다.

하늘사람은 욕심이 담백하고 생각이 건전하며 기운이 맑고 가
볍다고 하였으며, 땅 사람은 욕심이 치성하고 생각이 비열하며
기운이 무겁고 탁하다고 하였습니다.

나는 어느 사람인지 평상시나 경계를 당했을 때의 내 마음을
대조해 보면 알 수 있습니다. 이 법문을 공부하면서 우리는 천
심을 잃지 않은 사람들을 어리석다고 속이고 함부로 하지 않았
는지 양심으로 반성해야 합니다.

둘, 선도와 악도의 갈림길

"이것이 곧 선도와 악도의 갈림길이니 누구를 막론하고 다 각
기 마음을 반성하여 보면 자기는 어느 사람이며 장차 어찌될 것
을 알 수 있으리라."

천심을 가지면 진급하여 수라, 인간, 천상의 선도에 태어날 것
이며, 욕심이 치성한 땅 사람으로 살면 강급하여 아귀, 축생, 지
옥의 악도에 떨어지게 됩니다. 따라서 천심을 회복하는 공부를
해야 악도를 면하고 선도에 수생할 수가 있습니다.

천심을 회복하는 공부

천심은 우리의 본래 마음이지만 범부 중생들은 천심을 삼독
심에 도둑맞은 줄도 모른 채 잃어버리고 살기 때문에 본래 마음
회복하는 공부를 해야 천심을 때에 맞게 잘 쓸 수가 있습니다.

하나, 서원을 세운다.

살아가는 목표가 없으면 본능대로 동물처럼 살아가기 쉬우므
로 목표를 세우고 살아야 합니다. 목표 중에도 자기만을 위하는
인생의 목표를 가져야 합니다. 목표는 비전이고, 여러 사람을
위하면 곧 서원입니다.

그 서원 가운데도 여러 가지 서원이 있겠지만 가장 큰 서원은
불생불멸과 인과보응의 이치를 깨쳐서 많은 사람에게 불생불멸
인과보응의 이치를 가르쳐 주겠다는 성불제중입니다.

성불제중의 큰 서원에는 작은 소원이 다 포함되어 있으므로
성불제중의 큰 서원을 이루어 가는 가운데 크고 작은 소원들이
자연히 이루어집니다. 영생을 바르게 살아가기 위해서는 성불
제중의 큰 원을 세우고 살아야 옆길로 가지 않고 진리에 줄 맞
는 마음공부를 하여 복과 지혜가 충만하고 행복한 영생을 살아
갈 수 있습니다.

그러므로 나에게 직접 와 닿지 않아도 성불제중의 큰 원을 세
우고 살아가다 보면 신심과 공부심에 따라 나중에 자기 서원이
되는 것입니다.

둘, 챙기는 공부를 한다.

마음은 형상이 없어서 잡으면 있지만 놓으면 그 존재를 인식하지 못합니다.

세상 모든 일은 이 마음이 들어서 하는 일이기 때문에 마음을 챙기지 않으면 그일 그 일을 잘하기가 어렵습니다. 챙기지 않으면 욕심이 주권을 가진 땅 사람 마음이 발동하여 죄악의 길을 가기 쉬운 것입니다.

그러므로 본래 마음인 천심을 잘 챙겨야 악한 경계의 함정에 빠지지 않는 천심의 권한이 회복되는 것입니다. 천심을 챙겨서 천인의 언행으로 선업 공덕을 쌓으려면 반드시 마음을 챙겨야 가능한 것입니다.

셋, 수행적공으로 업장을 녹여야 한다.

서원을 세우고 천심을 챙겨도 선업 공덕을 쌓는 실천이 잘 안 되는 경우도 많습니다. 잘못인 줄 알면서도 업에 끌려서 잘못을 행하게 되는 것입니다. 그 업력이 무거우면 무거울수록 몸과 마음의 자유가 없이 업력에 끌려가게 됩니다. 무거운 업력을 녹여야 몸과 마음의 자유가 생기는 것입니다.

수행 적공으로 업력을 녹여야 합니다. 죽을힘을 다해서 참고 참고 또 참고, 죽을힘을 다해서 실천을 하고 또 실천하여 대종사님 일원대도가 저절로 행해질 때까지 수행 적공을 쌓아야 합니다.

처음에는 어렵지만 한 번, 두 번, 열 번, 백 번, 천 번, 만 번, 계속하다 보면 업장이 녹아서 차차 몸과 마음의 자유가 생겨서 나의 주권을 되찾게 되는 것입니다.

이와 같이 많은 수행적공으로 업력을 녹여내야 비로소 몸과 마음의 자유를 얻게 되는 것입니다.

천심은 덕을 쌓고 복을 짓고 지혜를 밝혀 진급과 즐거움이 따릅니다. 그러나 땅 사람의 마음은 욕심이 주인이 되어 해를 받게 되고, 죄를 짓고, 어두운 무명의 업력에 휘말려 강급과 고통이 따릅니다.

행복하게 살려면 우리의 본래 마음인 천심을 살려내야 합니다. 천심은 우리의 본래 마음이지만, 본래 마음인 천심을 살려내려면 서원을 세우고, 천심을 챙기고, 중생심과 중생 팔자를 부처의 마음과 부처의 팔자로 고쳐가는 수행적공을 하고 하고 또 해서 저절로 되는 경지까지 가서 중생의 업력을 녹여내야 합니다.

우리 모두 중생 팔자를 부처님 팔자로 고치기 위해서 성불제중의 큰 서원을 세우고, 천심을 챙겨서 마음을 맑히고 밝히고, 업장을 녹여내는 끊임없는 실천으로 세세생생 행복한 불보살의 삶을 살아갑시다.

욕심의 구름이 걷혀야
지혜가 솟는다

대종사 말씀하시기를 「저 하늘에는 검은 구름이 걷혀 버려야 밝은 달이 나타나서 삼라만상을 비춰 줄 것이요, 수도인의 마음 하늘에는 욕심의 구름이 걷혀 버려야 지혜의 달이 솟아올라서 만세 중생을 비춰 주는 거울이 되며, 악도 중생을 천도하는 대법사가 되리라.」

(대종경 천도품 24장)

옛날에 내소사에는 많은 승려가 있어 월급을 주고 공양주를 부릴 정도였다고 합니다.

하루는 더벅머리 총각이 공양주를 자청하고 와서 "월급은 주지 않아도 좋으니 틈틈이 법 높은 법사가 설법할 때는 그 법문만 듣게 해 달라."고 하였습니다.

이렇게 해서 조건부로 살게 된 더벅머리 총각은 무엇이 그리 좋은지 대중들의 밥 짓고 청소하는 힘든 일을 하면서도 항상 싱글벙글 웃으며 그 일을 즐겼습니다.

승려들은 무보수로 힘든 공양주 노릇을 웃으며 하는 것을 보고 "중도 아니고 속인도 아니다. 도대체 무엇을 바라고 이 고생을 하며 사나?" 하고 비아냥거렸습니다.

그때마다 더벅머리 총각은 태연하게 "나야 밭에서 죽으면 밭 임자가 치워줄 것이고, 산에서 죽으면 산 임자가 치워줄 것이며, 물에서 죽으면 물 임자가 치워줄 것 아니오?"라고 대답을 했습니다.

그는 중노동을 하면서도 약속대로 법 높은 고승들의 법문은 빼놓지 않고 다 들었습니다. 그러나 스님들은 타성에 젖어 매일매일 편한 생활을 즐길 뿐, 누구 하나 더벅머리 총각에 대하여 관심을 가지고 보는 사람은 없었습니다.

여러 해가 지난 어느 날 저녁 공양 후에 갑자기 공양주가 아무 말 없이 사라져버리자 스님들이 더벅머리 공양주에게 무슨 일이 생겼는지 궁금해서 찾아다니기 시작했습니다.

그때 대웅전 담장 밑에서 전등을 켠 것처럼 서기가 방광하였

습니다. 스님들이 모두 그곳으로 달려 가보니 더벅머리 공양주
가 앉은 채로 열반에 들어 있었습니다. 그제야 스님들은 더벅머
리 공양주가 큰 도인이었다는 것을 알았습니다.

천도품 24장 요점 정리

하나, 욕심 구름이 걷혀야 지혜가 솟는다.

"수도인의 마음 하늘에는 욕심의 구름이 걷혀 버려야 지혜의
달이 솟아올라서 만세 중생을 비춰 주는 거울이 되며"

하늘에 구름이 걷혀야 밝은 해가 비추듯이 우리의 마음 가운
데 욕심 구름이 걷혀야 자성의 지혜 광명이 솟아오른다는 말씀
입니다. 밝은 지혜 광명으로 비추는 말과 행동은 많은 사람에게
바른길을 인도해 주는 등대와 같은 지혜 등불로 영혼을 안내할
것입니다.

둘, 욕심이 없어야 악도 중생을 건지는 대법사가 된다

"악도 중생을 천도하는 대법사가 되리라."

수도인은 욕심이 없어야 삼악도 중생을 천도해 주는 법사 중
에 큰 법사 대 법사가 된다는 말씀입니다.

대 법사가 되는 길

원불교 공부는 불교처럼 출가자가 좌선이나 염불이나 경전만

보는 정적인 공부가 아니라 실제 생활 속에 하는 산 공부이기 때문에, 출가 재가 제한 없이 누가 알아주든지 몰라주든지 일상 생활 속에서 속 깊은 마음공부로 큰 실력을 쌓는 공부이며 대법사가 되는 공부입니다.

대종사님께서 일러주신 영육쌍전 이사병행 삼학병진의 마음공부는 짧은 시간에 큰 실력을 쌓는 큰 공부이며 원만한 공부라고 하였습니다. 그러므로 현실 생활에서 공부심 놓지 말고 육근 작용을 해야 하며, 반드시 공부 삼아서 경제적으로 자력 생활을 해야 하며, 살아서나 죽어서나 물질에 대한 과한 욕심을 버려야 자유로울 수 있고 지혜로울 수 있습니다.

하나, 영육쌍전 공부.

우리가 흔히 하는 말로 '생각은 자유다'라는 말이 있습니다. 생각은 얼마든지 할 수 있지만, 실제는 생각과는 다릅니다. 그 때문에 실천하지 못한 생각은 그저 생각에 불과할 뿐입니다.

영육쌍전은 우리의 몸과 마음을 다 온전하게 하자는 것입니다. 마음이 온전하려면 지혜가 밝아야 하고 몸이 온전하려면 육근으로 복을 장만할 수 있는 능력이 있어야 합니다.

몸과 마음을 온전하게 가져야 건강한 사람입니다. 몸과 마음이 어느 한쪽에 치우치면 불구입니다. 아무리 풍요로운 물질을 갖추고 있다고 해도 그것을 사용하는 몸과 마음이 온전하지 못하면 행복하게 살 수 없습니다.

그러므로 온전한 영혼을 가진 사람이 되기 위해서는 지혜를 밝히는 수양 연구 취사의 마음공부를 해야 하며, 온전한 몸을 가진 사람이 되기 위해서는 온전한 마음으로 바른 판단을 실천하는 육근 작용 훈련으로 하는 일마다 복을 지어 가는 곳마다 은혜와 덕이 나타나게 해야 할 것입니다.

대종사님의 뜻은 바른 판단과 바른 행동으로 지혜가 많고 복을 많이 받는 사람이 되는 영육쌍전 마음공부를 하라는 것입니다.

둘, 이사병행 공부.

대종사님께서 이 세상을 둘로 나누어 보면 일과 이치로 구분할 수 있다고 하셨습니다. 이치理는 우주의 대소유무로 대는 우주 전체요, 소는 우주 안에 있는 크고 작은 모든 것들을 말합니다. 또 유무는 우주 안에 크고 작은 모든 것들이 오묘한 조화를 이루는 모든 변화를 말하는 것입니다.

일事은 인간의 시비이해로 시는 옳은 것 비는 그른 것 이利는 이로운 것 해는 해로운 것입니다. 일은 시비이해로서 우리가 살아가는 육근 동작을 말하는데 육근동작에는 반드시 시비이해가 따르는 것입니다. 무슨 일이나 옳은 일이 아니면 그른 일이므로 시비를 가리는 것이고 그 결과에도 이로운 것이 아니면 해로운 것입니다.

원칙적으로 옳은 일의 결과는 이롭고 그른 일의 결과는 해로운 것이지만 시간과 상황에 따라서는 반대의 경우도 나타나는 것이므로 시간과 공간을 통해서 천만 가지로 나타나는 변화를 단순하게 헤아리기는 어려운 것입니다.

그러나 진리의 원칙은 지은 대로 받는 것이기 때문에 현실적으로 갈등의 요소가 있을지라도 항상 일과 이치를 병행하면서 옳은 일을 한다는 원칙을 가지고 시비이해를 건설하며 살아야 합니다.

그러므로 우리가 세상을 잘 살아가려면 이사병행理事竝行의 원칙을 가지고 우주의 질서인 대소유무 이치도 알아야 하고 인간이 살아가는 시비이해의 일도 알고 살아가야 합니다.

셋, 삼학병진 공부.

앞에서 말한 영육쌍전이나 이사병행의 두 가지를 잘하는 공부가 삼학병진의 마음공부입니다.

마음공부도 온전한 마음공부를 하려면 사진을 찍을 때 사용하는 삼발이처럼 세 가지 기능을 다 온전하게 하는 삼학병진의 마음공부를 해야 원만한 인격을 이룰 수 있는 영육쌍전과 이사병행이 되는 것입니다.

마음이 온전해야 밝은 지혜가 솟아나고 밝은 지혜가 있어야 옳고 그른 일을 바르게 판단해서 바른 행동을 할 수 있습니다.

일상에서 일 그르치고 후회하는 사람 가운데는 익힌바 특성에 따라 이치에 치우치는 사람도 있고 일에 치우치는 사람도 있습니다. 각자 최고의 선택을 한다고 하나 마음이 요란하여 지혜가 어둡고, 지혜가 어두워 옳고 그름을 구분하지 못하므로 욕심으로 그른 일을 합니다.

그러나 욕심으로 한 일은 당장에는 쉬운 것 같으나 결국 일 그르치고 고통이 따르기 마련입니다. 또한, 바른 판단을 하고도 업력에 끌려서 일을 그르치는 경우도 있습니다.

이 정신의 세 가지 기능이 설명은 나누어서 했지만, 경계를 당해서 쓸 때는 하나입니다. 또한, 쓸 때는 하나지만 세 가지 익히는 과정은 각각 다르므로 사람마다 이 세 가지 기능을 익힌 바에 따라서 모든 사람의 특성이 각각 다르게 나타나는 것입니다.

우리가 유념해야 할 것은 특성 따라서 다 자기가 좋아하고 잘하는 것만 하려고 하는데, 잘하는 것이 장점이기도 하지만 그 장점이 자기를 가두는 감옥이기도 합니다.

자기 감옥은 자기 육근 동작을 원만하지 못하게 하는 걸림돌이 되기도 하므로 수양의 힘, 연구의 힘, 취사의 힘을 골고루 갖춰야 때와 장소에 맞는 원만한 인격이 나타나는 육근동작을 할 수 있는 것입니다.

그러므로 삼학의 각 기능을 고루 갖추는 공부 표준을 잡고 마음공부를 해야 원만한 인격으로 원만한 육근동작을 하여 모두에게 환영받는 원만한 활불 도인이 될 수 있는 것입니다.

우리는 몸과 마음을 가지고 있으므로 몸과 마음을 온전하게 하는 신앙과 수행을 하고 수도와 생활을 병행해야 합니다. 일과 이치 속에 살기 때문에 의식주 구하는 일도 해야 하고 이치 밝히는 공부로 지혜 밝히는 이치 연마 공부도 해야 합니다. 일과 이치에 결함 없는 공부 표준으로 살아야 원만한 생활이 됩니다.

원만한 생활을 하기 위해서는 원만한 마음공부를 해야 합니다. 수양을 많이 하여 수양력도 얻고, 연구를 많이 하여 일과 이치에 통달하고, 아는 것을 실천하는 훈련을 많이 하여 가는 곳마다 환영받는 생불이 되는 것입니다.

　이렇게 원만한 인격으로 원만한 생활을 하는 생불 도인은 지옥 중생이라도 천도시키는 대도인이 되는 것입니다. 우리 모두 원만한 마음공부로 지옥 중생이라도 천도시킬 수 있는 대도인이 됩시다.

수도 도량의 기운

대종사 말씀하시기를 「내가 어느 날 아침 영광에서 부안 변산 쪽을 바라다보매 허공 중천에 맑은 기운이 어리어 있는지라, 그 후 그곳으로 가 보았더니 월명암에 수도 대중이 모여들어 선을 시작하였더라. 과연 정신을 모아 마음을 맑히고 보면 더럽고 탁한 기운은 점점 가라앉고 신령하고 맑은 기운은 구천九天에 솟아올라서 시방 삼계가 그 두렷한 기운 안에 들고 육도 사생이 그 맑은 법력에 싸이어 제도와 천도를 아울러 받게 되나니라.」

(대종경 천도품 25장)

대종사님께서 잠시 수양을 하기 위해 김광선의 주선으로 고창 해리의 한 제각에 거처를 하셨는데 제자 김광선이 동행하여 함께 며칠을 한 방에 거처하게 되었습니다.

김광선은 이른 봄 추운 날씨에 불도 때지 않은 방에서 잠 못 이루고 뒤척이다가 갑자기 밖이 훤해지고 인기척이 있어서 문을 열어보고 깜짝 놀랐습니다. 깜짝 놀라서 대종사님을 불렀으나 대종사님은 이미 입정에 드셔서 미동도 하지 않으셨습니다.

상서로운 기운이 우주에 가득하고 아름다운 음악 소리가 하늘에서 들리더니 도복 입은 선관들이 하늘에서 내려와 차례로 대종사님께 예를 올리고 돌아가는데 밤이 새도록 계속되었으며 그날로 끝난 것이 아니라 3일 밤을 계속 밤이 새도록 계속되었다고 합니다.

대종사님의 구도 정성이 지극하여 그 상서로운 기운이 우주에 가득 차게 되었고, 선인들이 먼저 대종사님이 새 시대의 새 부처님임을 알아보고 예를 올린 것이라고 봅니다.

천도품 25장 요점 정리

하나, 맑은 기운이 떠오르는 원인.

"내가 어느 날 아침 영광에서 부안 변산 쪽을 바라다보매 허공 중천에 맑은 기운이 어리어 있는지라, 그 후 그곳으로 가 보았더니 월명암에 수도 대중이 모여들어 선을 시작하였더라."

사람마다 기운이 뜨는데 여러 대중이 함께 모여 경전공부도 하고 염불, 좌선도 하면 그 맑은 기운이 허공에 높이 뜬다는 말씀입니다.

둘, 마음을 맑히면 맑은 기운이 구천에 솟는다

"과연 정신을 모아 마음을 맑히고 보면 더럽고 탁한 기운은 점점 가라앉고 신령하고 맑은 기운은 구천九天에 솟아올라서 시방 삼계가 그 두렷한 기운 안에 들고 육도 사생이 그 맑은 법력에 싸이어 제도와 천도를 아울러 받게 되나니라."

마음공부 효과가 얼마나 큰지 우리는 잘 모르지만 깨친 부처님의 안목에서 보면 맑은 기운이 구천에 솟아오르고 그 법력에 육도 중생이 제도와 천도를 받게 된다는 말씀입니다.

우주의 핵심을 움직이는 것은 마음공부다

하나, 서원을 세우면 진리가 먼저 안다.

우리 보통사람들은 이해하기 어려운 이야기이지만 진리 세계에서는 대종사님께서 대각하시어 새 부처님이 되실 것을 미리 알아보고 예를 올린 것으로 이해하면 될 것입니다.

또한, 우리들도 성불제중 하겠다는 서원을 세우고 수행을 시작하면 그 좋은 기운을 진리 세계 선신들이 먼저 알아보고 제도 받기 위해서 이 수도인을 보호하는 호위 신장으로 따라다닌다고 합니다. 그러나 중간에 변심하여 타락하면 떠나버리는데 때로는 떠나면서 실망감에 해코지하기도 한다고 합니다.

둘, 우리는 대종사님과 이 공부 이 사업 하기로 약속했다.

우리는 우연히 원불교를 만난 것으로 알지만, 필연적인 곡절이 있습니다. 대종사님께서는 전무후무한 큰 회상을 열기 위해서 세세생생 인연 걸기를 많이 하셨다고 하시면서, 원불교에 100년 안에 나오는 출가 재가 모든 교도는 모두 전생에 대종사님과 약속을 한 인연들이라고 하셨습니다. 또한, 원기 100년 이후에 원불교에 오셔서 주인 노릇 하시는 분들은 대부분 100년 안에 오셨던 분들이 가셨다가 다시 오신 분들이라고 생각됩니다.

우리는 대종사님께서 대자대비로 맺어주신 특별한 인연으로 이 법을 만났으므로 이 소중한 기회를 허송해서는 안 될 것입니다.

셋, 약속 지키는 길은 오직 마음공부다.

마음공부로 대종사님 은혜에 보답하는 길이 세세생생 잘 사는 길이고, 천도와 제도를 잘 받는 길입니다.

원불교의 마음공부는 과거 회상처럼 공부하려면 생업과 처자 권속을 버려야 하는 어려운 공부가 아닙니다. 생활 속에서 성불 제중 하는 공부를 얼마든지 할 수 있습니다. 대종사님께서는 생활 속에서 각자 취향에 맞게 다양한 방법으로 공부할 수 있도록 공부 방법을 일러주셨습니다.

문자를 모르는 사람들까지도 마음공부로 성불할 수 있도록 유념 무념을 대조할 수 있는 태조사법까지 일러주셨습니다. 공부하기 싫어 핑계가 많은 중생이, 핑계를 댈 길이 없을 만큼 물 샐

틈이 없이 원만한 법을 짜 주셨습니다.

누구든지 자기 분수에 맞게 자기 취향에 맞게 하라는 대로 하나하나 실천하기만 하면 부처가 되는 공부입니다. 신심을 내고 서원을 세우고 수행하면 성불제중의 길은 비행기 활주로보다 더 넓고 더 원만하게 열려 있습니다. 누구나 신심을 내고 서원을 세우고 교리를 실천하면 부처를 이루고 중생을 제도하는 길이 열리는 것입니다.

우리 속담에 '구슬이 서 말이라도 꿰어야 보배'라고 하였습니다. 우리는 대종사님과 특별한 인연으로 원불교에 왔고 물샐틈없이 원만하게 짜 놓으신 전무후무한 만고의 대법을 만났으니 우리 각자가 대종사님께서 하라고 하신 대로 실천만 하면 우리가 만고에 보배가 되는 것입니다.

실천하는 공부인이 사는 곳이면 어디나 선방이고 어디나 법당입니다. 실천하는 공부인이 가는 곳마다 상생의 기운이 열려서 무연중생까지 제도와 천도를 받게 되는 것입니다. 그러나 이 좋은 기회를 허송세월하고 보면 만고에 후회할 일만 남는 것입니다.

우리 모두 죽어도 변치 않는 신심을 내고 서원을 세우고 급히 말고 쉬지 말고 이 공부 이 사업으로 만고에 빛나는 불보살의 보배가 되어서 그 상서로운 기운으로 시방세계 무연중생까지도 제도하는 능력을 진리계에서 알아주는 불보살로 살아갑시다.

사람마다
기운 뜨는 것이
다르다

대종사 야회에 출석하사 등불 아래로 대중을 일일이 내려다보시며 말씀하시기를 「그대들의 기운 뜨는 것이 각각 다르나니 이 가운데에는 수양을 많이 쌓아서 탁한 기운이 다 가라앉고 순전히 맑은 기운만 오르는 사람과, 맑은 기운이 많고 탁한 기운이 적은 사람과, 맑은 기운과 탁한 기운이 상반되는 사람과, 탁한 기운이 많고 맑은 기운이 적은 사람과, 순전히 탁한 기운만 있는 사람이 있도다.」 하시고, 또 말씀하시기를 「사람이 욕심이 많을수록 그 기운이 탁해져서 높이 뜨지 못하나니, 그러한 사람이 명을 마치면 다시 사람의 몸을 받지 못하고 축생이나 곤충의 무리가 되기도 하며, 또는 욕심은 그다지 없으나 안으로 수양과 밖으로 인연 작복을 무시하고 아

는 데에만 치우친 사람은 그 기운이 가벼이 뜨기는 하나
무게가 없으므로 수라修羅나 새의 무리가 되나니라. 그
러므로 수도인이 마음을 깨쳐 알고, 안 뒤에는 맑게 키
우고 사邪와 정㊣을 구분하여 행을 바르게 하면 마침내
영단을 이루어 육도의 수레바퀴에 휩쓸리지 아니하고
몸 받는 것을 마음대로 하며, 색신을 벗어나서 영단만으
로 허공 법계에 주유周遊하면서 수양에만 전공하는 능력
도 갖추느니라.」 **(대종경 천도품 26장)**

불교 카페에 '수월 대사와 개'에 관한 글이 올라와서 소개합니다. 충청도 온성 출신으로 현재 만주에서 살고 계신 한 할머니께서 해주신 말씀입니다.

청담 스님이 만주에 계신 수월 대사님을 친견하러 갔는데 덩치가 큰 사나운 만주 개들이 짖고 덤벼들므로 무서운 마음에 수월 대사의 등 뒤로 숨었답니다. 그런데 개들은 수월 대사를 보자 처음 보는 사이인데도 불구하고 갑자기 온순해지더니 수월 대사의 손을 핥으며 반가워했습니다. 할머니는 여기에 덧붙여 호랑이들조차도 수월 대사 앞에서는 어리광을 피우는 모습을 직접 보았다고 했습니다.

우주의 기운은 이와같이 한 기운으로 통합니다. 수도를 통해 얻은 참마음은 미물 곤충에게까지도 전달됩니다. 대종사께서 어린 시절 삼밭재 마당 바위에서 기도하실 때 호랑이가 추위를 막아주고 밤길을 안내하였다는 일화가 전해져 옵니다. 신심 있는 교도들은 이 이야기를 진실로 믿습니다. 자신 천도와 자신 제도를 위해서는 대종사님 말씀을 진실한 마음으로 믿고 마음공부를 통해 참된 원기를 길러 나가는 것이 중요합니다.

천도품 26장 요점 정리

하나, 사람마다 기운 뜨는 것이 다르다.
"그대들의 기운 뜨는 것이 각각 다르나니."라고 하였습니다.

탐심은 검고 무거운 기운이고, 진심은 붉은 기운이며, 치심은 어둡고 칙칙한 기운이고, 착심은 무거운 기운이며, 수양심은 청색(하늘색)으로 맑은 기운이라고 합니다.

둘, 다섯 가지 부류 사람의 기운.

① 순전히 맑은 기운만 있는 사람이 있습니다. 수양력을 많이 쌓아서 탁한 기운이 다 가라앉고 순전히 맑은 기운만 오르는 사람을 말합니다. 맑고 참된 기운을 가진 사람들은 우주의 주인이고 마음공부의 표준 인물이 됩니다.

② 맑은 기운이 많고 탁한 기운이 적은 사람이 있습니다. 아직 완성되지는 못했지만, 열심히 수도하여 탁한 기운이 거의 사라져 가는 상근기의 사람을 말합니다.

③ 맑은 기운과 탁한 기운이 반반인 사람이 있습니다. 좋은 마음도 내고 나쁜 마음도 내는 우리 보통 사람들을 말합니다.

④ 탁한 기운이 많고 맑은 기운이 적은 사람이 있습니다. 나쁜 마음이 많은 양심이 바르지 못한 사람을 말합니다.

⑤ 순전히 탁한 기운만 있는 사람이 있습니다. 사람으로서 가치가 없는 인면수심의 사람으로 누구나 싫어하는 사람을 말합니다.

셋, 욕심이 많으면 기운이 무겁고 탁하다.

"사람이 욕심이 많을수록 그 기운이 탁해져서 높이 뜨지 못하나니, 그러한 사람이 명을 마치면 다시 사람의 몸을 받지 못하고 축생이나 곤충의 무리가 되기도 하며"

사람의 마음이 겉으로는 보이지 않지만, 욕심이 많은 사람의 옆에 있으면 답답하고 무거운 기운을 느낄 수 있습니다.

넷, 기운이 너무 가벼워도 좋지 않다.

"욕심은 그다지 없으나 안으로 수양과 밖으로 인연 작복을 무시하고 아는 데에만 치우친 사람은 그 기운이 가벼이 뜨기는 하나 무게가 없으므로 수라修羅나 새의 무리가 되나니라."

우리가 흔히 사람의 인격을 평가할 때 '저 사람은 무게가 없어, 저 사람은 경솔해, 저 사람은 사람이 경박해.'라는 등등의 표현을 합니다. 재주는 있는데 절제가 잘 안 되고 좌충우돌하여 주위 사람을 난처하게 만드는 덕이 없는 사람이 이러한 부류의 사람이라고 볼 수 있습니다. 무게감이 없는 사람은 죽어서도 수라나 새의 무리가 된다고 하니 심각하게 생각해야 할 인격적인 결함입니다.

다섯, 가장 좋은 기운은 삼대력을 고루 갖춘 기운.

"수도인이 마음을 깨쳐 알고 안 뒤에는 맑게 키우고 사와 정을 구분하여 행을 바르게 하면 마침내 영단을 이루어 육도의 수레바퀴에 휩쓸리지 아니하고 몸 받는 것을 마음대로 하며, 색신을 벗어나서 영단만으로 허공 법계에 주유周遊하면서 수양에만 전공하는 능력도 갖추느니라."

가장 좋은 인격은 수양 공부를 잘하여 무게감도 있고, 연구 공부를 잘하여 지혜도 있고, 계문 잘 지키고 실천력이 있어 끊고 맺음이 깔끔한 사람입니다. 다른 말로 말하자면 수양력·연구력·취사력을 고루 갖춘 원만한 인격자를 말하는 것입니다.

《정산종사법어》 원리편 13장에 "우주만유가 영靈과 기氣와 질質로써 구성이 되어 있으며, 기는 만유의 생기로서 그 개체를 생동케 하는 힘."이라고 하였습니다.

맹자께서는 호연지기浩然之氣라고 했는데 '크고 넓은 기를 기른다.'는 호연지기란 말은 우리의 본래 마음인 참 마음으로 참된 우주의 원기를 기르자는 말입니다.

이 두 분이 말씀하신 기의 원리로 보면 우주 만물이 모두 기를 가지고 있으며, 특히 사람은 마음공부로 익혀온 능력에 따라서 호연지기로 모든 기를 운용할 능력을 갖추고 있습니다. 그래서 사람을 만물의 영장이라고 하는 것입니다.

나쁜 마음을 가지면 나쁜 기운이 모여서 나쁜 일이 생기는 것이고, 좋은 마음을 가지면 좋은 기운이 모여 좋은 일이 생기는 것입니다. 그러므로 우리는 참 마음으로 호연지기 하여 우주의 참된 원기를 길러야 우주의 주인으로 살 수 있고 자신 천도를 마칠 수 있습니다.

좋은 기운 갖추는 공부

하나, 마음을 깨치는 공부(연구)

연구를 통해서 근본 마음을 깨치는 견성을 해야 하는데 견성은 마음공부의 끝이 아니라 마음공부의 시작입니다.

견성하기 전까지는 바른 공부가 아니라 대치 공부입니다. 대치 공부는 직접 안 되니까 다른 것으로 대신하는 공부입니다. 예를 들면 우울함을 달래기 위해서 노래를 부르거나 등산을 하는 등 다른 취미생활로 우울함을 달래는 것입니다.

그러나 견성을 하면 바른 공부법을 알기 때문에 대치 공부가 필요 없게 됩니다. 그러므로 마음공부를 잘하기 위해서는 본래 마음을 확실하게 알아야 하고, 끊임없는 연구 공부를 통해 성품에 대한 깨달음을 얻어야 합니다. 지속적인 연구를 통해서 깨달음을 얻게 되는 것입니다.

둘, 마음을 맑게 키우는 공부(수양)

요란하지도 어리석지도 그르지도 않은 본래 마음을 확실하게 알았으면 경우에 맞게 그 참마음을 그대로 사용하면 되는데 그게 안 됩니다.

어린아이가 어른이 되어야 자력이 생기듯이 견성을 하였어도 힘이 없으므로 자유자재로 쓸 수 있는 자력을 기르는 수양, 연구, 취사의 삼학공부를 오래오래 계속해야 합니다. 수양 중심의 삼학공부로 본래 마음 키우는 공부를 오래오래 계속해야 정신의 자력이 커집니다.

셋, 삿되고 바른 것을 구분하여 바르게 실천하는 공부(취사)

결국 모든 공부는 때와 장소에 맞게 불공을 잘하자는 것이며 불공은 은혜를 생산하기 위한 육근 동작입니다. 수양과 연구는 결국 옳은 일 실천하는 취사력을 길러 불공을 잘하자는 것입니다.

고통을 받는 원인은 그른 줄 알면서 그치지 못하고 좋은 줄 알면서도 실천하지 못한대서 생기는 문제입니다. 옳은 일을 실천하고 그른 일을 그치는 것을 죽기로써 실천하는 반복 훈련으로 실천력을 기르는 공부를 저절로 될 때까지 하자는 것입니다.

우주의 기운은 내 마음에 모이고 그 기운은 내 마음먹기에 따라서 좌우됩니다. 그러므로 참된 마음을 알고, 참된 마음을 기르고, 참된 마음을 사용하는 마음공부로 호연지기를 기르며 우주의 주인으로 살자는 것입니다.

지극한 정성으로
수도한 힘

대종사 말씀하시기를 「정성과 정성을 다하여 항상 심지가 요란하지 않게 하며, 항상 심지가 어리석지 않게 하며, 항상 심지가 그르지 않게 하고 보면 그 힘으로 지옥 중생이라도 천도할 능력이 생기나니, 부처님의 정법에 한 번 인연을 맺어 주는 것만 하여도 영겁을 통하여 성불할 좋은 종자가 되나니라.」　**(대종경 천도품 27장)**

신라 진덕여왕 때 경주 남내 항아마을[남천 옆 향교가 있는 곳] 진씨가에 광세라고 하는 아들이 있었습니다. 광세는 다섯 살에 불국사를 찾아가 원정 선사를 스승으로 출가를 했는데, 법명은 부설로 일곱 살에 현묘한 이치를 통달하였다고 전합니다.

부설은 불국사를 떠나 사방으로 원로스님들을 참방하기로 하고 영조, 영희와 함께 벗으로 삼아 길을 떠났는데, 두류산[지리산]과 천관사와 능가산[변산] 등에서 10년 동안 수도를 하다가 문수보살 도량인 오대산을 참배하기 위해 북으로 향해 가는 길에 두릉[만경의 옛 이름 = 김제시 성덕면 고현리] 백련지 옆 '구무원'이라는 청신도[남자교도]집에 묵게 되었습니다.

구무원 노인은 신심이 깊은 거사로 본래부터 청허한 도리를 숭상하여 매우 간절하게 도를 구하고 있었습니다. 노인은 그들을 상좌로 모시고 극진한 예를 다하였으며 밤이 새도록 이야기를 나누었습니다. 그리고 다음 날 길을 나서려 했지만 새벽부터 봄비가 많이 내려 하는 수 없이 얼마간을 더 머물게 되었습니다.

노인에게는 묘화라는 딸이 하나 있었는데 미인인 데다가 재주가 뛰어나서 당대에 어디에도 견줄만한 사람이 없었습니다. 그런데 묘화는 첫날부터 부설의 법설을 듣고 문득 이별의 슬픔에 복받쳐 울음을 그치지 못했습니다. 그리고 부설의 곁에서 조금도 떨어지지 않고 부설을 맹세코 따라다니기로 하며, 영원히 부부가 되면 죽어도 여한이 없겠지만 만일 버림을 당하면 목숨을 끊겠다고 다짐을 하였습니다.

노인도 딸의 심경을 불쌍히 여겨 부설에게 머리를 조아리고 "오직 원하옵건대 제 딸을 버리지 마시옵고 제도하여 주소서." 하고 낮이나 밤이나 간청을 했으나 부설의 뜻을 굽히지 못했습니다. 그런데 부설이 생각을 해보니 보살의 자비를 생각할 때에 죽음을 불고한 여인의 한마디 맹서의 말을 거절하는 것도 옳지 않았습니다.

결국, 영희와 영조 두 스님은 오대산으로 떠났고, 묘화와 결혼한 부설은 남아서 재가 수도를 하였습니다.

부설 거사는 묘화와의 사이에서 아들 등운과 딸 월명 남매를 낳았습니다. 그리고 교육과 세상사는 모두 묘화에게 맡기고 따로 초당을 마련하여 그곳에서 걷지 못한다고 칭병을 하고 오직 수도 정진에 매진하였습니다.

10년을 기약하고 수도 정진한 지 5년이 되던 해에 빛나는 별처럼 밝게 통하였고, 보림하여 거듭 지혜를 밝혀가기를 계속하여 오묘한 경지에 올라 밝게 깨치게 되었습니다.

한편 지난날에 함께 수도하던 영희, 영조 두 스님은 도를 구하고 명산을 두루 유람한 후 옛 도반 부설 거사를 찾아왔습니다. 부설 거사는 그동안 거짓 환자로 지내던 것을 떨쳐버리고 일어나서 영희와 영조를 반가이 맞아 그동안 쌓인 회포를 풀었습니다.

부설 거사는 자녀들에게 "세 개의 병에 물을 담아서 오너라. 공부가 얼마나 익었는지 시험해 보리라." 하고 일렀습니다. 곧 가져온 물병 세 개를 들보에 매달고 각각 자기 물병에 집중하고 일심을 모은 뒤 망치로 그 병을 차례로 깨뜨리게 하였습니다.

영희, 영조, 부설의 물병을 차례로 깨뜨리니 영희와 영조의 물병에서는 물이 쏟아졌는데 부설 거사의 물병은 물이 그대로 매달려 있었습니다. 재가 수도한 부설 거사가 출가 수도한 그들보다 도가 더 높았던 것이었습니다. [부설, 묘화, 등운, 월명, 모두 성도하여 한 가정에 네 성인이 나왔다]

예화에서와같이 마음공부는 장소나 세월이나 출가나 재가의 형식이 아니라 얼마나 정성으로 마음공부를 했느냐에 따라 실력이 좌우되는 것입니다.

천도품 27장 요점 정리

하나, 정성으로 심지가 요란하지도 어리석지도 그르지도 않게 한다.
"정성과 정성을 다하여 항상 심지가 요란하지 않게 하며, 항상 심지가 어리석지 않게 하며, 항상 심지가 그르지 않게 하고 보면"
일상생활에서 마음을 요란하지도 어리석지도 그르지도 않게 쓰는 공부를 정성과 정성을 다해서 해야 한다는 것입니다.

둘, 정성으로 쌓은 삼대력은 지옥 중생도 제도한다.
"그 힘으로 지옥 중생이라도 천도할 능력이 생기나니"
일상생활에서 정성과 정성으로 쌓은 힘은 지옥 중생도 천도할 수 있는 능력이 생긴다는 말씀입니다.

셋, 정법에 인연을 맺어주는 것이 영겁에 성불할 종자가 된다.

"부처님의 정법에 한 번 인연을 맺어 주는 것만 하여도 영겁을 통하여 성불할 좋은 종자가 되나니라."

입교가 되었든지 천도재가 되었든지 일원대도에 인연을 맺어주는 것만 해도 영겁을 통해서 성불할 좋은 종자가 된다는 것입니다.

천도의 공부

하나, 정성과 정성으로 마음공부 한다.

마음은 흔적은 있지만 보이지 않기 때문에 정성으로 마음공부를 하지 않으면 자기 양심도 지키지 못할 뿐만 아니라 악의 유혹에 빠질 가능성이 많습니다. 정성과 정성을 다하지 않으면 욕심, 성냄, 어리석음의 노예가 될 가능성이 많기 때문에, 경계를 당할 때마다 마음을 챙겨서 요란하지도 어리석지도 그르지도 않게 사용하는 마음공부에 힘쓰자는 것입니다.

둘, 삼학병진을 한다.

요란하지 않게 하는 공부는 정신수양 공부이고, 어리석지 않게 하는 공부는 사리연구 공부이고, 그르지 않게 하는 공부는 작업취사 공부입니다. 이 세 가지 공부는 능력을 기를 때는 세 가지가 각각 다르지만, 경계를 당해서 쓸 때는 하나이므로 삼학병진을 하자는 것입니다.

이 삼학병진 공부는 일이 있을 때 하는 공부와 일 없을 때 하는 공부가 다릅니다. 일 있을 때 하는 공부는, 경계를 당해서 요란하지 않은 안정된 마음을 챙기면, 마음 가운데 밝은 지혜가 솟아나서 어리석지 않은 판단을 하게 되며, 그 바른 판단으로 옳은 일은 실천을 하고 그른 일은 그치는 것입니다. 그러므로 옳은 행동을 하기 위해서는 마음이 요란하지도 어리석지도 그르지도 않아야 하는 것입니다.

일 없을 때 하는 공부는, 수양의 마음, 연구의 마음, 취사의 마음 가운데 부족함을 찾아서 때와 장소에 맞게 보충하는 공부를 하는 것입니다. 상시일기로 대조하면서 안정이 잘 안 되는 사람은 수양공부를 많이 하고, 사리 판단이 어두운 사람은 연구공부를 많이 하고, 결단과 실천이 잘 안 되는 사람은 계문 지키는 훈련과 취사 실천 훈련을 많이 해야 합니다.

세세한 훈련과목은 정전 수행편 2장 정기훈련과 상시훈련 과목에 밝혀주셨기 때문에 자기가 원하는 과목을 찾아서 공부하면 됩니다. 그런데 우리가 잊어서는 안 될 세 가지 공부는 사진 찍을 때 사용하는 삼각대처럼 균형 있게 단련해야 경계를 당해서 요란하지도 어리석지도 그리지도 않게 잘 사용할 수 있다는 것입니다. 그러므로 반드시 삼학을 병진하는 마음공부를 해야 합니다.

셋, 정법에 인연을 맺어준다.

우리가 삼학공부를 하는 것은 결국 교화를 잘하자는 것입니다. 사람을 교화하는 것도 중요하지만 천도재를 통해 죽은 사람을 교화하는 것도 매우 중요합니다.

육근동작을 할 때 마음을 챙기고 정성과 정성을 다해서 요란하지도 어리석지도 그르지도 않게 마음을 써야 합니다. 당하는 곳마다 정의가 실천되고 불의는 버리는 바른 육근동작을 하면 가는 곳마다 감동의 교화가 펼쳐질 것입니다.

아직 원만한 공부에 미숙한 우리도 정성으로 마음공부를 하면서 현실적으로 당하는 인연들에게 원불교에 안내하고 연원도 걸고 천도재도 권해서 일원대도에 인연을 걸어주면 그 종자가 언젠가는 싹이 돋아 잎이 피고 꽃이 피고 열매를 맺는 성불의 종자가 될 것입니다. 그러므로 자신의 마음공부를 정성과 정성으로 하여 지옥 중생이라도 건질 힘을 기르며 연원 교화, 천도 교화에도 정성을 다하자는 것입니다. 그러면 인연과보에 따라서 세세생생 거래 간에 혹 내가 악도에 떨어진 경우라도 그 인연 공덕으로 선도에 돌아올 수 있습니다.

일상생활을 정성과 정성으로 마음을 요란하지도 않게 하고, 마음을 어리석지도 않게 하며, 마음을 그르지도 않게 사용하는 마음공부를 지성으로 해서 지옥 중생이라도 천도할 힘을 기르자는 것입니다. 또한, 주변의 모든 인연들에게도 일원대도로 인도하여 세세생생 이 법으로 천도와 제도를 받게 해 주고, 그 인연공덕으로 우리도 일원대도로 인도를 받아서 천도와 제도를 받자는 것입니다.

다시 한번 말씀 드리고 싶은 것은 정성과 정성을 다해서 마음 공부 하고 정성과 정성을 다 해서 교화를 하자는 것입니다. 그래야 삼세 인연과보에 따라 나도 세세생생 이 법연을 이어갈 수 있기 때문입니다. 정성과 정성으로 공부하여 일원대도로 자기 천도는 자기 스스로 마칩시다.

업보 멸도의 길

김광선이 열반하매 대종사 눈물을 흘리시며, 대중에게 말씀하시기를 「팔산八山으로 말하면 이십여 년 동안 고락을 같이하는 가운데 말할 수 없는 정이 들었는지라 법신은 비록 생·멸·성·쇠가 없다 하나, 색신은 이제 또다시 그 얼굴로 대하지 못하게 되었으니 그 어찌 섭섭하지 아니하리오. 내 이제 팔산의 영을 위하여 생사 거래와 업보 멸도滅度에 대한 법을 설하리니 그대들은 팔산을 위로하는 마음으로 이 법을 더욱 잘 들어라. 그대들이 이 말을 듣고 깨달음이 있다면 그대들에게 이익이 있을 뿐 아니라 팔산에게도 또한 이익이 되리라. 과거 부처님 말씀에 생멸 거래가 없는 큰 도를 얻어 수행하면 다생의 업보가 멸도된다 하셨나니, 그 업보를 멸도시키는 방법은 이러 하나니라. 누가 나에게 고통과 손해를 끼쳐 주는 일이 있거든 그 사람을 속 깊이 원망하거나 미워하지 말고 과거의 빚을 갚은 것으로 알아 안심하며 또한 그에 대항하지 마라. 이편에서 갚을 차례에 져 버리면 그 업보는 쉬어버리느니라. 또는 생사 거래와 고락이 구공한 자리를 알아서 마음이 그 자리에 그치게 하라. 거기에는 생사도 없고 업보도 없나니, 이 지경에 이르면 생사 업보가 완전히 멸도되었다 하리라.」

(대종경 천도품 28장)

대종사님 당시 제자 중에 지환선이라는 분이 있었습니다. 지환선 교도는 서울교당 교도로 부잣집 외동딸이었습니다. 아들이 없었던 아버지는 길거리를 떠돌던 남자아이 한 명을 데려다 가르쳤습니다. 그런데 이 아이가 공부를 잘했으므로 아버지는 지환선 씨와 결혼도 시키고 일본 유학까지 보냈습니다. 그런데 이 사람이 일본 유학을 다녀오면서 다른 여자를 만나 결혼을 해서 돌아왔습니다.

친정에서 돈을 대서 가르쳐놨더니 다른 여자와 살림을 차려서 돌아왔으니 지환선 교도 입장에서는 환장할 노릇이었습니다. 남자는 당시 평양에서 검사 노릇을 하고 있었는데, 지환선 교도는 석 달에 한 번씩 몽둥이를 들고 올라가 살림을 다 때려 부수고 돌아오곤 했습니다. 그러면 이 남편과 작은 부인은 아무 말도 없이 자리를 피할 뿐 아예 상대해 주지 않았습니다. 상대해 주지 않으니 더 울화통이 터졌고 마침내 화병이 났습니다.

그러던 지환선 교도가 서울에서 대종사님 만나 총부에서 3개월간 마음공부 훈련을 받았습니다. 대종사님께서 지환선 교도에게 "우리에게는 타자녀 교육이 있다. 남도 가르칠 판에 남편 가르친 것이 그렇게 억울하냐? 너는 그 남편이 작은 마누라 데리고 오는 바람에 원불교에 와서 공부하여 부처가 되게 생겼으니 얼마나 큰 복이냐!" 하는 법문을 해주셨다고 합니다. 지환선 교도는 그 법문을 받들고 그 자리에서 마음을 돌렸습니다.

이렇게 마음을 돌리는 것이 악업을 그치고 악업을 푸는 방법입니다. 대종사님을 모시고 3개월 마음공부 훈련을 받으면서 마음을 돌린 지환선 교도가 방글방글 웃으면서 다시 평양을 찾아갔습니다. 지환선 교도가 몽둥이도 들지 않고 웃으며 나타났지만, 남편과 작은 부인은 또 무슨 야단을 칠지 몰라 자리를 피하려고 했습니다.

그런데 지환선 교도가 웃으면서 그 두 사람을 잡아 앉히고서는 "내가 살아계시는 부처님한테 법설을 들으니까, 남도 가르치는데 자기 남편 공부시킨 것이 무엇이 그렇게 장하다고 날마다 가서 두드려 부수느냐 하고 말씀을 하시더라. 그래서 내가 마음을 돌렸으니 이제는 내 걱정하지 말고 앞으로 너희끼리 잘 살아라. 이 말 전해주려고 왔다. 나는 공부하러 간다." 하고는 총부로 돌아왔다고 합니다.

이렇게 지환선 교도는 대종사님 마음공부로 악업의 고리를 끊었습니다.

천도품 28장 요점 정리

하나, 정든 사람이 떠나면 섭섭한 것.

"팔산八山으로 말하면 20여 년 동안 고락을 같이하는 가운데 말할 수 없는 정이 들었는지라, 법신은 비록 생멸 성쇠가 없다 하나 색신은 이제 또다시 그 얼굴로 대하지 못하게 되었으니, 그 어찌 섭섭하지 아니하리오. 내 이제 팔산의 영을 위하여 생사 거래와 업보 멸도滅度에 대한 법을 설하리니 그대들은 팔산을 위로하는 마음으로 이 법을 더욱 잘 들어라."

대종사님께서 대각하시기 전부터 음으로 양으로 도와주던 팔산이 열반에 들게 되니 인간적으로 섭섭하신 감정을 표현하신 것입니다.

둘, 열반인을 위한 법문과 공덕.

"그대들이 이 말을 듣고 깨달음이 있다면 그대들에게 이익이 있을 뿐 아니라 팔산에게도 또한 이익이 되리라."

천도재에 참석해서 법설을 들어 깨달음이 있다면 법설을 들은 본인에게도 이익이지만 돌아가신 고인에게도 그 공덕이 돌아간다는 말씀입니다.

셋, 업보를 멸도 시키는 방법입니다.

"과거 부처님 말씀에 생멸 거래가 없는 큰 도를 얻어 수행하면 다생의 업보가 멸도 된다 하셨나니 그 업보를 멸도 시키는 방법은 이러 하나니라."

첫째, 갚을 차례에 참아라

"누가 나에게 고통과 손해를 끼쳐 주는 일이 있거든 그 사람을 속 깊이 원망하거나 미워하지 말고 과거의 빚을 갚은 것으로 알아 안심하며 또한 그에 대항하지 마라. 이편에서 갚을 차례에 져 버리면 그 업보는 쉬어버리느니라."

당하고는 못살아! 하며 반드시 갚아줘야 한다는 복수심이 강한 사람들이 있습니다. 속된 말로 화끈한 성격이라며 좋게 생각하는 사람들도 있으나 인과의 이치로 본다면 그것은 좋은 성격이 아니라 재앙을 불러오는 화근입니다. 악업을 멈추기 위해서는 부족한 듯 내가 갚을 차례에 쉬어야 그 업을 멈출 수 있습니다.

둘째, 생사와 고락이 다 빈자리에 그치라

"또는 생사 거래와 고락이 구공한 자리를 알아서 마음이 그 자리에 그치게 하라. 거기에는 생사도 없고 업보도 없나니, 이 지경에 이르면 생사 업보가 완전히 멸도 되었다 하리라."

우리의 본래 마음자리에 마음을 쉬라는 말씀입니다. 천도 법문에서도 밝혀주신 바와 같이 우리의 성품 자리에서는 생사도 없고 없다는 것도 없고 없다 하는 말도 없는 것이라고 하였습니다. 세상만사 시시비비 하며 고통을 스스로 불러들이지 말고, 그 없는 자리에 마음을 주하여 현실을 행복하게 살고, 그 행복한 마음으로 자신 천도까지 해결하자는 것입니다.

업보를 멸도 시키는 공부

하나, 갚을 차례에 참아라.

"누가 나에게 고통과 손해를 끼쳐 주는 일이 있거든 그 사람을 속 깊이 원망하거나 미워하지 말고 과거의 빚을 갚은 것으로 알아 안심하며 또한 그에 대항하지 마라. 이편에서 갚을 차례에

져 버리면 그 업보는 쉬어버리느니라.”

갚을 차례에 참아버리면 모든 업이 쉬는 것이기 때문에 모든 수단 방법 총동원해서 참는 것이 나에게 이로운 것입니다.

참는다는 것은 능력이 없어서 참는 것이 아닙니다. 능력이 없을 때는 빚을 갚아야 할 때이므로 이때는 당연히 달게 받아야 합니다. 그러므로 참는다는 것은 나에게 권한과 기회와 능력이 주어진 상황에서 참는 것이 진정으로 참는 것입니다.

내가 원인도 모르고 능력도 부족하여 당할 때는 전생에 빚을 갚아야 하는 때라 여기고 원망이나 적대심 없이 감사한 마음으로 받아야 그 빚이 청산될 수 있습니다. 그러나 내게 권한과 기회와 능력이 있음에도 복수할 차례에 참아버리면 악연도 상생의 인연으로 바꿀 수 있습니다.

그러나 주의할 것은 능력도 없는 사람이 어리석게 아량이 많은 것처럼 상대에게 죄지을 기회를 만들어 주는 어리석음을 범해서는 안 됩니다. 갚을 차례에 참으라는 것은 참는다는 것과 의미가 다르므로 죽기로써 정의를 실천하고 불의를 그치면서 나에게 권한이 있을 때 현명한 판단으로 갚을 차례에 참는 것이어야 합니다.

둘, 생사와 고락이 다 빈자리에 그치라.

“또는 생사 거래와 고락이 구공한 자리를 알아서 마음이 그 자리에 그치게 하라. 거기에는 생사도 없고 업보도 없나니, 이 지경에 이르면 생사 업보가 완전히 멸도 되었다 하리라.”

마음공부를 많이 해서 성품 자리를 활용하여 사는 사람이 그 자리에 들어가 버리면 생사와 업보도 없는 것입니다. 돌아가신 분을 열반에 들었다 하는데 열반이란 말은 이 업보가 멸도 된 그 자리에 마음이 그치는 것입니다. 열반에 들 때 입정을 하듯 그 자리에 들어가면 참 열반이 되는 것입니다.

그 자리에 들어가기 위해서는 평상시에 참 열반의 자리에 들어가는 연습을 많이 해서 열반에 든 경험이 있어야 가능한 일입니다. 그러므로 평상시에 수양공부를 많이 해야 참 열반에 들 수 있습니다.

우리가 이기려고만 하고 복수하려고만 하는데 이런 마음은 품고 사는 것은 화약을 품에 안고 다니는 것과 다를 바 없습니다. 진정으로 나 자신을 위한다면 수단 방법 가리지 않고 이기려고만 하는 마음과 복수하려는 마음부터 버려야 합니다. 그것은 상대방을 위하여서가 아니라 나의 업장을 녹여내기 위한 것입니다.

이기려는 마음과 진급하는 향상심을 혼동해서는 안 됩니다. 이기려는 마음은 반드시 상대가 있고 적대감이 있는 것이고, 향상심은 이루고자 하는 목적에 방해되는 자기 자신의 욕심을 이기고 자기감정을 극복하는 것입니다.

이 세상에서 최고가 되는 것은 남을 이기려고만 해서 다 되는 것이 아니라 마지막에 자기 자신과 싸움에서 이겨야 하는 것입니다. 스포츠 선수가 도전 종목에서 최고가 되기 위해서는 자기 자신과 싸움에서 두려움과 이기려는 욕심을 버리고 빈 마음으로 최선을 다해야 하듯이 자기 자신과의 싸움에서 이겨야 최고의 실력을 발휘할 수 있는 것입니다.

이와 같이 열반 천도에 있어서도 상대심을 떠나고, 생사도 떠난 그 자리를 알고, 그 자리를 기르고, 그 자리를 활용하는 공부를 평상시에 해야 참 열반을 얻을 수 있습니다.

우리의 중생심을 본래 마음자리로 돌려서 생전에 업보를 멸도시키고 자신 천도를 마칩시다.

천도재의 효력

박제봉朴濟奉이 여쭙기를 "칠·칠 천도재薦度齋나 열반 기념의 재식을 올리는 것이 그 영에 대하여 어떠한 이 익이 있나이까." 대종사 말씀하시기를 「천지에는 묘하 게 서로 응하는 이치가 있나니, 사람이 땅에 곡식을 심 고 비료를 주면 땅도 무정한 것이요, 곡식도 무정한 것 이며, 비료도 또한 무정한 것이언마는, 그 곡출에 효과의 차를 내나니, 무정한 곡식도 그러하거든 하물며 최령한 사람이 어찌 정성에 감응이 없으리오. 모든 사람이 돌아 간 영을 위하여 일심으로 심고를 올리고 축원도 드리며 헌공도 하고 선지식의 설법도 한즉, 마음과 마음이 서로 통하고 기운과 기운이 서로 응하여, 바로 천도를 받을 수도 있고, 설사 악도에 떨어졌다 하더라도 차차 진급이 되는 수도 있으며, 또는 전생에 많은 빚을 지고 갔을지라도 헌공금獻貢金을 잘 활용하여 영위의 이름으로 공중 사업을 하여 주면 그 빚을 벗어 버리기도 하고 빚이 없는 사람은 무형한 가운데 복이 쌓이기도 하나니. 이 감응되는 이치를 다시 말하자면 전기와 전기가 서로 통하는 것과 같다 하리라.」 **(대종경 천도품 29장)**

해남교당에 다니는 남자 교도 한 분이 어느 여름날 가족을 데리고 대흥사 계곡을 찾아 즐거운 한때를 보냈습니다. 특히 삼남매 중 다섯 살짜리 막내아들의 재롱은 가족들을 더욱 즐겁게 하였습니다.

가족들이 대흥사 계곡에서 하루를 즐겁게 보내고 집에 돌아오는 길이었습니다. 교도님의 집은 해남읍에서 40리나 떨어진 시골이었기 때문에 읍내에서 차를 갈아타야 했습니다. 교도님은 군청에 볼일이 있어서 혼자 군청으로 가고 아내가 세 아이를 데리고 먼저 차 타는 곳으로 가게 되었습니다.

엄마는 양손에 물건을 무겁게 들고 있었기 때문에 아이들의 손을 잡아줄 수가 없었습니다. 엄마가 먼저 건널목을 건너기 시작했습니다. 차량 통행이 잦은 신호등 없는 건널목이었는데 엄마가 짐을 땅에 놓고 따라오는 아이들을 뒤돌아보니 트럭이 달려오고 있는데 건너편에서 막내아들이 막 길을 건너기 시작했습니다. 엄마는 오지 말고 서 있으라고 소리쳤지만, 막내아들은 빨리 오라는 손짓으로 알아들었는지 어머니를 향하여 뛰어오다가 그만 차에 치여 즉사를 하고 말았습니다.

어머니가 당하는 슬픔은 너무나 컸습니다. 교무님의 위로를 받으며 장례 치르고 7·7 천도재를 지내게 되었습니다. 그런데 재를 지내는 중간에 아이가 돌아오는 꿈을 꾸었습니다. 아마 어린 영이 어머니를 따라다니는지도 모를 일입니다.

아이의 보상금으로 1천만 원이 나왔는데 교도님께서는 아이가 죽은 건널목 신호등을 세우고 원불교 공도 사업에 사용하자고 했으나, 원불교에 별로 신심이 없었던 아내와 가족들이 반대하여 뜻대로 하지를 못했습니다.

종재는 총부에서 법사님을 초빙해서 지내게 되었습니다. 교도님께서는 신심이 깊었기 때문에 재를 지내면서 아이가 순수한 상태로 죽었고 부부가 아직 젊으니까 다시 자기 아들로 오게 해야겠다는 생각을 하고 총부에서 오신 법사님께 간절히 청원하였습니다.

그 말을 들으신 법사님은 함께 노력해 보자고 하면서 계행을 청정히 하면서 100일 기도를 하라고 하였습니다. 그런데 교도님께서는 열심히 기도하던 도중 잠깐의 방심으로 그만 계문을 어긴 일이 있었습니다. 그런데 공교롭게 어떤 사건에 휘말려서 억울하게 범법자의 누명을 쓰고 지방법원과 광주고법까지 가서 재판하며 감옥살이를 하게 되었습니다.

교도님께서는 하루도 빠지지 않고 정성스럽게 기도를 계속했는데 백 일째 되는 날 무혐의로 사건이 해결되었고 그때까지 변호사를 사서 쓴 돈이 정확하게 1천만 원이었습니다. 그리고 교도님께서 교도소에서 집에 돌아와 잠을 자는데 꿈에 법사님이 막내아들의 손을 잡고 데려와서 내가 할 일은 다 했다면서 건네주는 것이었습니다.

그 뒤에 바로 아내가 태기가 있어서 열 달이 지나 아들을 낳았습니다. 아이 이름을 영원이라고 지었습니다. 그런데 그 아이 모습이 죽은 막내아들과 똑같았으며 하는 행동이나 생각까지도 같았습니다.

천지에 아는 식이 있다고 대종경 변의품 1장에 밝혀주신 바와 같이 개령을 가진 만물의 영장인 사람은 천지의 서로 응하는 이치 따라 공들인 만큼 소소영령하게 확실한 효과가 있다고 하였습니다. 가족들과 교무가 정성을 다하여 고인을 위해 천도재를 지내 주어야 확실한 천도를 받을 수 있습니다.

천도품 29장 요점 정리

하나, 천지는 묘하게 서로 응하는 이치가 있다.

"천지는 묘하게 서로 응하는 이치가 있나니, 사람이 땅에 곡식을 심고 비료를 주면 땅도 무정한 것이요, 곡식도 무정한 것이며, 비료도 또한 무정한 것 이언마는, 그 곡출에 효과의 차를 내나니"

우리가 무선전화를 하고 텔레비전을 보고 무선인터넷을 사용하는 것은 우주에 서로 통하고 응하는 이치가 있기 때문입니다. 이 응하는 이치 따라서 식물이 거름을 주면 효과가 나타나듯이 영가를 위해서 정성을 올린 만큼 천도재의 효과도 나타납니다.

둘, 최령한 사람은 정성의 효과가 확실하다.

"무정한 곡식도 그러하거든 하물며 최령한 사람이 어찌 정성에 감응이 없으리오."

이 세상에 서로 응하는 이치 따라서 식물도 거름에 소소영령하게 감응하는 것이며, 최령한 사람은 말할 필요도 없이 정성을 들이면 들인 만큼 확실한 감응이 있는 것입니다.

셋, 천도재 정성의 방법과 천도 효과입니다.

"모든 사람이 돌아간 영을 위하여 일심으로 심고를 올리고 축원을 드리며 헌공도 하고 선지식의 설법도 한즉"

고인을 위해서 가장 효과 있는 방법으로 네 가지를 일러주셨습니다.

첫째는 심고로 일심으로 심고 올리면 그 일심이 바로 영가에게 전달되게 됩니다. 빌어줄 때 식순에 따라서 마지못해 하는 것은 별 효과가 없고 일심 정성으로 빌어줘야 효과가 있습니다.

둘째는 축원으로 교무와 교도와 가족이 할 수 있는 축원 정성입니다. 가족들께서도 정성을 다해 축원해야 하고 교무도 정성을 다해 축원해야 고인이 완전한 천도를 받을 수 있습니다.

셋째는 헌공으로 가족들이 할 수 있는 정성입니다. 헌공은 고인에게 빚이 갚아지고 복이 쌓이는 것입니다.

저희 어머님 장례 때 2천여만 원이 들어왔는데 그 돈은 우리가 번 돈이 아니므로 필요한 경비만 쓰고 나머지는 원불교 각종 공익사업에 나누어 헌공을 했습니다.

넷째는 설법으로 설법은 법력과 정성이기 때문에 유명인이 아니라도 법력을 갖춘 법사가 설법하는 것이 효과가 큽니다.

네 가지로 정성 들인 효과는 첫째는 마음과 마음이 서로 통하고 기운과 기운이 서로 응하여 바로 천도를 받을 수도 있고, 둘째는 설사 악도에 떨어졌다 하더라도 차차 진급되는 수도 있으며, 셋째는 전생에 많은 빚을 지고 갔을지라도 헌공금獻貢金을 잘 활용하여 영위의 이름으로 공중 사업을 하여 주면 그 빚을 벗어 버리기도 하고, 넷째는 빚이 없는 사람은 무형한 가운데 복이 쌓이기도 한다고 했습니다.

넷, 감응되는 이치입니다.

"이 감응되는 이치를 다시 말하자면 전기와 전기가 서로 통하는 것과 같다 하리라."

이와 같이 천도재 효과는 전기와 전기가 서로 통하는 것과 같습니다. 교무와 가족들이 고인을 위해서 정성을 들인 만큼 효과가 나타날 것입니다.

정리해서 말씀드리자면, 가족이나 교무가 영가를 위해서 정성을 다해서 기원하고 축원을 하고 설법을 해드리는 한편 가족이 정성을 다해서 헌공을 하고, 천도재 동안 계문을 지키며 축원 정성을 모아야 천도재 효력이 크게 나타납니다.

천도재의 효과

한 제자 여쭙기를 "예로부터 자녀나 친척이나 동지된 사
람이 자기 관계인의 영을 위하여 혹 불전에 헌공도 하
고 선지식을 청하여 설법과 송경도 하게 하옵는바 그
에 따라 어떠한 효과가 나타나오며 그 정성과 도력의 차
등에 따라 그 효과에 어떠한 차이가 있사오리까." 대종
사 말씀하시기를 「영을 위하여 축원을 올리고 헌공을 하
는 것은 그 정성을 표함이니, 지성이면 감천으로 그 정
성의 등급을 따라 축원한 바 효과가 나타나게 되는 것이
며, 또는 설법을 하여 주고 송경을 하여 주는 것도 당시
선지식의 도력에 따라 그 위력이 나타나는 것이니, 혹은
과거에 지은 악업을 다 받은 후에야 자기도 모르는 가운
데 선도에 돌아오기도 하며, 혹은 모든 업장을 벗어나서

바로 선도에 돌아오기도 하며, 혹은 앞길 미한 중음계에서 후생 길을 찾지 못하다가 다시 찾아가기도 하며, 혹은 잠깐 착에 걸려 있다가 그 착심을 놓아 버리고 천상인간에 자유 하여 복락 수용을 하는 수도 있으나, 만일 자녀의 정성이 특별하지 못하고 선지식의 도력이 부족하다면 그 영근靈根에 별스러운 효과를 주지 못하게 되나니, 어찌하여 그런고 하면 지극한 정성이 아니면 참된 위력이 나타나지 아니하는 것이, 비하건대 농부가 농사를 지을 때 그 정성과 역량을 다 들이지 아니하면 곡출이 적은 것과 서로 같으니라.」 **(대종경 천도품 30장)**

전북교구 칠보교당 임제홍 씨 부부는 원기 87년 칠보로 이사를 오면서 원불교를 알게 되었고 입교를 하였습니다. 그런데 임제홍 교도는 한 차례 저승을 다녀온 일이 있었습니다.

회갑 기념으로 중국을 다녀온 임제홍 교도가 원인 모를 질병을 얻은 것은 2005년 3월, 중국여행을 다녀와 인천공항에 도착하자마자 오한이 나더니 끝내 의식을 잃고 말았습니다.

곧장 전북대 병원 응급실로 옮겨 검사를 의뢰했지만, 병원 측의 반응은 냉담했고 포기하라는 말 한마디뿐이었습니다. 가족들은 주위의 만류를 뿌리치고 서울 삼성병원으로 옮겨 진찰했지만 역시 가망이 없다는 사실만을 재차 확인했습니다. 그러나 아내인 김귀원 교도의 애원으로 담당 의사는 마지못해 며칠간의 여유를 가져 보자는 이야기를 했습니다.

아내 김귀원 교도는 이때부터 마음을 비운 채 법신불 사은님만을 부르고 또 부르며 기도했습니다. 밤낮으로 너무나도 처절한 기도였고, 절박한 기도였고, 법신불 사은님께 매달리는 기도였습니다.

그런데 의식을 잃은 나흘 동안 임제홍 교도의 영혼은 어디로 갔던 것이었을까요?

임제홍 교도는 저승길에 지옥문을 들어가서 사흘간 지옥고를 치르고 있었습니다. 그리고 4일째 되던 날 더욱 무서운 지옥문에 들어서려는 순간 당시 칠보교당 교무님이셨던 황연호 교무님이 눈앞에 나타났습니다.

황연호 교무님께서는 임제홍 교도를 가리키며 "이 사람은 할 일이 많아서 아직 데려갈 사람이 아닙니다. 아들딸 하나도 결혼을 못 시키고 집안에 큰일도 많은데, 왜 벌써 데려가려고 하십니까?' 하며 항의를 하고 계셨습니다.

교무님께서는 땀을 뻘뻘 흘리면서 "임제홍 교도님은 내가 책임을 지고 공부를 시킬 것이니 데리고 가지 마세요."하며 저승사자들에게 싸우다시피 소리를 쳤습니다. 그러자 저승사자들은 "교무님한테는 못 당하겠네요. 앞으로 10년 여유를 줄 테니 그때 다시 봅시다." 하며 돌아갔습니다.

그리고 임제홍 교도는 4일 만에 의식을 되찾았습니다. 가족들은 기쁘고 놀라서 칠보교당으로 전화를 드렸는데 칠보교당 황교무와 교도들은 이미 저승 사건을 알고 있었습니다.

새벽기도를 마친 용타원 황연호 교무님은 "어젯밤 꿈에 저승에서 임제홍 교도를 저승사람들에게 큰소리쳐서 데리고 나왔습니다." 하며 데리고 나온 과정을 소상하게 이야기를 하고 있는데, 서울 삼성병원에서 김귀원 교도가 칠보교당으로 전화를 한 것이었습니다. 서울에서 온 전화도 "교무님이 남편을 지옥에서 구해 내어서 지금 환자가 깨어났다."는 것이었습니다.

임 교도가 쓰러진 날부터 칠보교당에서는 황 교무와 교도 20여 명이 새벽마다 계속 기도를 해오고 있었습니다. 교도들과 주민들은 병원에서는 포기한 임제홍 교도를 황연호 교무님이 지옥에서 빼내 오셨던 것을 소상히 잘 기억하고 있었고, 그 일로 인해서 칠보 교화 발전의 큰 계기를 가져오게 되었다고 합니다.

재를 지내 천도를 받는 것이나 기도를 하여 천도와 제도를 받는 것이나 같은 원리입니다. 지성이면 감천이라고 지극 정성으로 천도재나 기도를 올리면 그 기운이 허공법계에 미쳐서 감응이 나타나는 것입니다.

천도품 30장 요점 정리

하나, 천도재의 효과가 어떻게 나타납니까?

"예로부터 자녀나 친척이나 동지 된 사람이 자기 관계인의 영을 위하여 혹 불전에 헌공도 하고 선지식을 청하여 설법과 송경도 하게 하옵는바, 그에 따라 어떠한 효과가 나타나오며, 그 정성과 도력의 차등에 따라 그 효과에 어떠한 차이가 있사오리까."

둘, 재는 정성의 표현이다.

"영을 위하여 축원을 올리고 헌공을 하는 것은 그 정성을 표함이니"

재를 지내는 기본은 정성이므로 정성을 다해 재를 지내야 합니다. 지성이면 감천으로 그 정성의 등급을 따라 축원한바 효과가 나타나게 되는 것이며, 설법하여 주고 송경을 하여 주는 것도 당시 선지식의 도력에 따라 그 위력이 나타나게 되므로 모든 정성을 다 기울여야 합니다.

어느 종교에서는 엄청난 인적 물적 장엄을 하며 거액의 재비가 필요하다는 말들이 있지만, 원불교에서는 최선을 다하는 정성의 표현으로 형편에 맞게 하라고 합니다. 단, 인색한 마음으

로 재비를 줄이는 것은 가족이나 영가나 좋지 않은 결과가 나올
수 있다고 합니다.

셋, 천도재의 효과.

첫째, 자기도 모르게 선도에 돌아온다.

과거에 지은 악업을 다 받은 후에야 자기도 모르는 가운데 선
도에 돌아오기도 한다고 했습니다. 업력이 무거운 열반인은 그
업을 다 받은 뒤에 선도에 돌아온다는 것입니다. 그 업력을 가
볍게 해주는 것이 물질 정성으로 빚을 갚아주고, 설법과 독경
정성으로 무명의 업력을 녹여 주는 것입니다.

둘째, 업장을 벗어나서 선도에 돌아온다.

혹은 모든 업장을 벗어나서 바로 선도에 돌아오기도 한다고
했습니다. 업력이 가벼운 경우는 바로 업장을 벗어나서 선도에
돌아오는 것입니다.

셋째, 길을 찾는다.

앞길 미한 중음계에서 후생 길을 찾지 못하다가 다시 찾아가
기도 한다고 했습니다. 무명의 업력으로 영가가 가야 할 바른길
을 찾지 못할 때, 설법과 독경으로 바른길을 찾을 수 있게 해주
는 것입니다.

넷째, 집착에서 벗어난다.

잠깐 착에 걸려 있다가 그 착심을 놓아 버리고 천상 인간에 자
유하여 복락 수용을 하는 수도 있다고 했습니다. 영가가 집착에
걸려 있다가도 천도재의 정성으로 그 집착에서 벗어나 선도 수

생을 하게 된다는 것입니다.

넷, 정성이 부족하면 재의 효과가 별로 없다.

"만일 자녀의 정성이 특별하지 못하고 선지식의 도력이 부족하다면 그 영근靈根에 별스러운 효과를 주지 못하게 되나니, 어찌하여 그러냐고 하면 지극한 정성이 아니면 참된 위력이 나타나지 아니하는 것이, 비하건대 농부가 농사를 지을 때 그 정성과 역량을 다 들이지 아니하면 곡출이 적은 것과 서로 같으니라."

천도재를 지낼 때 요식행위가 아니라 정성으로 지내야 하며, 독경과 설법도 능력이 있어야 효과가 크다는 말씀입니다. 능력이 부족한 보통 사람들은, 첫째도 정성, 둘째도 정성, 셋째도 정성으로 정신 육신 물질로 최선을 다해서 천도재를 지내야 천도를 잘 받을 수 있습니다.

천도재를 지내는 목적이 고인을 잘 보내드리기 위한 것입니다. 고인을 잘 보내드려야 하는 이유는 당사자는 천도를 잘 받아야 영생의 앞길이 열리는 것이고, 가족은 고인이 잘 가야 집안의 평화와 안정이 유지될 수 있기 때문입니다.

원불교에서는 생사의 원리를 오고가고 가고오는 거래라고 가르칩니다. 그러므로 영생의 거래 원리에 맞게 계속 이어지는 영원한 삶을 바르게 설계하고 바르게 살아가자는 것입니다. 고인이 잘 갔다가 잘 와서 하던 이 공부와 이 사업을 계속하도록 주례교무와 가족들은 고인을 위해서 최선을 다해서 도와줘야 합니다.

영가가 천도 법문을 알아듣는가?

서대원이 여쭙기를 "천도를 받는 영으로서 천도 법문을 그대로 알아들을 수 있나니이까." 대종사 말씀하시기를 「혹 듣는 영도 있고 못 듣는 영도 있으나 영가靈駕가 그 말을 그대로 알아들어서 깨침을 얻는 것보다 그 들이는 공력이 저 영혼에 쏟히어서 알지 못하는 가운데 천도의 인因이 되나니라. 그리하여 마치 파리가 제힘으로는 천리를 갈 수 없으나 천리마의 몸에 붙으면 부지중에 천리를 갈 수도 있듯이 그 인연으로 차차 법연을 찾아오게 되나니라.」 **(대종경 천도품 31장)**

장수교당 주무 이중일화 교도의 남편인 강도일 교도는 초등학교 교장이었습니다. 당시 이중일화 교도는 62세였고 교장 선생님은 64세였는데 어느 날 이중일화 교도님께서 16년 전 죽은 아들 영찬이의 천도재를 지내달라며 교무님께 찾아왔습니다.

불의의 사고로 세상을 떠날 당시 영찬이는 경희대학교 2학년이었습니다. 그는 효성이 지극하여 친구가 식사에 초대해도 어머니가 지어준 밥을 먹겠다며 집으로 오곤 할 정도였습니다. 그런데 겨울방학이 되어 잠깐 집에 내려왔다가 불의의 사고로 운명하고 말았습니다.

당시 마을에는 전주여고를 졸업하고 우체국에 근무하는 처녀가 있었는데 둘은 매우 친하게 지냈습니다. 그러던 어느 날 처녀가 방죽에서 썰매를 타다가 그만 물에 빠지고 말았는데 영찬이가 그 처녀를 구하려고 물에 뛰어들어갔다가 불귀의 객이 되고 만 것입니다.

그렇게 영찬이가 허망하게 떠나고 49재도 다 마친 어느 날 밖에서 이상한 소리가 들려 어머니가 나가보니 아들 영찬이가 와 있는데 혼자 온 것이 아니라 같이 죽은 처녀와 함께 찾아온 것이었습니다.

"너희가 결혼한 사이도 아니고 약혼한 사이도 아닌데 어째서 이렇게 같이 다니느냐?"고 했더니, 그 처녀는 그 길로 돌아가서 언니에게 붙고 영찬이는 어머니에게 붙어 때때로 나타나서 내일 있을 일, 어려움이 생길 일, 좋은 일이 생길 일 등을 미리 알려주기 시작했습니다. 영찬이 형이 차를 운전하는데 그 차가 사고 날 것까지 미리 알아 조심하라고 당부하기도 해 위기를 면한 적도 있었습니다.

한번은 어머니가 아들에게 "너, 천도 못 받으면 어떻게 할 거냐?" 하고 걱정을 하였더니, "아버님, 어머님이 원불교에 다니니까 걱정 없습니다. 그런데 사람 몸 받기가 좀 힘듭니다. 사람이 되려고 하면 모두 문을 닫아버려서 그럽니다." 차표 살 때 줄을 서는 것같이 사람 몸 받을 차례를 기다리는데 집집이 가족계획을 하니 인도 수생하기가 힘이 든다는 것이었습니다.

"너희 세상에도 법이 있느냐?" 하고 물으니 물론 있다고 하였습니다. 인간 세상의 법은 인정도 있고 정상 참작도 있으나 귀신의 세계에는 그런 것이 없이 법이 엄중하다고 했습니다. 그리고 계급도 있는데 자기는 군수급에 해당한다는 것이었습니다.

한번은 영찬이가 어머니에게 오더니, "형수 씨가 수고 없이 돈 30만 원을 벌었습니다. 그러니 10만 원 정도는 복을 지어야 할 것 아니오." 하면서 형수 씨가 장롱 저고리 속에 넣어 놓았다고 알려주는 것이었습니다. 그래서 며느리에게 물어보니 처음에는 부정하다가 꼭 집어내자 아무 말도 못 하는 것이었습니다.

물론 영찬이의 모습은 다른 사람에게는 보이지 않고 말소리도 들리지 않았습니다. 오직 어머니하고만 만나고 대화하는 것이었습니다. 그런 아들을 천도하려고 특별 천도재를 지낸 것이었습니다.

그 어머니는 정상적인 평범한 사람이었습니다. 일반적인 사

262

고로는 도저히 이해할 수도 해결할 수도 없는 세계의 이야기입니다. 우리가 사는 세계를 양세계라 하고, 설명하기 어려운 이런 영혼의 세계를 음세계라고 하는 것인데, 보이지 않는 음세계를 이해하기는 쉽지 않은 것입니다. 믿음과 마음공부를 해야 알 수 있는 세계입니다.

천도품 31장 요점 정리

하나, 영가가 천도법문을 그대로 알아듣나?

"천도를 받는 영으로서 천도 법문을 그대로 알아들을 수 있나이까." 하는 질문입니다.

둘, 대종사님 답변

첫째, 듣는 영도 있고 못 듣는 영도 있다.

'혹 듣는 영도 있고 못 듣는 영도 있으나'

첫 번째 답변은 듣는 영도 있고 못 듣는 영도 있다는 것입니다. 예화에 나오는 강영찬 영가 같은 경우는 어머니와 대화를 나눌 정도이니까 천도법문을 알아들을 수 있을 것입니다.

둘째, 천도는 말보다 정성의 공력이 미치는 세계다.

'영가靈駕가 그 말을 그대로 알아들어서 깨침을 얻는 것보다 그 들이는 공력이 저 영혼에게 쏠히어서 알지 못하는 가운데 천도의 인因이 되나니라.'

천도재를 지내는 것이 알아듣고 못 알아듣는 것으로 천도가 되고 안 되고 하는 것이 아니라, 천도재 정성의 공력이 영혼에 미쳐서 영가가 알지 못하는 가운데 천도를 받게 된다는 것입니다.

셋째, 천도재의 공력이 미치는 원리는 천리마에 붙은 파리와 같다.
'그리하여 마치 파리가 제힘으로는 천 리를 갈 수 없으나 천리마의 몸에 붙으면 부지중에 천리를 갈 수도 있듯이 그 인연으로 차차 법연을 찾아오게 되나니라.'
영가가 천도재로 천도를 받는 원리를 천리마에 붙은 파리로 예를 들어 설명해 주셨습니다. 파리가 천 리를 살려고 하는 생각이 있었던 것은 아니지만, 우연히 천리마에 붙으면 자기도 모르게 천 리를 가듯이 가족들이 지내주는 천도재가 천리마와 같은 역할을 하여 영가가 천도를 받게 되는 것입니다.

천도재를 지내는 재주의 도리

하나, 천도재는 법문을 듣고 안 듣고 상관없이 정성으로 지낸다.
영가가 천도법문을 알아듣건 못 알아듣건 상관없이 정성으로 천도재를 올리면 천도재의 위력으로 천도를 받게 되는 것입니다.

둘, 천도재는 말보다 마음이 통하는 것이다.

천도재는 말로 지내는 것이 아니라 정성으로 지내는 것이며, 정성은 마음을 모아 일심으로 지내는 것이 가장 큰 힘이 되는 것입니다. 그러므로 천도재는 진실한 마음과 일심으로 지내줘야 합니다.

천도재는 말이 아니라 정성으로 지내는 것이란 말을 수 없이 반복하게 됩니다. 일상생활이나 천도재나 기도에서 백 번 천 번 만 번 강조해도 모자라는 것이 정성입니다. 천도재는 일심 정성으로 지내드리는 것이 가장 큰 위력을 발휘하는 것입니다.

영혼에는
어른과 아이의
구별이 없다

김대거 여쭙기를 "오늘 두 살 된 어린아이의 사십구일
천도재를 지냈사온데 어른도 모든 의식을 다 이해하여
천도 받기가 어려울 것이어늘, 그 어린 영이 어떻게 알
아듣고 천도를 받사오리까." 대종사 말씀하시기를 「영
혼에는 어른과 아이의 구별이 없나니, 천도가 되는 이치
가 마치 식물에 거름 하는 것 같으며 지남철 있는 곳에
뭇 쇠가 딸아 붙는 것 같나니, 일체 동물은 허공계에 영
근을 박고 살므로 허공 법계를 통하여 진리로 재를 올리
는 것이 그대로 영근에 거름이 되어 효과를 내니라.」

(대종경 천도품 32장)

충청남도 서산시 해미면에 사는 한 부인은 일찍 남편을 여의고 두 딸과 아들 하나 삼 남매를 키우며 살았습니다. 모아놓은 돈도 없고 물려받은 논밭도 없었던 그녀는 세 자녀를 키우기 위해 아침부터 밤늦게까지 해미면의 한 산부인과에서 청소부 일을 해야만 했습니다.

조그마한 시골의 산부인과였기에 그 지역 사람들보다는 인근 지역의 사람들이 많이 찾아왔는데, 낙태수술이 많아 하루에 10여 건에 이를 정도였습니다. 그래서 자연히 그녀는 저녁마다 그 핏덩이들을 치워야만 했는데 별다른 생각도 없이 그 핏덩이들을 쓰레기통에 담아 버리고는 했습니다.

그러던 어느 날, 그녀의 눈앞에는 핏덩이가 아니라 사람의 몸을 완전히 갖추고 있는 태아가 방치되어 있었습니다. 평소와는 다른 모습에 충격을 느낀 그녀는 그 낙태아를 다른 핏덩이들처럼 취급할 수가 없었습니다. 그래서 자기 돈으로 하얀 천을 구입하여 그 아기를 돌돌 말아 싼 다음 집으로 돌아가는 길 주변의 산기슭에 묻어 주었습니다.

그런데 그날 밤 그녀는 발가벗은 아기 수십 명이 찾아와서 매달리며 "아줌마, 나도 그렇게 해줘! 나도 버리지 말고 천에 싸서 묻어줘!" 호소하는 꿈을 꾸었습니다. 밤새도록 발가벗은 아기들에게 시달리다 깨어난 그녀는 핏덩이를 버리는 산부인과 청소부의 일이 인간으로서는 할 짓이 못 된다는 것을 깨달았습니다. 그날로 그녀는 산부인과 청소부 일을 그만두고 음식점으로 직장을 옮겼습니다.

그 핏덩이들도 영혼은 완전한 사람 영혼인데 차별을 받은 것에 대하여 항의를 한 것입니다.

우리가 살아가는 현실은 차별 세상이라 차별이 당연하지만 돈을 중시하는 사람들은 차별 없는 영혼까지 차별하고 살아갑니다. 천도품 32장에서 밝혀주신 바와 같이 영혼은 어린이와 어른의 차별이 없습니다. 영혼은 어른과 어린이가 차별이 없다는 것에 대하여 천도와 관련된 공부를 합니다.

천도품 32장 요점 정리

하나, 어른 영혼과 아이 영혼이 차이가 있는가?

김대거 여쭙기를 "오늘 두 살 된 어린아이의 사십구일 천도재를 지냈사온데 어른도 모든 의식을 다 이해하여 천도 받기가 어려울 것인데 그 어린 영이 어떻게 알아듣고 천도를 받사오리까."

현실에서는 어린아이는 어른보다 사리판단이 부족한 경우가 있는데 영혼도 어린아이와 어른이 차이가 있습니까? 하는 질문입니다.

둘, 어른 영혼과 아이 영혼은 차이가 없다.

"영혼에는 어른과 아이의 구별이 없나니"

통상적으로 할아버지와 할머니가 죽어서 손자 손녀로 오는 것이기 때문에, 몸은 할아버지 할머니가 어린아이와는 다르지만, 영혼은 똑같은 그 영혼입니다. 그러므로 어른과 아이는 몸이 구별되는 것이지 영혼은 어른과 어린이의 구별이 없다고 하신 것입니다.

셋, 천도되는 이치.

첫째, 식물에 거름과 같다.

천도재를 올려서 천도가 되는 이치가 산 사람처럼 말을 알아듣고 각성이 생겨서만 천도가 되는 것만이 아니라 식물에 거름을 주면 효과가 나타나는 것과 같이 천도재 정성의 효과가 영혼에 나타난다고 하였습니다.

둘째, 자석에 쇠가 달라붙는 것과 같다.

또한, 천도가 되는 이치가 자석에 쇠가 달라붙는 것과 같다는 것입니다. 천도재 정성 들인 힘에 영혼이 끌려서 천도를 받게 된다는 것입니다.

셋째, 영혼은 허공에 뿌리박고 산다.

식물은 땅에 뿌리를 박고 살기 때문에 뿌리가 땅을 통해서 수분과 영양을 흡수하여 생명을 유지하고 번성하게 됩니다. 그런데 동물은 허공에다 뿌리를 박고 살기 때문에 영혼은 허공에서 영양을 흡수한다는 말씀입니다.

여기서 말하는 허공은 빈 공간도 의미하지만 진리 세계를 허공이라고 하며 허공법계라고도 합니다. 하나로 통해 있는 허공법계는 우리가 생각하는 시간과 공간을 다 포함하기 때문에 어느 곳에서나 정성을 들이면 다 통하게 되어 있습니다. 핸드폰으로 허공에서 전해오는 정보를 받을 수 있는 것도 하나로 통하는 이치가 있기 때문입니다.

허공법계를 내 집 삼는 공부

하나, 허공법계를 알아야 한다.

물리학자들의 이론에 따르면 이 세상은 99%가 공간이라고 합니다. 그 근거는 이 세상에 보이는 모든 물체를 잘게 쪼개면 그 최소 단위가 원자인데 이 작은 원자가 뭉쳐서 큰 물체를 이룹니다. 이 세상 모든 물체를 하나의 단위로 말한다면 원자로 이루어진 세상이라고 할 수 있습니다.

그 원자의 성질에 따라서 조밀하게 뭉치면 단단한 물체가 되고, 그 물체가 느슨하게 뭉치면 말랑말랑한 것이 되며, 더 느슨하면 육안으로 식별하기 어려울 뿐이지 이 세상은 모두 작고 작은 원자로 이루어진 세상입니다. 그 원자 하나하나는 99%가 오감으로 느끼지 못하는 빈 공간이라고 합니다. 단 빈 공간이 오감으로 느끼지 못하는 것뿐이지 완전 공간이 아니고 진리로 가득 찬 공간입니다.

그러므로 우리가 오감으로 느끼는 것만 아는 사람은 물질적인 세상을 1%밖에 모르는 사람입니다. 오감으로 느끼는 물리적인 세상 1%도 알아야 하고, 나머지 보이지 않는 99%까지를 알아야 세상을 다 아는 것입니다. 이 100%의 물리적인 모든 것을 운용하는 진리 세계가 있는데 그것을 허공법계라고 합니다. 그러므로 허공법계는 보이는 것과 보이지 않는 것과 그것을 운용하는 원리까지 이 모든 것을 포함한 세계를 말하는 것입니다.

이 허공법계를 운용하는 만고불변의 두 가지 원칙이 있는데, 그것은 불생불멸과 인과보응의 진리입니다. 이 두 가지 원칙이 우주를 운행하고 있는 것입니다. 그러므로 허공법계를 알아야 세상을 원만하게 아는 것이며 허공법계를 알아야 세상을 바르게 살아갈 수 있습니다.

둘, 허공법계를 이전 등기해야 한다.

아무리 좋은 것이 있어도 그것을 자기가 쓰고 싶을 때 쓰지 못하면 내 것이라고 할 수 없습니다. 필요할 때 쓸 수 있어야 진정으로 내 것입니다. 특히 허공법계와 똑같은 내 마음을 알기만 해서는 쓸 수 없고 사용권한을 이전등기해서 쓰고 싶을 때 바로 쓸 수 있어야 내 것입니다. 무궁무진한 능력과 보물을 포함하고 있는 허공법계를 내 것으로 이전등기해 놓아야 내 마음대로 쓰면서 풍요한 생활을 할 수 있습니다.

허공법계를 등기이전하는 데 돈은 들지 않습니다. 시간과 노력이 들어야 합니다. 자기의 본래 마음을 알고, 자기의 본래 마음을 기르고, 자기의 본래 마음을 잘 사용하는 훈련 공부를 열심히 해서 마음의 자유를 얻으면, 허공법계가 자동 이전이 됩니다.

셋, 허공법계를 활용해야 한다.

허공법계를 활용하는 공부는 활불이 되자는 것입니다. 목불이나 토불이나 석불이나 철불은 보기만 근사하지 은혜를 나토는 행위는 하지 못합니다. 대구 팔공산 석불이 영험하다고 하나 실은 불공들이는 사람들이 영험한 활불들이기 때문에 영험이 있다고 믿는 그 활불들이 정성을 들여서 자기가 정성을 들인 만큼 위력을 얻게 되는 것입니다.

사람이 활불이 되는 것은 본래 마음 부처를 육근동작으로 나타내서 가는 곳마다 은혜가 나타나게 하므로 활불이 되는 것입니다. 성리 자리를 알고 수행을 많이 해서 법력을 갖추었다 해도 세상에 은혜를 나타나게 하지 못하면 석불, 목불, 토불, 철불과 다를 바 없습니다.

그러므로 우리는 나에게 있는 허공법계의 마음을 알고, 허공법계의 마음을 길러 이전 등기를 내고, 그 허공법계의 마음을 경계마다 육근동작으로 나타내서 가는 곳마다 은혜가 나타나게 해야 활불이 되는 것이며, 활불은 허공법계를 활용하고 사는 우주의 주인이 되는 것입니다.

영혼에는 어른과 아이의 구별도 없으며, 영혼은 나이를 먹지 않습니다. 어른과 아이에 대하여 차별과 분별만 내며 사는 것은 영혼에 대하여 알지 못하기 때문에 착각하며 사는 것입니다. 뉴스에서 어린 자식을 소유물처럼 생각하고 학대하고 죽이는 것은 영혼을 알지 못하기 때문에 행하는 위험한 행동입니다.

몸은 실체가 아니라 영혼의 그림자입니다. 영혼이 지은 대로 나타나는 것이 자기의 몸인 것입니다. 과일나무 뿌리에 거름을 주어야 우량한 과일이 열리듯이 우리도 영혼에 공을 들여야 사람답게 살면서 은혜를 나타내는 활불이 되는 것입니다.

영혼에 공들이는 것을 대종사님께서 마음공부라고 하시고 활불이 되는 마음공부 방법을 물샐 틈 없이 완벽하게 마련해 주셨습니다. 대종사님께서 원만한 활불이 되는 프로그램을 교리로 밝혀주셨으니까 우리는 교리에 밝혀주신 대로 실천만 하면 부처가 되는 것입니다.

육신과 차별의 허상에 홀려서 헛고생하지 말고, 마음공부로 생사도 없고 차별도 없는 영혼에 공들여서 활불로 잘 살고, 영생 천도를 우리 스스로 마칩시다.

재는 절대
헛되지 않는다

또 여쭙기를 "그렇게 재를 올리오면 각자의 평소에 지은바 죄업이 그 경중을 물론 하고 일시에 소멸하여 천도를 받게 되나이까." 대종사 말씀하시기를 「각자의 업의 경중과 기념주의 정성과 법사의 도력에 따라서 마치 태양이 얼음을 녹이는 것과 같이 일시적으로 녹일 수도 있고, 오랜 시일이 걸릴 수도 있으나, 재를 올리는 공이 결코 헛되지는 아니하여 반드시 그 영혼으로 하여금 선연을 맺게 하여 주느니라.」 **(대종경 천도품 33장)**

다음 내용은 남중교당에서 있었던 실화로 '죽음과 천도'라는 책에 실려 있는 내용입니다.

한 교도의 안내로 어떤 부인이 교통사고로 죽은 남편 특별천도재를 지내달라고 해서 천도재를 지내게 되었습니다. 부인의 말에 따르면 어느 날부터 매일 밤 그 남편의 영이 찾아와 생시처럼 함께 이야기도 나누고 잠도 잔다는 것입니다. 환각인지 꿈인지는 알 수 없으나 남편이 매일 생전 모습 그대로 찾아온다는 것입니다.

처음에는 그렇게라도 잃어버린 남편을 만나는 것이 좋았으나 매일 밤 죽은 사람을 만난다는 것이 차츰 괴로워지기 시작했습니다. 더욱이 얼마 전부터는 태평양전쟁 때 남양군도에서 싸우다가 전사한 큰아버지까지도 한 번씩 나타나기 시작했는데, 큰아버지의 영가는 올 때마다 집안에 키우는 개나 돼지 등을 발로 차고 다니며 심술을 부렸습니다. 그런 다음 날이면 어김없이 개나 돼지가 죽었습니다.

그동안 몇 차례 무당을 데려다 굿을 했지만 잠깐 잠잠했다가 다시 나타나서 괴롭혔습니다. 이렇게 시달리던 부인이 남중교당 교도의 안내로 찾아온 것이었습니다. 이런 경우 반드시 천도재 효과가 바로 나타나야 하기 때문에 교무님은 부담을 가지고 특별천도재를 시작했습니다.

그런데 재를 지내기로 한 첫날부터 이상한 일이 벌어졌습니다. 재주인 부인이 갑자기 말문이 막혀 아무 말도 할 수 없다며 손짓만 했습니다. 당시 하숙으로 생계를 꾸려가던 부인은 시장

보는 일도 할 수가 없어 다른 사람이 대신해 주었습니다. 그렇다고 약속한 재를 취소할 수가 없어서 예정대로 재를 지내는데 재주인 부인이 법당에 들어오지 않으려고 하는 바람에 실랑이가 벌어졌습니다. 왜 그러냐고 물었더니 사색이 된 얼굴로 일원상을 가리키며 무섭다고 하였습니다.

겨우 달래서 법당에 들어오게 해 정성을 다해 독경으로 영가를 타이르고 바른길로 가도록 인도를 하는 천도재를 지냈습니다. 영가가 법문의 뜻을 알아들었는지 다음날부터는 두려워하지 않고 법당에 잘 들어와 재에 참석했습니다. 3일째 재주인 부인이 손으로 자주 꽃을 가리켰는데 나중에 말문이 트인 후 들으니 법당에 들어오면 두 영가가 꽃 속에 앉아서 재를 받더라는 것입니다.

7일째 마지막 재를 지내는 종재 날 설법도 간절히 해 주었습니다. 설교 도중에 교무의 손짓을 하는 순간 그 부인의 목이 탁 트이더니 말문이 열렸습니다. 그리고 일어나서 큰절하면서 교무님에게 "선생님 고맙습니다."라고 인사를 하였습니다. 재를 지낸 뒤 남편 영가는 부인에게 미국에 사는 시누이네 집으로 간다고 영몽을 했는데, 얼마 후에 들으니 시누이가 임신했다는 소식이 들렸고 그 후에 아들 낳았다는 소식이 왔습니다.

이와 같이 정성을 다해 지내는 원불교 천도재는 큰 효력을 얻게 됩니다.

천도품 33장 요점 정리

하나, 재를 올리면 죄업이 어떻게 소멸하는가?

"그렇게 재를 올리면 각자의 평소에 지은바 죄업이 그 경중을 물론 하고 일시에 소멸하여 천도를 받게 되나이까."

재를 지내는 효과에 대하여 질문한 것입니다.

둘, 각자 업과 재주의 정성과 법사의 도력에 따라 차이가 있다.

"각자의 업의 경중과 기념주의 정성과 법사의 도력에 따라서 마치 태양이 얼음을 녹이는 것과 같이 일시적으로 녹일 수도 있고, 오랜 시일이 걸릴 수도 있으나"

각자 생전에 지은 업과 재를 지내는 재주의 정성과 주례독경 및 설법 법사의 도력이라고 하였습니다. 재비가 많이 들어오는 천도재는 외부에서 독경 및 설법 법사를 초빙하여 재를 지내게 되는 경우도 있는데, 그것은 사치 호사가 아니라 법력이 있는 법사의 힘이 그만큼 고인 천도에 중요한 것이기 때문입니다.

셋, 천도재를 올리는 공이 헛되지 않는다.

"재를 올리는 공이 결코 헛되지는 아니하여 반드시 그 영혼으로 하여금 선연을 맺게 하여 주느니라."

각자 형편에 따라 정성으로 천도재를 지내 주어도 결코 헛되지 않기 때문에, 어떻게든지 천도재를 지내주는 것이 중요하다는 말씀입니다. 그러므로 고인을 위해서 반드시 천도재를 지내

주어야 합니다.

천도재를 지낼 때 챙겨야 할 사항

하나, 정성으로 천도재를 올린다.

정신, 육신, 물질 세 방면으로 정성을 올리는 것인데 정신, 육신, 물질의 능력은 개인에 따라서 차이가 있으므로 재주의 능력으로 할 수 있는 정성을 다 하자는 것입니다.

고 정주영 씨는 역사에 남는 전설적인 재벌이 되었는데 불심도 대단했다고 합니다. 아산재단에 근무했던 사람의 말을 들었는데 자기 불공은 남 시키지 않고 새 돈을 준비하여 추우나 더우나 돈 자루를 직접 어깨에 둘러메고 땀을 흘리며 산을 올라가 불전에 헌공한다고 하였습니다. 자기 불공을 자기가 직접 했다는 이야기를 들으니 정주영 씨는 정성을 직접 들여야 공덕이 나타난다는 이치를 아는 사람이라고 생각했습니다.

이와 같이 정신, 육신, 물질 간에 자기 능력대로 정성을 다하는 것이 천도재의 첫째 조건입니다.

둘, 도력의 힘을 빌린다.

이 세상 모든 사람은 각각 자기 역할이 있습니다. 그 역할 중에 정신적 지도자가 되기 위하여 도력을 갖추는 것은 많은 시간과 노력이 필요하기 때문에 누구나 할 수는 있지만 그렇다고 아무나 다 할 수 있는 것은 아닙니다.

영혼천도는 정신세계의 일이기 때문에 천도재를 올리는 효과도 정신적인 능력이 나타나는 것이므로 정신적인 계통에 힘이 있는 도인이 능력 발휘를 할 수 있는 전문 분야입니다. 독경이나 설법이 흉내 낸다고 다 되는 일이 아니라는 말씀입니다. 그러므로 정신 육신 물질적인 대가를 지불하며 그 힘을 빌려서 천도재를 올리는 것입니다.

여기에서 유의할 사항은 초빙 법사가 하는 설법이 단순한 노동이 아니기 때문에, 법사의 인격에 손상이 가지 않는 예우를 하며 초빙과 시봉의 예우도 뒤따라야 법사도 정성을 다할 것입니다.

셋, 자기 천도를 생전에 마치도록 한다.

부모 보은에서 '사은사요 삼학팔조를 실천하라'는 내용이 나옵니다. 삼학팔조를 실천하면 부처의 능력을 갖추는 것이고 사은사요를 실천을 하면 세상에 부처의 덕이 나타나는 것입니다.

자력을 세우면 남의 힘을 빌릴 필요가 없습니다. 영혼의 세계, 정신의 세계에서는 자기 일을 해결한 사람은 반드시 남의 스승의 될 자격이 갖추어지는 것이기 때문에 다른 사람의 천도를 도울 수 있는 것입니다. 그러므로 최종적으로 자기 천도를 스스로 해결하는 마음공부가 지상과제입니다.

천도를 다른 말로 성불과 제중이라는 말을 사용하는데 어디까지 선을 그어 성불이다, 어디까지를 제중이라고 하는 것이 아닙니다. 일체 육근동작 하나하나가 공부심으로 하면 성불과 제중이 동시에 이루어지는 공부법으로, 이것이 대종사님의 병진 병행의 원만한 공부법입니다.

천도재를 올리는 효과는 고인의 업력과 재주 정성과 법사의 능력에 따라 차등이 있다고 하였습니다. 차등은 있지만, 천도재를 지내는 자체는 어떠한 경우에도 효과가 있다고 하였습니다. 그러므로 효과를 극대화하는 노력은 반드시 해야 하겠지만 보여 주기 위한 허례허식으로 흘러서는 안 될 것입니다.

진정으로 고인의 완전한 천도를 위한 천도재가 되어야 하며, 유족으로서 정성을 다하고 맺힌 것을 풀어서 해원 상생이 되는 천도재가 되어야 합니다. 그리고 완전한 천도는 생전에 마음공부를 열심히 하여 마음의 자유를 얻어야 하며, 마음의 자유를 얻으면 자신 천도뿐만 아니라 남의 천도를 도와줄 능력까지 보유하는 스승의 자격이 주어지는 것이며, 삼세 윤회를 자유 할 능력까지 갖추게 되는 것입니다.

또한, 항마위 이상의 법위를 갖추면 부모님을 희사위에 올려 드려 전 세계 원불교인이 매년 6월 1일 육일대재와 12월 1일 명절대재 때 두 번 재를 올려드립니다. 이것은 원불교인의 가장 큰 효가 됩니다. 우리 모두 마음공부로 마음의 자유를 얻어서 부모님께 큰 효도를 하고, 삼세 윤회를 자유 하는 삼계 대도사가 됩시다.

천도재 기간을
49일로 정한 이유

또 여쭙기를 "천도재를 어찌 사십구일로 정하였나이까." 대종사 말씀하시기를 「사람이 죽으면 대개 약 사십구일 동안 중음에 어렸다가 각기 업연業緣을 따라 몸을 받게 되므로 다시 한 번 청정 일념을 더하게 하기 위하여, 과거 부처님 말씀을 인연하여 그 날로 정해서 천도 발원을 하는 것이나, 명을 마친 즉시로 착심을 따라 몸을 받게 되는 영혼도 허다 하나니라.」 **(대종경 천도품 34장)**

천도품 34장 요점 정리

하나, 왜 49일인가?

"천도재를 어찌 49일로 정하였나이까."

둘, 대종사님 말씀.

"사람이 죽으면 대개 약 사십구일 동안 중음에 어렸다가 각기 업연業緣을 따라 몸을 받게 되므로 다시 한 번 청정 일념을 더하게 하기 위하여"

열반 후부터 새 몸 받을 때까지를 중음이라고 하는데 이때가 선도와 악도로 갈리는 중요한 시기이므로 청정 일념을 잘 챙기도록 천도재를 지내줘야 합니다.

첫째, 부처님 말씀에 따라 49일로 하였다.

천도재를 49일로 정한 것은 석가모니 부처님 말씀에 근거해서 천도 발원하는 기간을 정한 것입니다.

둘째, 그러나 49일이 꼭 정해진 것이 아니다.

천도 발원하는 기간을 49일로 정했지만, 중음으로 있는 기간이 꼭 49일이 아닙니다. 죽은 즉시 몸 받는 영가도 많이 있고 49일보다 더 오래오래 떠돌아다니는 영가도 있습니다.

불교의 교리 근거와 천도재

먼저 불교의 49일 근거 법문

49재는 법화경法華經 지장경地藏經, 아미타경阿彌陀經, 약사여래 경藥師如來經 등의 사상에 근거해서 봉행하는 의식이라고 합니다. 사람이 죽은 지 49일째에 좋은 곳에 태어나길 기원하며 거행하는 불공 의식을 매 7일마다 일곱 차례 재를 지내므로 7·7재七七 齋 또는 49재라고 합니다.

49재는 우리나라 불교의 특징이기도 하고 이제 우리나라 고 유의 민족의식으로 자리 잡아 생명 존중과 조상 공경의 의식으 로 발전한 것입니다

〈구사론俱舍論〉에 의하면 한 인간의 존재 양상은 4유有로 구분 되는데, 정자 난자가 만나 생명이 결성되어 태어나는 찰나를 '생 유生有'라 하고, 태어난 이후로부터 임종 직전까지를 '본유本有' 라 하며, 임종하는 찰나를 '사유死有'라고 합니다. 그리고 '사유' 즉 임종부터 다시 생명이 결성되는 '생유' 이전까지를 '중유中有' 라 합니다. 따라서 인간은 죽으면 '중음中陰'이라고도 불리는 '중 유'의 상태로 얼마 동안 있게 되는 것입니다. 〈구사론〉과 〈유가 사지론瑜伽師地論〉 등은 이 중유에 대해 만일 출생의 조건을 만나 지 못하면 다시 수차례 죽고 태어나는 식으로 7일을 여러 번 경 과하는데 그 최대 기간이 49일이라 합니다. 즉 사람은 죽어서 7일마다 다시 생사를 반복하다가 마지막 49일째는 반드시 출생 의 조건을 얻어 다음에 올 삶의 형태가 결정된다는 것입니다.

불교에서 49재가 죽은 사람 영혼의 명복을 비는 의식으로 정착되고 중시된 것은 이런 관념에서 연유합니다. 49재는 사자의 중유 상태 즉 중음신中陰身이 좋은 세계로 다시 태어나도록 최종적으로 결정되길 기원하는 불공 의식이며, 이 날에 이르기까지는 좋은 결정이 이루어지도록 7일마다 경을 읽고 재를 올리는 것입니다.

'무아설'과는 다른 육도六道 사상적 해석에 따르면 모든 중생은 육도, 즉 천상天上·인간人間·아수라阿修羅·아귀餓鬼·축생畜生·지옥도地獄道 등 여섯 세계를 윤회하고 있으므로, 죽은 자의 가족들이 아귀도, 축생도, 지옥도의 삼악도三惡道에 들어가지 않게 하려고 비는 기도 행위가 49재라는 것입니다.

재는 7일마다 불경을 읽으며 부처에게 예배하면 다시 좋은 곳에 태어날 수 있다고 하는 믿음에서 출발합니다. 그러나 요즈음 천도재를 정성심과 효심이 없이 죽은 사람과 영결하는 요식 행사로 생각하여 일정한 돈을 주고 49재 동안 가족이 때[날자]에 맞추어 방문하면 되는 것으로 생각하는 형식으로 흐르고 있는 경우도 있습니다.

49재 날짜 계산 방법

49재 날짜 계산은 돌아가신 날이 기준이므로 돌아가신 날을 1로 잡아 그 다음 날부터 2, 3, 4, 5, 6, 7일째 날이 초재이며, 7일마다 이재, 삼재, 사재, 오재, 육재, 칠재를 지내게 되므로 49재입니다.

〈명부시왕〉

영혼의 세계를 명부라고 하는데 불교 계통에서 49일 동안 명부시(10)왕에게 심판을 받게 된다는 것입니다. 처음 7일간은 제1 진광대왕에게 눈으로 지은 죄를 심판받고, 두 번째 7일간은 제2 초강대왕에게 귀로 지은 죄를 심판받고, 세 번째 7일간은 제3 송제대왕에게 코로 지은 죄를 심판받고, 네 번째 7일간은 제4 오관대왕에게 혀로 지은 죄를 심판받고, 다섯 번째 7일간은 제5 염라대왕에게 몸으로 지은 죄를 심판받고, 여섯 번째 7일간은 제6 변성대왕에게 뜻으로 지은 죄를 심판받고, 일곱 번째 7일간은 제7 태산대왕에게 속마음으로 지은 죄를 심판받는다고 하였습니다. 이렇게 49일간 자기가 지은 죄를 심판받고 죄의 경중에 따라 다음 생에 갈 곳이 정해진다고 합니다. 그래서 이 기간에 망자를 위해 공덕을 쌓기 위해서 49일 동안 천도재를 지낸다는 것입니다. 열 분의 명부시왕이 있는데 유독 염라대왕이 우리에게 많이 알려진 것은 죽은 뒤에 몸이 지은 죄를 심판하는 분이기 때문이라고 합니다. 나머지 세 왕은 혹시 지은 죄의 경중과 형량을 판단하기 어려운 경우에 49일 이후 100일간 제8 평등대왕이 심판하고, 100일 이후 1년 간은 제9 도시대왕이 심판하고, 1년 후에는 제10 전륜성왕이 최종적으로 명부의 형량을 가리게 된다고 합니다.

불교와 유교 혼합으로 보이는 49재 전래입니다.

〈49재 순서〉

1) 시련侍輦(7일째) : 영가를 초청하여 영단에 모심.

2) 대령對靈(14일째) : 영가에게 앞으로 진행할 일을 올바른 부
                    처님의 법으로 한다는 것을 설명함.

3) 관욕觀浴 (21일째) : 영가의 모든 업장을 소멸하고 부처님의
                     정법이 무엇인지 설명하는 일종의 영가
                     를 목욕시켜 드리는 의식.

4) 헌공獻供(28일째) : 영가나 제사 지내는 자나 모두 부처님께
                    공양을 드리는 의식.

5) 신중헌공神衆獻供(35일째) : 천지신명께 공양을 올리고 보살
                          핌을 바라는 의식.

6) 제사祭祀(42일째) : 천도재薦度齋.

7) 봉송奉送(49일째) : 영가를 환송하는 의식.

8) 탈상脫喪(49일째) : 상주를 벗어나 평상인으로 돌아가는 의식

원래 불교의 '무아설無我說'에 따르면 개인의 생전 행위 자체에
대한 업보業報는 그 사람 개인에 한정되며 어떤 방법으로도 자
녀 또는 그 후손 누구에게도 전가될 수가 없다고 합니다. 그러
나 유교사상은 이 49일 동안에 죽은 이의 영혼을 위하여 그 후
손들이 정성을 다하여 재를 올리면, 죽은 부모나 조상이 후예들
의 공덕에 힘입어 보다 좋은 곳에 인간으로 다시 태어나고 또
그 조상의 혼령이 후손들에게 복을 주게 된다고 합니다.

재를 잘 지내야 조상이 복을 내려준다는 믿음을 가진 우리나라 49재는 불교와 유교의 사상이 합치된 의식이라고 볼 수 있습니다.

위에서 살펴본 바와 같이 불경 내용은 영가를 위해서 천도재를 지내게 되었으나, 오늘의 현실은 유가 사상과 합치되어 이기적이고 산 사람 위주로 편의만 쫓아서 요식행위로 지내는 천도재가 되어가고 있습니다. 또한, 유교 의식은 조상을 위해드려야 조상이 후손을 도와준다는 이론에 의해서 제사를 올리기 때문에 모두 산 사람의 이익을 위해서 제사를 지내는 형식으로 흐르게 되었습니다. 문제는 사기꾼과 미신이 끼어들어 돈을 노리는 천도재가 있으므로 정법으로 천도재를 지내야 하는 것을 명심해야 합니다.

원불교 천도재

하나, 영가의 천도 위주로 천도재를 지낸다.

원불교가 현재 초기교단이기도 하지만 이론적 근거나 모든 의식이 확실하게 영혼 천도를 위한 천도재를 올리는 것입니다.

둘, 생과 사를 연결해서 재를 지낸다.

천도 법문에서 '변화는 될지언정 생사는 아니다.'라는 내용과 같이, 생과 사는 순환의 원리로 설명하며, 생과 사는 삶의 주체가 되는 영혼[마음]이 영원히 살아가는 삶의 과정으로 설명하기 때문에, 원불교 천도재는 생과 사의 단절이 아니라 생과 사를 하나의 순환 고리로 연결하는 천도재를 지내는 것입니다.

셋, 합리적으로 재나 제사를 지낸다.

천도재를 요행을 바라거나 신비함을 쫓는 미신적인 방법이 아니라 불생불멸과 인과보응의 이치에 근거하여 삼세 육도 사생의 윤회 원리에 합당하게 영가의 완전한 천도를 위해 합리적인 방법으로 천도재를 올리는 것입니다.

이상으로 살펴본 바와 같이 원불교 천도재를 49일로 정해서 올리는 것은 과거 석가모니 부처님 말씀을 인거하여 합리적이고 실용적이며, 진정으로 영가를 위하는 천도재를 올리는 것입니다. 그러므로 원불교 천도재는 재를 지내주는 그것만으로도 영가에게 효력이 있는 천도재라고 하였으며, 대종사님께서는 영가에게 반드시 천도재를 지내줘야 한다고 강조하셨습니다.

따라서 중음기로 잡는 49일간에는 반드시 고인을 위한 천도재를 지내줘야 하며 또한 형식적인 천도재가 아니라 관계인들이 정성과 정성을 다해서 천도재를 지내줘야 합니다. 관계인들이 정성으로 천도재를 지내주는 것은 삼세 윤회로 볼 때 고인이나 관계인들이 서로 도움 주고 도움받으며 상생하는 길입니다.

전생 현생 내생에 짓고 받는 원리

또 여쭙기를 "열반경涅槃經에 이르시기를 '전생 일을 알고자 할진대 금생에 받은 바가 그것이요, 내생 일을 알고자 할진대 금생에 지은 바가 그것이라"고 하였사온데, 금생에 벌 받고 복 받는 것을 보오면 그 마음 작용하는 바는 벌을 받아야 마땅할 사람이 도리어 부귀가에서 향락 생활을 하는 수가 있삽고, 또는 그 마음이 착하여 당연히 복을 받아야 할 사람이 도리어 빈천한 가정에서 비참한 고통을 받는 수가 있사오니, 인과의 진리가 적확하다 할 수 있사오리까.'" 대종사 말씀하시기를 「그러므로 모든 불조들이 최후 일념을 청정하게 가지라고 경계하셨나니, 이생에서 그 마음은 악하나 부귀를 누리는 사람은 전생에 초년에는 선행을 하여 복을 지었으나 말년에는 선 지을 것이 없다고 타락하여 악한 일념으로 명을 마친 사람이며, 이생에 마음은 선하나 일생에 비참한 생활을 하는 사람은 전생에 초년에는 부지중 악을 지었으나 말년에는 참회 개과하여 회향回向을 잘 한 사람이니, 이와 같이 이생의 최후 일념은 내생의 최초 일념이 되나니라.」

(대종경 천도품 35장)

율곡 선생은 조선 제일의 천재로 알려졌던 분이고 5천 원 권 지폐의 모델이기도 합니다. 그런데 이 분은 아쉽게도 후손이 없다고 합니다. 한마디로 집안의 대가 끊겼다는 말입니다.

유교에서는 대를 잇는 것을 매우 중요하게 생각하기 때문에 대가 끊기는 것은 큰 불효라 하였습니다. 그래서 옛날에는 왕이 역모를 꾀한 죄인들에게 가장 큰 벌로써 가문의 씨를 말리는 형벌, 즉 멸문지화滅門之禍의 벌을 주었던 것입니다.

율곡 선생은 아이가 없다가 뒤늦게 두 아들을 얻었습니다. 율곡 선생은 두 아들을 너무나 사랑하였습니다. 두 형제는 아버지의 가르침을 받아 참으로 영특하면서도 효자로 자랐습니다.

그러던 두 아들이 15세와 17세가 되던 어느 날 갑자기 방에서 일어나지 않아 어머니가 방에 가보았더니 둘 다 죽어 있었습니다. 갑작스레 두 아들을 잃은 율곡 선생의 부인은 너무나 슬프고 비통한 나머지 식음을 전폐하고 앓아눕고 말았습니다.

그런데 율곡 선생은 그날만 슬퍼하고 그 다음 날에는 장례도 제대로 치르지 않고 나오지도 않았습니다. 율곡 선생의 나이가 지긋해서 이제는 다시 자식을 낳기도 어려운 상황이라 대가 끊기는 것이 분명한데도 슬퍼하는 기색이 없자 부인은 매우 화가 났습니다.

두 아들의 장례식이 끝난 후 며칠간 생병을 앓고 누워 있던 율곡 선생의 부인은 화를 참을 수 없어서 남편을 찾아가서 따졌습니다.

"아니 당신은 그렇게도 애지중지하던 자식이 모두 죽었는데,

어찌하여 장례에도 나와 보질 않고, 묘에도 가보질 않는 것입니까?"

그동안 아무 말이 없었던 율곡 선생은 부인에게 조용히 말하였습니다.

"오늘 밤 나와 함께 갈 곳이 있소."

이윽고 밤이 깊어지자 율곡 선생은 부인을 데리고 아들 둘을 묻었던 무덤에 가서 부인에게 자식들이 묻힌 곳을 가리키며 말하였습니다.

"이곳에 숨어 있다가 자정이 되면 저기를 한번 보시오."

그리고 율곡 선생은 잠깐동안 부인에게 영안靈眼을 열어주었습니다. 자정이 되자 부인은 두 영혼이 나와서 얘기하는 것을 듣고, 슬픔을 당하게 된 모든 상황을 알게 되었습니다.

영혼1 : 아마 지금쯤 율곡은 분하고 원통해서 잠이 안 올 거야.

영혼2 : 율곡이 우리를 전생에 죽였잖아. 우리가 아무리 사람을 죽였다고는 하지만 도둑질하다가 실수로 죽인 것뿐인데 말이야.

영혼1 : 우리가 아들로 다시 환생해서 집안의 대를 끊어 놨으니까 이제 복수는 성공했어.

이 말은 자신의 아들들이었던 두 영혼이 주고받는 대화였습니다. 율곡 선생이 어떤 고을의 현감으로 있었을 때 도둑 둘에게 사람을 죽인 죄를 물어 사형을 내린 일이 있었습니다. 전생 도둑들은 자기들이 지은 죄가 있으므로 직접 복수는 못하고, 율곡 선생의 아들로 태어나 일정한 나이가 되자 스스로 목숨을 끊어 원한을 갚았던 것입니다. 정업은 부처님도 면하지 못한다는 말씀과 같이 한번 맺힌 원한은 이렇게 상황을 알고 있는 율곡 선생도 피할 수가 없는 것입니다.

천도품 35장 요점 정리

하나, 현생에 선악 과보가 다른 이유가 뭔가?

열반경涅槃經에 이르시기를 '전생 일을 알고자 할진대 금생에 받은 바가 그것이요, 내생 일을 알고자 할진대 금생에 지은 바가 그것이라고 하였사온데, 금생에 벌 받고 복 받는 것을 보면 그 마음 작용하는 바는 벌을 받아야 마땅한 사람이 도리어 부귀가에서 향락 생활을 하는 수가 있삽고, 또는 그 마음이 착하여 당연히 복을 받아야 할 사람이 도리어 빈천한 가정에서 비참한 고통을 받는 수가 있사오니, 인과의 진리가 적확하다 할 수 있사오리까.'

둘, 심성과 행동과 과보가 다른 이유.

첫째, 최후 일념을 잘 가지고 잘못 가진 원인입니다.

받는 것과 심성이 다른 것은 최후 일념을 잘 가지고 잘못 가진 이유 때문이라고 하였으며, 그러므로 불보살들이 최후 일념을 잘 가지라고 당부하신 것입니다.

둘째, 악하나 부귀한 사람은?

사람의 마음은 변하는 진리, 즉 인과보응의 이치 따라 환경의
자극을 강하게 받거나 지속적으로 자극을 받으면 생각이 변하
게 됩니다. 마음 변하는 것이 좋게 변할 수도 있고 나쁘게 변할
수도 있는데, 좋게 변하기는 어렵고 나쁘게 변하기는 쉬우므로
공부심이 없이 살면 나쁜 쪽으로 변하기가 쉽습니다. 악하나 부
귀한 사람은 좋은 일을 하면서 부귀영화가 돌아오기를 기다리
다가 지쳐서 나쁜 마음으로 변하여 최후 일념을 마친 경우라고
합니다. 그래서 나쁜 마음으로 최후 일념을 마쳤으나 전생에 지
어놓은 복이 있었기 때문에 그 복을 받으면서 나쁜 마음으로 살
아가는 것입니다.

셋째, 선하나 비참한 생활을 하는 사람은?

누가 보아도 나쁜 일 하지 않을 사람으로 인정하지만, 일생을
비참하게 사는 사람은 전생에 나쁜 짓만 하면서 살다가 죽기 전
에 참회하고 마음을 고쳐먹고 좋은 생각으로 최후 일념을 잘 마
친 사람이 전생에 지은 악업 때문에 비참하게 사는 것이라고 하
였습니다.

넷, 최후 일념이 최초 일념이다.

그러므로 다음 생에 일생을 좌우하는 최후 일념을 잘 가져야
한다고 강조하신 것입니다.

최후 일념 잘 가지는 공부

최후 일념을 잘 가지라고 하지만 최후 일념을 모르면 최후 일념 잘 가지기가 어려운 것이며, 최후 일념을 어떻게 가져야 하는 줄 알지만, 그 마음 가지는 연습이 되어있지 않으면 최후 일념 잘 가지기가 어려운 것입니다. 그러므로 최후 일념 잘 가지는 마음공부를 미리미리 해야 합니다.

하나, 착 없는 마음을 알아야 한다.

착 없는 마음은 탐진치 삼독심에 집착하지 않은 마음입니다. 어디에도 머물지 않고, 기울어지지 않고, 우주와 하나 된 온전한 마음을 가지는 공부를 해서 그 온전한 상태를 확실하게 알아야 합니다.

원불교 모든 의식에 앞서 먼저 행하는 '입정'이라는 말도 착 없는 마음을 가진다는 것과 같은 뜻입니다. 탐진치에 집착하지 않는 온전한 마음을 잃어버리지 않아야 모든 경계를 당해서 온전하고 원만한 생각과 원만한 행동을 할 수 있으므로 원불교 모든 의식의 첫 순서는 온전한 마음부터 챙기라고 입정을 하는 것입니다.

둘, 착 없는 마음을 길러야 한다.

착 없는 마음을 알았어도 실제 생활에서 착 없는 그 마음을 잊어버리고 경계를 당하면 마음이 요란해지고 어리석어지고 글러지는 것은 그 마음을 지키는 힘이 부족하기 때문입니다.

온전한 마음의 힘을 기르기 위해서는 수양시간을 많이 가져야
합니다. 온전한 마음을 가지는 수양공부를 오래오래 하여 힘이
쌓이면 어떠한 경계를 당하더라도 온전한 마음을 유지할 능력
이 생기는 것입니다.

셋, 착 없는 마음을 사용해야 한다.

착 없는 마음을 실제 생활에 활용하여 당하는 경계를 원만하
게 처리하려면, 경계를 당할 때마다 마음을 멈춰 온전한 마음을
챙겨서 그 온전한 마음으로 그일 그일을 처리하는 훈련을 반복
해서 저절로 잘되도록 능이 나야 합니다.

인과의 변하는 이치는 하고, 하고 또 하면 나중에 저절로 잘되
는 달인의 경지에 이르게 되는 것입니다. 그러므로 착 없는 마
음 사용하는 공부를 저절로 될 때까지 지속적으로 훈련을 해야
합니다.

최후 일념 잘 가지는 공부는 내생을 좌우하는 중요한 공부입
니다. 어느 날 갑자기 최후의 날을 당하여 바로 최후 일념을 잘
가지기는 어려운 것입니다.

최후 일념 잘 가지는 공부는 생전에 미리미리 착 없는 온전한
마음을 알고, 착 없는 온전한 마음을 기르고, 착 없는 온전한 마
음을 사용하는 마음공부 훈련을 계속하여, 저절로 될 때까지 계
속하여야 어느 때 어느 곳에서나 온전한 마음을 잘 가질 수 있

는 것입니다.

온전한 마음으로 최후 일념 가지는 공부는 모든 공부의 기본
이며, 이 온전한 마음에 능이나면 마음의 자유를 얻어서 삼세
윤회도 자유 할 수 있는 것입니다.

미리미리 최후 일념 잘 가지는 마음공부를 열심히 해서 삼세
윤회를 자유 하는 대 자유인이 됩시다.

죽은 후에 영혼이
몸 받아가는 과정

또 여쭙기를 "사람이 죽은 후에는 유명幽明이 서로 다르 온데 영식만은 생전과 다름없이 임의로 거래할 수 있나 이까." 대종사 말씀하시기를 「그 식심識心만은 생전 사 후가 다름이 없으나 오직 탐·진·치에 끌린 영과 탐·진· 치를 조복 받은 영이 그 거래에는 다름이 있나니, 탐· 진·치에 끌린 영은 죽어 갈 때 착심에 묶인 바가 되어 거 래에 자유가 없고, 무명의 업력에 가려서 착심 있는 곳 만 밝으므로 그곳으로 끌려가게 되며, 몸을 받을 때도 보는 바가 모두 전도되어, 축생과 곤충 등이 아름답게도 보여서 색정色情으로 탁태하되 꿈꾸는 것과 같이 저도 모르게 입태하며, 인도 수생의 부모를 정할 때도 색정으 로 상대하여 탁태하게 되며, 혹 무슨 결정보決定報의 원 을 세웠으나 사람 몸을 받지 못할 때는 축생이나 곤충계에서 그에 비슷한 보를 받게도 되어, 이와 같이 생사에 자유가 없고 육도 윤회에 쉴 날이 없이 무수한 고를 받으며, 십이인연十二因緣에 끌려다니느니라. 그러나 탐·진·치를 조복 받은 영은 죽어 갈 때 이 착심에 묶인 바가 없으므로 그 거래가 자유로우며, 바르게 보고 바르게 생각하여 정당한 곳과 부정당한 곳을 구분해서 업에 끌리지 않으며, 몸을 받을 때도 태연자약하여 정당하게 몸을 받고, 태중에 들어갈 때도 그 부모를 은의로 상대하여 탁태되며, 원을 세운 대로 대소사 간에 결정보를 받게 되어, 오직 생사에 자유롭고 육도 윤회에 끌리는 바가 없이 십이 인연을 임의로 궁굴리고 다니느니라.」

(대종경 천도품 36장)

전국 가는 곳마다 법설을 잘하셔서 설통제일이라는 별호를 얻은 공타원 조전권 종사님이 계셨습니다. 한번은 공타원님께서 마령교당에 강습을 나가게 되었답니다.

그런데 설법을 할 때 보니까 항상 맨 뒷자리에 하얀 소복 입은 여자가 앉아서 법설을 듣고 있다가 법설만 마치면 바로 나가곤 하는 겁니다. 마지막 날 밤에는 사람들이 다 나간 뒤에 공타원 종사님께 다가와 큰절을 올리며 자기소개를 하는데 자기는 사람이 아니라 영가라고 하더랍니다.

그리고는 자기의 사연을 이야기했습니다. 이야기인즉슨 이웃 마을에 한 총각이 아파서 죽게 생겼으니까 양쪽 집안과 주위의 주선으로 몽달귀신이나 면하라고 결혼식을 올리게 되었답니다. 그런데 며칠 만에 총각이 죽는 바람에 자기는 처녀 과부가 되어 살게 되었는데, 혼자 사는 청상과부라 이런저런 유언비어가 나돌아서 이에 발끈하여 약을 먹고 자살을 하고 말았답니다.

그 영가는 그 일을 이야기하면서 "지금 생각하니 조금 참았으면 좋았을 텐데, 참지 못하고 자살을 한 것이 후회된다."며 진심으로 참회하더라는 것입니다. 그리고 자살했다는 벌로 10년 간 몸을 받지 못하게 되었는데, 좋은 일을 해서 3년을 감면받았다고 했습니다.

영가가 어떻게 좋은 일을 할 수 있느냐고 했더니, 아기가 넘어지면 다치지 않게 받쳐주고, 물 건너는 사람이 위험하면 받쳐주고 하여 좋은 일을 많이 하고 다녔다는 것이었습니다. 그리고 공타원님처럼 훌륭한 법사님의 법문도 받들면서 참회 생활을 하고 있다는 것이었습니다.

공타원 종사님께서 소통한 영가의 사례를 보면 영가의 의식은 생전과 다르지 않고 업보 따라서 새 몸을 받게 된다는 것을 알수 있습니다. 우리가 삼세 윤회를 하며 한없는 세상을 살아갈 때 무명업력과 어리석음을 벗어나는 현명함에 대하여 다시 한번 생각해 보는 시간이 되기를 바랍니다.

천도품 36장 요점 정리

천도품 36장에서 나오는 12인연은 불교학에서 나오는 12인연인데, 12인연은 최초의 한 생각이 부모 인연을 만나서 육근이 형성되고 세상에 태어나서 업을 지어 살다가 늙어 죽고, 다시 최초 한 생각이 부모 인연을 만나 과거 현재 미래로 삼세 윤회하는 과정을 설명한 내용입니다.

12인연을 앞서 천도품 11장에서 한 번 설명 해 드린 바가 있으므로 간단하게 개념만 알아두고 대종사님께서 말씀하신 요점을 중심으로 공부하도록 하겠습니다.

하나, 영혼 거래는 생전과 무엇이 다른가?

"사람이 죽은 후에는 유명幽明이 서로 다르온데 영식만은 생전과 다름없이 임의로 거래할 수 있나이까."

둘, 대종사님의 말씀.

첫째, 같은 것과 다른 것.

영혼은 생전이나 죽어서나 사물을 알고 느끼는 마음은 다르지 않지만, 죽은 뒤에는 탐진치에 끌린 영과 탐진치를 조복 받은 영이 오고 가는데 자유가 있고 자유가 없는 차이가 있다는 것입니다.

둘째, 탐진치에 끌린 영혼.

탐진치에 끌린 영은 집착하고, 집착하면 어둡고, 어두우면 사리 판단을 잘 못 하기 때문에 자유가 없으며 악도를 면하기 어려우므로 무수한 고통을 받으며 십이인연에 끌려다니며 삼세를 윤회한다는 것입니다. 마치 욕심 많은 어린아이가 호리병에 들어있는 맛있는 과자를 한 웅큼 움켜쥐고 꺼내는데 손이 빠지지 않아 울고 있는 것과 같은 것입니다.

셋째, 탐진치를 조복 받은 영혼.

앞에서 예를 든 바와 같이 호리병에 들어 있는 과자를 꺼내는 아이가 욕심만 버리면 손이 쉽게 빠져서 자유가 돌아옵니다. 욕심과 화냄과 어리석음을 버리면 널리 보고 멀리 보고 자타를 바르게 보기 때문에 바른 판단과 바른 행동을 하게 되며, 도에 맞는 바른 행동을 하면 하늘을 보나 땅을 보나 만물을 보나 떳떳하고 자유롭습니다.

마음공부를 하여 탐진치를 조복 받아 마음에 자유를 얻으면 나에게 장래에 유익한 선업만을 골라 선택적으로 지어가기 때문에 헛고생하지 않고 가장 경제적이고 실속 있는 선업만 지어서 계속 진급하며 복만 많이 받고 사는 것입니다.

우리 영혼이 탐진치에 끌린 업력에 대한 무게를 비유하기를 천근 쇠뭉치를 양쪽 발목에 채우고 걷는 것과 같다고 하였습니다. 업력에 집착된 무게가 얼마나 무거운가를 잘 설명해주는 비유라고 할 수 있습니다.

탐진치의 쇠뭉치는 누가 달아준 것이 아닙니다. 스스로 달아맨 것이기 때문에 쇠뭉치를 풀어내는 것도 스스로 해야 합니다. 이 무거운 업력도 한 생각만 바꾸면 훨훨 날아갈 수 있습니다. 욕심, 성냄, 어리석음, 즉 탐진치에 대한 집착만 버리면 마음에 자유를 얻어서 대 자유인이 될 수 있는 것입니다.

나의 탐진치 업력을 아무도 대신 풀어줄 수 없는 것이며, 스스로 짓고 스스로 받는 것이기 때문에 자기가 자기의 조물주입니다. 그러므로 마음공부로 탐진치를 조복 받아서 생전에 업을 선택적으로 지어가고, 살아서나 죽어서나 삼세 윤회를 자유 하는 대 자유인이 됩시다.

어떤 사람이
가까운 인연이 되는가?

또 여쭙기를 "어떠한 연유로 하여 가까운 인연이 되나이
까." 대종사 말씀하시기를 「중생들은 보통 친애하는 선
연과 미워하는 악연으로 가까운 인연을 맺게 되나 불보
살들은 중생을 제도하기 위하여 자비로 모든 인연을 가
까이 맺으시느니라.」 **(대종경 천도품 37장)**

일생을 살아가는 가까운 인연이 부부입니다. 이 부부 인연은 아무나 되는 것이 아니라 오래오래 살아온 인연들이 부부 인연이 되는 것입니다.

원기2년 어느 날 대종사님께서는 제자 김광선과 영광 5일장 구경을 가셨습니다.

어느 국밥집 마루에 앉아서 잠깐 쉬면서 주방에서 혼자 일하는 남자 주인에게 "이 집에 안주인이 없으신가요?" 하고 물으시니 "젊은 시절부터 결혼만 하면 몇 달 살지 못하고 집을 나가버리기 때문에 이렇게 혼자 살고 있습니다."라고 대답합니다.

대종사님께서 "내가 좋은 여자 한 사람을 소개해줄 테니 한 번 잘살아 보겠소?" 하니까, "그렇게만 하여 주신다면 대단히 감사한 일입니다." 하며 반가워했습니다.

그 집은 시장 들어가는 길가에 있는 집이라 많은 사람이 그 집 마루에 앉아 쉬어가곤 하였습니다. 조금 있으니 한 여자가 지나가다가 그 집 마루에 걸터앉아 쉬게 되었습니다.

그때 대종사님께서 그 여자에게 "그대는 바깥주인이 있습니까?" 하고 물으시니 "몇 년 전에 생이별하고 혼자 살고 있습니다."라고 대답하였습니다.

대종사님께서 "이 집 주인하고 부부 인연을 맺어 살면 어떻겠소?" 하니까, "오늘까지 혼자서 살아왔는데, 이제 와서 남자를 만나 살다니요. 천부당만부당 하신 말씀입니다."라고 거절을 하였습니다.

대종사님께서 "이 집 주인을 한 번 만나보고 결정해도 늦지 않습니다." 하시고, 국밥을 끓이는 집 주인을 불러냈습니다. 그 집 주인을 만나 본 여자는 마음이 바뀌었습니다. "좋습니다. 한 번 살아보겠습니다."라고 승낙을 하였습니다.

대종사님께서 두 사람을 앉혀놓고 "내가 이야기 하나 하겠습니다." 하고 다음과 같은 이야기를 하였습니다.

"옛날 깊은 산골에 수꿩과 암꿩 부부가 새끼를 기르며 알콩달콩 살다가 죽었습니다. 둘은 몇 생을 윤회하는 동안 사람으로 태어났습니다. 그러나 둘 다 인간 세상에는 인연이 없었던지 좋은 인연을 만나지 못하고 나이 40이 넘도록 이곳저곳 떠돌아다니다가 우연히 부부 인연을 만나 행복하게 살았습니다. 사람이란 인연을 잘 지어야 합니다. 내 말 명심해야 합니다."

두 남녀는 이 이야기를 듣고 마음속에 어떤 느낌이 있었는지 함께 흐느껴 울었습니다.

울음을 그치자 대종사님께서는 "서로 부부가 되어 알콩달콩 행복하게 사시오." 하는 말을 남기고, 영산성지로 돌아오셨습니다.

오시는 길에 김광선 제자에게 "오늘 내가 이야기한 뜻을 알겠는가? 그 두 남녀는 전생의 꿩 내외이었네. 영생을 통해서 보면 인연 작복이 제일 큰일이지."라고 말끝을 맺었습니다.

사람이 만나고 헤어지는 것은 다 인연관계입니다. 미워하는 인연이 되었든지 좋아하는 인연이 되었든지 만나고 헤어지는 것은 다 까닭이 있는 것입니다.

어떻게 하면 좋은 인연을 만나 행복하게 사는지 대종사님 말씀을 함께 공부하겠습니다.

천도품 37장 요점 정리

하나, 어떠한 인연이 가까운 인연이 되는가?

"어떠한 연유로 하여 가까운 인연이 되나이까." 가까운 인연은 어떻게 맺어지게 되는지에 대한 질문입니다.

둘, 대종사님 말씀.

첫째, 중생들의 가까운 인연은?

우리 중생들은 보통 친하고 사랑하는 인연과 미워하고 악한 원수의 인연을 가까운 인연으로 만든다고 하였습니다. 원수는 외나무다리에서 만난다고 하는데, 외나무다리가 먼 곳이 아니라 가정이나 직장이나 교당이기 때문에 가족이나 직장 동료나 법 동지도 은인만 있는 것이 아니라 악연도 있는 것입니다.

둘째, 불보살의 가까운 인연은?

중생은 감정과 이끗에 따라 가까운 인연을 맺어가지만, 불보살들은 자비심으로 중생을 제도하기 위하여 인연을 맺는다는 말씀입니다.

불보살의 인연법을 실천하자

가장 기본적인 것은 정법에 대한 바른 신심이 있어야 천도와 제도를 받고 성불도 할 수 있는 것입니다. 신심이 없으면 천도와 제도를 받을 수 없고 바른 신심이 없으면 원만한 인격을 이루기도 어렵습니다. 정법에 대한 바른 신심이 있어야 천도와 제도를 받고 바른 마음공부가 가능한 것입니다. 신심에 바탕을 해서 마음공부로 불보살의 인연법을 실천해야 세세생생 좋은 인연과 행복하게 살 수 있습니다.

하나, 상생 선연을 맺어간다.

누구나 원하는 인연은 상생 선연입니다. 나쁜 마음으로 사는 악인도 본인의 심성과 상관없이 상생 선연을 원하는 욕심이 다 있습니다. 하지만 결국은 악행을 짓고 악연을 만날 수밖에 없습니다. 내가 마음공부를 해서 좋은 사람이 되어야 상생 선연을 만나게 되는 것이며 그 좋은 인연을 계속 이어갈 수 있는 것입니다. 그러므로 먼저 내가 좋은 사람 되어가는 것이 상생 선연을 맺어가는 가장 기본적인 마음공부입니다.

둘, 제도의 인연을 맺어간다.

마음공부를 해서 능력이 갖춰지면 그 능력으로 제도의 인연을 맺어갈 수 있습니다. 그러나 주의할 것은 만일 능력이 없는 사람이 제도의 인연을 만든다고 악연을 만나면 오히려 악연에 물들어서 악으로 흐를 수 있는 것입니다.

그러므로 마음으로 힘을 갖춘 사람이라야 악연을 제도의 인연으로 가까이 맺어서 점점 좋게 변화시켜가는 것입니다. 따라서 다른 사람을 바르게 지도하는 것은 자신부터 마음공부 훈련으로 변해야 가능한 것입니다.

셋, 돌리는 인연이다.

우리 일상수행의 요법이 돌리는 공부인데, 특히 5조 원망생활을 감사생활로 돌리자는 공부는 좋은 인연 만드는 적극적인 마음공부입니다. 욕심내고 원망하며 사는 사람은 욕심과 감정이 앞서기 때문에 좋은 인연도 좋게 돌리지 못하고 더 나쁜 인연으로 얽히는 것입니다. 그러나 힘이 있어야 돌리고 업장이 소멸하여야 돌리는 것입니다.

대개 어리석고 이기적인 사람은 자기가 즐겨 지옥으로 돌진하는데, 옆에서 지켜보는 사람이 안타까운 마음으로 지옥으로 가지 말라고 말리면 오히려 방해한다고 착각하는 경우가 많습니다. 그러나 악심을 선심善心으로 돌리지 않으면 그 주변 인연들과 함께 고통스러운 지옥 생활을 하는 것이기 때문에 모든 수단을 다 동원해서 바르게 가도록 돌려야 합니다.

악한 인연을 좋은 인연으로 돌리기가 어렵지만 그래도 좋은 인연 만들기 위해서는 돌리는 공부를 최선을 다해서 해야 합니다.

넷, 빚 갚는 인연이다.

앞에 세 가지 방법을 다 동원해도 안 되는 인연이 있는데 이런 인연도 좋은 인연으로 돌리는 공부에 최선을 다해야 합니다.

노력해도 좋게 안 되는 인연은 빚이 많고 업이 두터운 인연입니다. 이런 인연은 전생에 지어놓은 빚이 많은 인연이기 때문에 빚 갚는 마음으로 돌리고 달게 받아야 갚아지게 됩니다.

이러한 인연은 빚이 다 갚아지고 업장이 다 녹아야 좋게 변하는 것이기 때문에 끝까지 마음공부 대중을 놓지 않아야 합니다.

중간에 자칫 마음 변하면 다시 보복의 악순환이 반복되기 때문에 인연관계가 악연이 되지 않도록 정신 바짝 차려서 끝까지 마음공부 대중을 놓지 않아야 좋은 인연을 지속시킬 수 있습니다.

앞에서 말씀 드린 바와 같이 누구나 좋은 인연 만나 행복하게 살기를 원하지만, 원하는 대로 되지 않는 것은 욕심, 성냄, 어리석음의 삼독심으로 만나고 헤어지기 때문입니다.

내가 잘해도 상대방이 나쁘게 대하는 인연도 있으므로 현실적으로 납득하기 어렵지만, 지은 대로 받는 인과법칙은 모두 근본적인 원인이 나한테 있는 것입니다.

이기적이고 삼독심[탐심=욕심, 진심=성냄, 치심=어리석음]에 찌든 사람들은 모두 '나쁜 나는 변하지 않고 너만 좋게 변하라'고 하는데 그것은 이루어지기 어려운 일입니다. 삼독심으로 만나면 좋은 인연도 나쁜 인연으로 만들고 나쁜 인연은 더 나쁜 인연으로 만드는 것입니다.

삼독심을 버리고 도로써 만나야 나쁜 인연도 좋은 인연으로 만들고, 좋은 인연은 더 좋은 인연으로 만들어 갈 수 있습니다. 나의 조물주는 나이기 때문에 대종사님 일원대도를 만났을 때 나부터 마음공부로 좋은 사람이 되어서, 그 좋은 마음과 올바른 도의 마음을 실천해서 전생에 지은 빚을 갚고 도를 실천하는 동반자가 되어 상생 선연을 만들어 행복하게 살아갑시다.

천도는
생전에 하는 것이
중요하다

또 여쭙기를 "사람이 죽은 후에만 천도를 받나이까." 대종사 말씀하시기를 「천도에는 생사가 다름이 없으므로 죽은 후에 다른 사람이 하는 것보다 생전에 자기 스스로 하는 것이 더욱 효과가 있으리라. 그러므로 평소에 자기 마음을 밝고 조촐하고 바르게 길들여, 육식六識이 육진六塵 가운데 출입하되 물들고 섞이지 아니할 정도에 이르면 남을 천도하는 데에도 큰 능력이 있을 뿐 아니라 자기 생전에 자기의 천도를 마쳤다 할 것이나, 이러한 사람은 그리 흔하지 아니하나니, 그러므로 삼세의 수도인들이 모두 바쁘게 수도하였느니라.」 **(대종경 천도품 38장)**

신라 경덕왕 때 지금의 진주 고을의 명사들이 고을에 절을 짓고 모여 불공을 드리고 있었습니다. 그런데 주지가 보니 어느 집 여종인 듯싶은 부엌데기 하나가 감히 법당에 들어올 엄두도 못 내면서 뜰 아래에서 열심히 아미타불을 염송하면서 정성을 바치는 것이었습니다. 주지는 불사의 격을 떨어뜨리는 짓으로 여겨 그날부터 매일 벼 두 섬씩을 내주며 그 부엌데기에게 찧으라는 명을 내렸습니다.

다음 날 그녀는 여전히 그 자리에서 열심히 합장하고 염불을 하고 있었습니다. 달라진 것이 있다면 합장하는 손을 새끼줄에 묶어 말뚝에다 매달아 놓은 것이었습니다. 밤새도록 벼 두 섬을 다 찧고 불공을 드리려니 팔이 올라가지 않아서 궁여지책으로 손을 매달아 놓았던 것입니다. 이렇게 며칠이 지나고 어느 날 아침 하늘에서 소리가 들렸습니다.

"욱면 낭자가 법당에 들어와 염불하면 좋은 일이 있으리라."

불공을 드리던 명사들과 스님들이 깜짝 놀라 욱면 낭자를 찾으니 다름 아닌 부엌데기였습니다. 욱면 낭자가 법당에 들어가 정진을 한 지 얼마지 않아 서쪽 하늘에서 은은한 음악 소리가 울리며 외치는 소리가 들렸습니다.

"네가 매일 아침 한 시각도 늦지 않고 내게 향한 정성이 갸륵하므로 서방정토로 부르노라."

하늘 소리가 끝나자 그녀는 하늘로 몸이 솟구쳐 서쪽으로 날다가 교외에서 현신이 변하여 진신眞身이 되어 연대蓮臺에 앉아 크게 빛을 발하면서 사라졌습니다.

지금부터 천 년 전 이야기라 다소 신비스러운 표현은 있지만 욱면 낭자는 염불 공부로 생전에 자기 천도를 마친 것입니다. 자기를 천도하는 공부는 때와 장소가 따로 있는 것이 아닙니다.

천도품 38장 요점 정리

하나, 죽어서만 천도를 받는가?

"사람이 죽은 후에만 천도를 받나이까."

죽은 사람만 천도재를 지내주니까 산 사람은 천도를 받지 못하는지 질문을 한 것입니다.

둘, 대종사님 말씀.

첫째, 천도는 생전에 하는 것이 효과가 크다.

살아서도 그 영혼이고 죽어서도 그 영혼이기 때문에 기왕이면 살아생전에 마음공부를 하는 것이 효과가 큰 천도라고 하신 것입니다. 살아생전에 말 안 듣던 사람이 죽었다고 말 잘 들을 리가 없습니다. 만나기 어려운 일원대도를 만났을 때 정신 차려서 마음공부를 열심히 해야 천도의 길이 열립니다.

둘째, 마음공부로 자유 할 힘을 얻어야 천도를 마쳤다 한다.

사리연구로 마음을 밝히고, 정신수양으로 조촐하게 마음을 맑히고, 작업취사로 마음을 바르게 길들이면, 죽어서도 바르게 갈 수 있는 천도를 마쳤다고 할 수 있습니다.

육식六識은 안이비설신의 육근으로 인식하여 아는 것을 말합니다. 육진六塵은 육식을 통해서 얻은 정보에다 욕심이 더해지는 것을 말하는 것입니다.

욕심이 없이 그대로 받아들이면 경계나 나나 청정한 그대로이지만, 욕심이 들면 그 아는 것이 죄악으로 변질하기 쉬운 것이기 때문에, 욕심이 들어서 더러워진다고 해서 티끌 진 자 육진이라고 하는 것입니다.

셋째, 자기 천도를 마치는 공부가 쉽지 않기 때문에 부지런히 공부해야 한다.

인과의 이치는 하면 한만큼 이루어지는 것입니다. 자기 천도도 저절로 이루어지는 것이 아니므로 열심히 애써서 마음공부를 해야 자기 천도를 마칠 수 있는 것입니다.

그러므로 이 마음공부를 하기 위해서 과거나 현재의 수도인들이 부귀영화를 헌 신발처럼 버리고 열심히 수도하는 것이며, 미래의 수도인들도 생전에 자기 천도를 마치기 위해서 부지런히 수도할 것입니다.

자기 천도를 마치는 공부

자기 천도를 마치는 공부는 삼학공부로 삼대력을 얻어야 가능한 것입니다. 어떠한 경계에도 염불 일심을 놓지 않는 육면 낭자처럼 평상시에 삼대력 얻는 마음공부 대중을 놓지 않아야 생전에 자기 천도를 마칠 수 있습니다. 우리는 마음의 중심을 잘 잡아 어떠한 유혹에도 흔들리지 않고 삼학공부 대중으로 본심을 지켜서 자기가 자기를 천도할 수 있을 만큼 생전에 마음공부를 부지런히 하자는 것입니다.

하나, 마음을 밝게 길들이는 공부(사리연구)

마음을 밝히는 공부는 사리연구 공부입니다. 특히 안으로 지혜가 솟아야 선악을 구분하여 악도를 면할 수 있으므로 자기 천도를 마치려면 지혜가 솟는 사리연구 공부를 해야 합니다.

설법도 듣고, 교리연마도 해야 하고, 특히 의두 성리 공부도 해야 하며, 정기일기를 통해서 몸과 마음의 자취를 소상하게 아는 공부도 필요합니다.

둘, 마음을 조촐하게 맑히는 공부(정신수양)

마음을 조촐하게 맑히는 공부는 정신수양 공부입니다.

염불, 좌선, 기도 등으로 마음을 맑히는 것이며 특히 일상생활에서 유무념 대조로 멈추는 공부를 잘해야 합니다. 특히 바쁘게 사는 현대인들은 정신수양이 절실히 필요한데 절실하게 필요한 사람일수록 수양시간을 내기가 어렵습니다.

이것을 고려해서 대종사님께서는 무시선 공부를 밝혀주셨습니다.

속담에 '두 마리 토끼를 잡는다.'는 말이 있는데, 이 무시선

공부는 일을 잘하면서 수양을 하는 공부법으로 알려주셨기 때문에, 바쁜 현대인들에게 두 마리 토끼를 다 잡는 유무념 대조 공부로 선심을 챙겨서 일과 공부를 병행할 수 있는 공부법을 열어 주셨습니다.

그렇다고 여유가 있을 때 수양을 하지 말라는 것이 아니라, 일이 없으면 염불 좌선 기도로 일심을 기르고, 일 있으면 집중해서 삼학병진의 무시선 무처선 일심 공부로 일을 잘하라는 것입니다.

그러면 일이 있으나 일이 없으나 수양의 힘을 쌓으면서, 일도 잘하고, 수양도 잘하는 공부로 일거양득 하는 공부법이 무시선 법입니다.

셋, 마음을 바르게 길들이는 공부(작업취사)

이론으로는 아무리 밝아도 훈련이 없으면 능력이 나오지 않는 것입니다. 능력이 나오게 하려면 아는 것을 실천하는 훈련을 통해서 아는 것과 실천이 하나로 일치되는 지행일치가 되어야 능력 있고 가는 곳마다 덕을 나타내는 생불이 되고 활불이 되는 것입니다.

그러므로 실질적인 효과를 내기 위해서는 끊임없는 마음공부 훈련을 지속해야 능력이 솟아나고 마음의 자유를 얻어서 자기 천도를 마칠 수 있는 것입니다.

대종사님께서 우리를 위해서 이 땅에 오셔서 우리들의 앞길을 완벽하게 열어주셨지만, 우리가 그 길을 가지 않으면 아무 의미가 없습니다. 특히 생사의 문제에서도 어느 성자와 다른 점은 천도와 마음공부를 하나로 밝혀 주셨고, 생과 사는 단절이 아니라 변화하는 순환의 이치라고 밝혀주셨습니다.

그러므로 대종사님 마음공부는 생과 사의 변하는 과정에서 변함없이 영원히 진급하며 잘 사는 공부법을 일러주셨습니다. 자기 천도의 문제도 생전에 마음공부를 열심히 해서 스스로 해결하는 것이 영혼으로 천도 받는 것보다 더 좋은 것이라고 일러주신 것입니다.

우리는 일원상과 같은 마음을 알고, 일원상과 같은 마음을 기르고, 일원상과 같은 마음을 사용하는 마음공부로 끊임없는 공을 쌓아서 마음의 자유를 얻어 삼세 윤회를 자유 하는 대 도인이 되는 것이, 대종사님께서 천도품을 밝혀주신 의미라고 생각합니다.

우리 모두 부지런히 마음공부를 해서 스스로 천도를 마치는 불보살이 됩시다.

단, 대종사님 마음공부를 나부터 실천해서 생전에 자기 천도를 마치고 나아가 다 함께 천도 받는 공부가 되기를 간절히 바라며 대종사님의 법문이 남을 평가하는 죄짓는 도구가 되지 않기를 기원합니다.

죽음에 대한
접근 방법

필자가 열 살때 쯤 되던 어느 화창한 봄날, 낮부터 시작된 생사에 대한 고민은 저녁 늦게까지 이어져 늙고 병들고 죽어야 하는 인생의 덧없음을 깨닫게 했고, '영원히 사는 길은 없을까?' 하는 숙제 하나를 간직하게 했습니다.

석가모니불은 생로병사에 대한 고민을 하다가 마침내 출가하셨다는데, 나는 건강이 좋아지면서 '언제 그런 일이 있었느냐?'는 듯 더 이상 생사에 대한 고민을 이어가지 못하고, 고민했다는 그 생각 자체마저도 까맣게 잊어버리고 살았습니다.

하지만 이 엉뚱한 고민은 성인이 된 후 원불교 천도재에 참석했다가 '변화는 될지언정 생사는 아니니라.' 하신 천도법문을 듣고 '아, 그렇구나. 영원히 사는 길이 있었구나.' 하는 깨우침을 얻으면서 '영원히 사는 길을 찾아.' 출가를 결심하는 계기가 되었습니다.

출가 후 영산에서 간사 생활을 하다가 육군에 입대하여 근무하던 중 총상을 입고 사경을 헤매면서 다시 생사에 대해 생각해볼 기회가 주어졌습니다. 그리고 몇 년 전 대장암으로 수술을 받고 치료를 하며 또다시 삶과 죽음의 문제를 깊이 있게 생각해볼 수 있었습니다.

어려서 엉뚱한 상상으로 한 번, 군 복무 중 한 번, 암 수술 후 한 번으로 지금까지 살아오면서 세 번의 경계를 통해 생사 문제를 심도 있게 생각하였으며, 어떻게 하면 마음의 자유를 얻어서 자유롭게 갔다가 자유롭게 올 수 있을까? 하는 것이 지상 과제입니다.

대종경 천도품 2장에 "사람이 세상에 나면 누구를 막론하고 열반의 시기가 없지 아니한지라…" 하셨고, 대종경 천도품 1장에 "범상한 사람은 사는 것만 큰일로 알지마는, 지각이 열린 사람들은 죽는 일도 크게 아나니…, 조만이 따로 없지마는 나이 40이 넘으면 죽어 가는 보따리를 챙기기 시작하여야 죽어갈 때 바쁜 걸음을 치지 않는다."고 하셨습니다.

또한, 대종경 천도품 7장에 "사람이 행할 바 도가 많이 있으나 그것을 요약하면 생과 사의 도에 벗어나지 아니하나니…" 하셨고, 대종경 천도품 35장에 열반경에 이르기를 "전생 일을 알고자 할진대 금생에 받은 바가 그것이요, 내생 일을 알고자 할진대 금생에 지은 바가 그것이라…"고 하셨습니다.

살아 있을 때를 생生이라 하고 죽었을 때를 사死라 하는데 우리 보통 사람들은 생과 사를 별개의 세계로 보나 위에서 소개한 대종사님의 말씀에 따르면 생과 사는 별개가 아니라 하나로 이어지는 삶의 과정임을 알 수 있습니다.

사람은 세상에 태어나면 누구나 죽음에 이르게 됩니다. 그래서 이 죽음의 문제를 해결하기 위하여 많은 성자 철인들이 끊임없이 노력해 왔습니다.

한때 심령과학에 심취해 심령에 관한 책은 나오는 대로 모두 사다 본 적이 있었습니다. 생사에 관한 여러 이론을 접해 보았고 장례 관계의 일에 15년간 근무하면서 여러 종교의 장례문화도 살펴보았습니다. 그런데 지금까지 제가 접해 본 여러 이론

가운데 원불교와 같이 천도의 길을 명확하게 밝혀놓은 곳은 아직 발견하지 못했습니다.

필자는 원기96년에 '휴양년'을 허락받아 1년 동안 영생의 과제인 원불교 천도에 대하여 심도 있게 연구할 수 있는 시간을 가졌고, 정년퇴임 후에도 이를 계속 연마를 하였습니다. 이때 집중적으로 공부했던 자료는《대종경》천도품과 인과품,《정산종사법어》생사편 등이었습니다. 앞으로도 이 생사 문제에 대해서는 여러분이나 저나 확실하게 해결할 수 있도록 함께 공부해야 할 과제입니다.

1. 믿음에 의한 접근

모든 형체가 사라지는 죽음이란 현실에 접근하기 위해서는 먼저 믿음을 가지는 것이 중요합니다. 형체가 없는 것을 형체로 보여줘야만 믿을 수 있다고 하는 것은 마치 흔들리는 나뭇가지를 보면서도 눈에 보이지 않는 바람을 인정할 수 없다고 하는 것과 같습니다.

진리를 깨친 분이라고 객관적으로 인정하는 분의 논리를 믿고 접근해야 눈에 보이지 않고 흔적만 있는 '영혼' 또는 '마음'의 실체를 만날 수 있습니다. 더 나아가서는 선각자들이 제시한 방법에 따라 열심히 노력하여 정력이 쌓이면 영통을 하여 실체를 보거나 느낄 수 있는 경지에 이를 수 있습니다.

사람들은 눈에 보이는 것은 열심히 치장하고 쫓아 가기에 바

쓰지만, 눈에 보이지 않는 귀신의 세계, 영혼의 세계, 마음의 세계는 호기심을 가질지언정 이 문제를 확실하게 해결하기 위해 노력하는 사람은 많지 않습니다. 이 문제를 확실하게 풀 수 있는 마음공부에 대해서도 깊이 있게 수행하고 노력하는 사람은 드뭅니다.

다행히 여러분과 저는 남다른 관심으로 대종사님 마음공부에 대하여 접할 수 있는 행운을 얻었습니다. 이제 대종사님의 가르침대로 내가 현재 받고 있는 모든 것이 전생에 지은 바라는 것을 확실하게 믿고 있는지 각자의 믿음을 반조해 보아야 할 때입니다.

대종사님께서 명쾌하게 밝혀준 내용도 믿지 못한다면 어디에 가서 생사 문제를 해결할 수 있겠습니까?

2. 문헌에 의한 접근

영혼의 세계를 실지로 접하거나 느낀 사람들, 그리고 영혼과 실제 대화를 나눈 체험자들의 기록이 많이 있습니다. 보통사람들이 바라보는 그 세계는 상상의 세계요 무형의 세계이기 때문에 정하여진 틀은 없으나, 대체적인 원칙이 있다면 종교적 진리관에 바탕해 있거나 평상시 생전에 배우고 들은 상상의 세계에 한정된다는 것입니다.

내가 살아생전에 '영혼'에 대하여 아무런 호기심조차 갖지 않았다면 눈에 보이지 않는 이 상상의 세계를 공부할 생각조차 하지 않았을 것입니다.

이 상상의 세계를 알아보기 위해서는 무엇보다도 사후 세계에 대한 기록을 다양하게 접하는 것이 좋습니다. 특정 사고방식에 사로잡혀 마치 누에고치와 같이 폐쇄된 생각에 고착되지 않도록 마음을 열고 널리 다양한 문헌에 접근하여 비교해보는 것이 삶과 죽음의 도를 바르게 인식하는데 가장 바람직한 방법입니다.

단, 천도품 7장에 '바른길을 알지 못하고 특별하고 이상한 것에 빠지는 것은 악도에 떨어질 위험이 있다'고 경계하신 말씀을 상기할 필요가 있습니다. 미신에 빠지면 비현실적인 삶으로 생을 헛되게 보낼 위험이 있기 때문입니다.

3. 삶에 의한 접근

공리공론에 빠지거나 환상에 빠져서 현실에 적응하지 못하는 것은 삶과 죽음이 하나의 순환으로 이어지는 연속 선상에 있다는 것을 모르기 때문입니다. 따라서 삶에 의한 접근을 하지 않으면 현실적응을 하지 못하고 자칫 병적인 상태에 이를 수 있습니다.

주어진 삶에 충실하면서 건강한 몸과 마음으로 향상의 삶을 살아가되 생의 주체가 되는 마음 세계에 대한 학습과 마음공부를 성실하게 병행하여 깨달음의 경지에 도달하는 것이 가장 바람직한 접근입니다.

이론에만 치우쳐서 성실하게 수행 적공을 하지 않으면 공상에 그치기 쉽고, 생사에 대한 문제는 해결되지 않고 그대로 남아서 악도 윤회를 면하지 못합니다. 그런데 모든 사람의 생활의 면면을 보면 열심히 살아가는 것 같은데 실체는 놓고 그림자만 좇으며, 영생을 생각하지 않고 현생만 탐닉하는 하루살이 같은 인생이 많습니다.

영생을 인정하지 않는다고 해서 영생이 없어지는 것은 아닙니다. 삶과 죽음은 언제나 연속 선상에 놓여 있습니다. 내일에 대한 준비가 전혀 없이 살던 사람은 새날 새삶을 당하게 되면 당황하여 어찌할 줄을 모릅니다.

일원상서원문에서는 몸과 마음의 작용에 따라 여섯 문(천상, 인간, 수라, 축생, 아귀, 지옥)을 선택하여 수많은 영혼이나 여러 생명의 종으로 삶이 이어진다고 하였습니다.

따라서 《대종경》 천도품 1장의 말씀과 같이 현실을 잘 살지 않으면 잘 죽을 수 없습니다. 잘 죽지 못하면 후생은 비관적으로 바뀔 수도 있습니다. 이제 우리의 생사 문제가 크고 심각한 것이라는 것을 알았으니, 우리 다 같이 대종사님 마음공부로 수행 적공하여 생사를 자유 하는 대 도인이 됩시다.

일원상 진리의 생사

'하지'에 시작한 음 기운이 삼복더위에 힘을 얻기 시작하여 극에 달하는 시기가 '소한'과 '대한'입니다. 또한 '동지'에 시작한 양 기운은 '소한'과 '대한'을 지나면서 차차 힘을 얻어 삼복더위에 극에 달하게 됩니다. 이것이 생과 사를 지배하는 일원상 진리이자 음과 양이 서로 이기는 원리입니다. 대종사님께서는 이 원리를 인과의 원리라고 밝혀주셨고 음양 상승의 이치 따라 순환하는 원리라고 밝혀주셨습니다.

원불교 일원상 진리에 나온 생사에 대한 문제를 공부합니다.

진리 이름이 일원상

우주에는 영원하고 절대적인 하나의 원리가 있는데 이것을 이름하여 원불교에서는 '일원상 진리' 또는 '법신불 일원상'이라고 합니다.

일원상 진리는 우리의 본래 마음

"일원—圓은 우주 만유의 본원이며, 제불 제성의 심인이며, 일체중생의 본성이며"라고 하였습니다. 곧 일원의 진리는 세상 모든 것의 근본이며, 모든 부처 모든 성인의 마음으로 확인한 자리며, 천상, 인간, 수라, 아귀, 축생, 지옥 중생의 본래 성품 자리입니다. 따라서 일원상 진리는 우리의 본래 마음입니다.

일원상 진리와 우리의 수명

일원상 진리에서 밝혀주신 바와 같이 우리의 본래 마음은 일원상 진리와 같은 것이라고 하였습니다. 일원상의 진리의 수명은 시작도 끝도 없는 한없이 긴 수명을 가지고 있습니다. 따라서 일원의 진리와 같은 우리 본래 성품의 수명도 일원상 진리의 수명과 같이 영원한 것입니다.

우리 각자가 각자의 조물주

수명뿐만 아니라 우리의 본래 능력과 지혜 광명도 한없이 넓고 큰 일원상 진리와 같다고 하였습니다. 이러한 근거를 가지고 대종사님께서 각자가 각자의 조물주[대종경 변의품 9장]라고 말씀하셨습니다.

교회 용어사전에는 조물주造物主, Creator를 온 우주 만물을 말씀으로 창조하신 하나님을 일컫는 호칭(롬1:25)이라고 하였으며, '창조주'(벧전4:19)라고도 한다고 하였습니다.

교회에서 말하는 조물주는 우주를 창조한 하나의 신으로 표현을 한 것입니다. 따라서 천지 만물의 근본에 대하여 구체적으로 밝힌 바가 없으므로 하나의 신을 믿는 입장에서는 하나의 신 이외에는 모두 자기 창조의 권한이 없는 피조물로 보고 있는 것입니다.

그러나 성경 강론을 들어보면 신자가 노력[기도 정성]을 해서 얻은 특별한 능력을 하나님이 내 안에서 역사한다고 합니다. 하나님이 내 안에서 역사한다는 것은 말만 다르지 우리의 근본은 하나님의 근본과 상통한다는 것입니다.

원불교 대사전에서는 조물주造物主를 '우주 만물을 만든 창조주創造主. 조화신造化神·조화옹造化翁·조물자造物者·창조자創造者라고도 한다. 소태산 대종사는 조물주가 따로 있는 것이 아니라 일체생령이 다 각각 자기가 자기의 조물주라 했다.'고 밝히고 있습니다.

원불교에서는 일체 생령이 다 각자의 조물주라고 한 것입니다. 원불교에서 보는 조물주는 절대자인 신과 천지 만물의 근본을 하나로 보는 입장이기 때문에 각자가 조물주가 되는 것입니다. 우리 각자는 창조 조물주의 분화된 조물주이며 근본적으로는 하나지만 현실적으로 나누어 보면 천지 만물입니다.

그러므로 일원상 진리에서 일체중생의 본성이라고 하였으므로 우리 각자는 법신불 사은의 분화신이라고 하는 것이나, 하나님이 내 안에 역사를 하여 기적을 나타내는 것은 같은 뜻으로 볼 수 있으므로 자기가 자기를 창조할 능력을 가진 조물주가 되는 것입니다.

자기 조물주는 창조만 하는 것이 아니라 창조 능력을 잘못 사용한 책임도 인과적으로 자기가 지기 때문에 나는 나의 진정한 조물주입니다. 단, 자기 조물주는 자기만 창조하는 조물주이기 때문에 다른 조물주의 권한을 침해하거나 간섭을 하면 벌이 따른다는 것을 명심해야 합니다.

무책임한 종의 사고방식이 문제다

모 종교 집단에서는 우리는 조물주가 만든 피조물이라면서 세계 곳곳에서 스스럼없이 살생을 일삼고 있습니다. 주인을 위해서라면 '살인의 중죄도 성스러운 일이다, 성스러운 전쟁이다' 하고 미화를 시킵니다. 스스로 종이 되어 자기 행동에는 아무런 책임의식도 없는 이러한 무책임한 사고방식에 우리는 한탄을 금할 수 없습니다.

인과적으로는 무책임은 없습니다. 자기가 저지른 죄를 누가 받겠습니까? 부정하고 아니라고 해도 결국 자기가 저지른 죄는 자기가 받는 것이 틀림없는 인과의 법칙입니다.

원불교에서는 '내가 지어서 내가 받는다'는 인과법칙을 믿고 가르치기 때문에 자기가 곧 자기의 조물주가 됩니다. 자기가 자기의 조물주임을 아는 것은 행운 중의 행운입니다. 이 이치를 모르면 희망도 없고 어리석은 죄를 범하기 쉽습니다. 그러므로 인과윤회를 아는 우리는 엄청난 행운을 얻은 것입니다.

진공묘유의 조화

일원상 진리 끝에 보면 "진공묘유의 조화는 우주만유를 통하여 무시광겁無始曠劫에 은현자재隱顯自在 하는 것이 곧 일원상의 진리니라." 하였습니다.

참으로 텅 빈 가운데 묘하게 있어지는 진리는 우주에 있는 모든 것을 통해서 시작도 끝도 없는 한없는 세월에 숨었다 나타났다 합니다. 이것을 자유자재 한다고 하는 것입니다.

현실적으로 '생겨났다, 없어졌다' 하는 것은 일시적으로 '숨었다, 나타났다' 하는 것이지 눈에 보인다고 해서 영원히 있는 것이 아니고 눈앞에서 사라진다고 해서 영원히 없어지는 것이 아닙니다. 단지 변화일 따름입니다.

유무 초월의 생사문

일원상서원문에 '유무 초월의 생사문' 이라는 말씀이 있습니다. 일원상의 진리 또는 우리의 본래 마음은, 있는 것과 없는 것을 뛰어넘어서 태어날 때의 생과 생을 마치는 사가 순환하는 문입니다. 문이라는 것은 안도 아니고 밖도 아니고 생도 아니고 사도 아닙니다. 그러나 우리가 죽을 때나 태어날 때 반드시 통과해야 합니다. 사람이 살다가 죽어서 다시 태어나는 데는 집을 드나드는 문처럼 반드시 이 일원상 진리와 내 마음을 통해야 합니다. 그리고 그 오고 가는 법칙이 바로 일원상 진리입니다.

생로병사와 인과보응

일원상 법어에서는 '또는 생로병사의 이치가 춘하추동과 같이 되는 줄을 알며, 인과보응의 이치가 음양상승陰陽相勝과 같이 되는 줄을 알리로다.' 라고 하였습니다. 생명이 태어나고 늙고 병들고 죽는 이치가 봄, 여름, 가을, 겨울이 돌고 돌면서 철 바뀌는 것과 같다는 말씀입니다. 죄를 지어 벌을 받고 복을 지어 복을 받는 인과보응의 이치가 음과 양이 서로 이기는 것과 같이 되는 줄을 알라는 말씀입니다.

원만구족 지공무사

우리 각자가 조물주라는 근거는 또 있습니다. 우리 마음은 일원상 진리와 같이 본래 '원만구족한 것이며 지공무사한 것'이라고 하였습니다. 원만구족하고 지공무사하다는 것은 원만하여 부족함이 없이 완전하게 갖춰 있으며 지극히 공변되어 사가 전혀 없다는 것입니다. 다른 말로 말하면 우리 마음은 본래는 진리와 같이 완전하여 무한정 가능한 모습이라는 것입니다. 지금의 나는 완전하지 못하나 본래는 완전하므로 무엇이나 하면 된다는 조물주의 능력을 이론적으로 뒷받침해 주는 것입니다.

결론적으로 일원상 진리장의 생사 문제는 우리 각자는 본래 완전하여 무한정 할 가능성을 가지고 있으며, 우주와 영원히 함께하는 영원한 수명을 가지고 있으며, 우주의 진리를 사용하는 위대한 존재라는 것입니다.

사람 몸 받아 정법회상 만나기가 태평양처럼 넓은 바다에 사는 눈먼 거북이가 널빤지를 만나는 것과 같이 어렵답니다. 이러한 행운 만났을 때 부지런히 공부하여 세세생생 진급하고 이 공부 이 사업 잘합시다.

사은장의 생사

군에서 화생방 교육을 받으면서 공기에 대해 절실하게 고마움을 느낀 적이 있었습니다. 아마 최루가스를 직접 맡아보신 분은 어느 정도 짐작을 하실 것입니다.

화생방 훈련이 있는 날에는 교관이 방독면 하나씩을 나눠주고 생화학 전쟁에 대한 무서움을 강의한 뒤, '가스' 하고 구령을 붙이면 얼른 방독면을 쓰고 '해제'하면 방독면을 벗는 훈련을 반복하곤 했습니다.

이 같은 훈련을 마친 다음에는 시멘트 블록으로 지은 창고 안에 최루탄을 몇 개 터트려놓은 뒤, 방독면도 씌우지 않은 채 맨얼굴로 들어가 반대편에 있는 문을 통해 나오도록 했습니다.

경험 있는 선배들은 창고에 들어갈 때 눈을 감고 숨을 쉬지 말라고 하였는데, 연기가 자욱한 어두운 실내에서 반대편 문을 찾으려면 눈을 뜨지 않을 수가 없었고, 시간이 길어지니 숨을 쉬지 않을 수 없었습니다. 거기에다 방독면을 쓴 교관이 훈련병들에게 얼차려까지 시키니 고통을 피할 수 없었습니다. 눈을 뜨면 쓰라리고 따가웠으며, 숨을 들이쉬면 목과 가슴 속까지 타들어가는 듯 찢어지게 아팠습니다.

겨우 문을 찾아서 밖으로 나와 눈물 콧물 다 흘리며 재채기를 해대는데, 우리가 평소 들이마시던 그 공기가 그렇게 신선하고 맛있는 것인 줄을 그전에는 몰랐습니다. 그때처럼 공기의 고마움을 절실하게 느낀 적이 없었습니다.

우리는 법신불 사은님으로부터 없어서는 살 수 없는 한없는 은혜를 입고 살면서도 그 은혜가 너무 커서 은혜로 느끼지 못하고 당연한 것으로만 알고 살아갑니다.

원불교《정전》사은에 나타난 생사에 대하여 공부를 합니다.

원불교 종교관은 은혜 사상이다.

기독교에서는 '사랑'을 말하고 불교에서는 '자비'를 말하고 원불교에서는 '은혜'를 말합니다. 특히 원불교에서는 은혜의 세상이라 하여 은혜의 종교관을 가지고 보은의 신앙생활을 주장합니다.

일원 즉 사은

원불교가 다른 종교와 특별히 다른 점은 우주의 진리와 우리 인간과의 관계 윤리를 구체적으로 밝히고 있다는 점입니다. 이 세상을 지배하는 하나의 진리가 있는데 그것을 원불교에서는 '일원의 진리'라고 하고 그 내용을 '사은'이라 하여 네 가지 은혜로 밝히고 있습니다.

일원의 진리가 천지로 나타나서 우리에게 살아갈 수 있는 삶의 근원을 제공해 주고, 일원의 진리가 부모로 나타나서 우리에게 생명을 주고 보호하며 가르침을 주고, 일원의 진리가 동포로 나타나서 우리에게 서로 의지하고 협력해서 살도록 서로 도움을 주고, 일원의 진리가 법률로 나타나서 우리에게 안심하고 살 수 있는 우주의 질서와 인간의 질서를 제공해줍니다.

　종합하면 없어서는 살 수 없는 절대적인 관계를 이 네 가지 은혜의 관계로 알려주신 것입니다. 따라서 내가 접하는 모든 대상은 일원상 진리가 그대로 나타난 것이요 은혜입니다. 내가 이 세상에 존재하게 하는 그 자체가 은혜입니다.

빼앗아 가는 것도 은혜다.

　그러나 네 가지 주는 은혜만 있는 것이 아니라 네 가지 빼앗아 가는 은혜도 있습니다. 일원의 진리는 사은을 통해서 나에게 생명을 주기도 하고 생명을 빼앗아가기도 합니다. 일원의 진리는 나의 생명과 삶과 죽음에 관한 모든 권한을 사은을 통해서 행사하는 것입니다. 그러므로 주는 것도 은혜요, 빼앗아 가는 것도 똑같은 은혜입니다. 능력 없이 늙고 병들어 오래 살면 빚만 지고 주위 사람들에게 인기가 없으며 귀찮은 존재가 될 것인데, 축복받고 환영받는 새 생명으로 사후관리를 해주니 얼마나 감사한 일입니까?

지은 대로 받는 은혜다.

　그런데 주고받는 그 일이 예쁘다고 주고 밉다고 내치는 식이 아니라 지은 대로 주고 지은 대로 받습니다. 텅 빈 가운데 묘하게 있어지는 진공묘유眞空妙有의 조화로 조건 반사적인 결과가 나타나게 하는 것입니다. 일원의 진리는 조금도 사사로움이 없어서 각자가 몸과 마음으로 지은 그대로 되돌려 줍니다. 마치 비디오카메라를 틀어놓고 활동하면 활동 정보가 녹화되고 녹화된 것을 재생하면 그대로 다시 나오듯이, 원인이 발생하면 때를 따라 녹화된 대로 각자의 능력과 상황에 따라 복은 복대로, 벌은 벌대로 받는 결과가 나타나게 됩니다.

신앙의 대상은 법신불 사은이다.

법신불 사은은 생명을 주고 살리는 것뿐만 아니라 복이나 벌을 주기도 하므로 신앙의 대상이 되는 것입니다.

1. 천지은에 나타난 생사

넓은 의미의 천지

여기에서 말하는 하늘과 땅은 좁은 의미의 천지가 아니라 우주를 포함해서 없어서는 살 수 없는 내 생존에 관계된 모든 것을 하늘과 땅의 은혜라고 이름 지은 것입니다.

천지 피은被恩의 강령에 보면, '천지의 도는 지극히 밝은 것이며, 지극히 정성한 것이며, 지극히 공정한 것이며, 순리 자연한 것이며, 광대 무량한 것이며, 영원불멸한 것이며, 길흉이 없는 것이며, 응용에 무념無念한 것이니, 만물은 이 대도가 유행되어

대덕이 나타나는 가운데 그 생명을 지속하며 그 형각形骸을 보존하나니라.'고 하였습니다.

천지가 행하는 바에 따라 만물이 형체를 유지하고 생명을 이어가는 것입니다. 우리가 세상에 살아 있을 때 저절로 사는 줄 알지만 그렇지 않습니다. 일 초도 쉬지 않고 천지의 은혜를 받고 살아가는 것입니다.

우리 생명의 원천이 되는 은혜를 천지 피은의 조목에서는

1. 하늘의 공기가 있으므로 우리가 호흡을 통하고 살게 됨이요,
2. 땅의 바탕이 있으므로 우리가 형체를 의지하고 살게 됨이요,
3. 일월의 밝음이 있으므로 우리가 삼라만상을 분별하여 알게 됨이요,
4. 풍운우로의 혜택이 있으므로 만물이 장양長養 되어 그 산물로써 우리가 살게 됨이요,
5. 천지는 생멸이 없으므로 만물이 그 도를 따라 무한한 수壽를 얻게 됨이니라.

하고 다섯 가지 은혜로 밝혀 주셨습니다. 공기가 있으므로 숨을 쉬고, 땅이 있으므로 몸을 지탱하고, 해와 달의 밝음이 있으므로 물건을 구별해 볼 수 있고, 바람·구름·비·이슬이 있으므로 우리가 먹을 것을 얻을 수 있고, 생멸이 없으므로 영생을 이어서 살아가게 되는 것입니다.

현재를 잘 사는 것이 죽음의 준비다.

이 천지자연의 조건을 아끼고 잘 사용하는 사람에게는 좋은 조건에서 살 수 있는 복을 주고, 천지자연의 조건을 훼손하고 오염시킨 사람에게는 열악한 조건에서 살게 하는 벌을 내립니다.

현재를 잘 살아야 잘 죽을 수 있고, 잘 살다 준비된 죽음을 맞이해야 잘 태어나서 내생을 잘 살 수 있는 것입니다. 그러므로 현실을 마음공부로 잘 사는 것이 죽음을 해결하는 확실한 길이 되는 것입니다.

2. 부모은에 나타난 생사

부모은父母恩에서는 생명을 얻게 되고, 생명을 유지해 주고 키워주고, 가르쳐 주신 은혜를 밝혀 주셨습니다.

'마땅히 부모가 아니어도 이 몸을 세상에 나타내게 되었으며 설사 나타났더라도 자력自力 없는 몸으로서 저절로 장양될 수 있었을 것인가 하고 생각해 볼 것이니, 그런다면 누구나 그렇지 못할 것은 다 인증할 것이다. 부모가 아니면 이 몸을 나타내지 못하고 장양 되지 못한다면 그 같이 큰 은혜가 또 어디 있으리오.'

우리가 부모 은혜에서 잘못 생각할 염려가 있어서 다음 말을 덧붙였습니다. '대범 사람의 생사라 하는 것은 자연의 공도요 천지의 조화라 할 것이지마는, 무자력할 때에 생육生育하여 주신 대은과 인도의 대의를 가르쳐 주심은 곧 부모 피은이니라.' 하여 길러주고 가르쳐 준 은혜를 부모 은혜로 밝혀 주셨습니다.

자연의 공도 천지의 조화다.

우리가 부모 은혜에 대해 연구할 대목은 사람의 생사는 자연의 마땅한 도리요 천지의 조화라는 것입니다. 자연의 공도와 천지의 조화로 태어났다 죽어간다는 것입니다. 여기에서 말하는 자연의 공도와 천지의 조화는 일원의 진리와 우리와의 관계를 다른 단어로 표현한 것입니다.

다시 말씀드리면 일원의 진리가 부모라는 대상을 통해서 나의 생명을 태어나게 한다는 것이며, 일원의 진리가 사람뿐만 아니라 모든 생명에게 그와 같이 역사를 한다는 것입니다. 그러므로 나를 낳아주고 길러주고 가르쳐 준 은혜도 감사해야 하지만 그 은혜가 나오는 근본 자체에 대해 감사해야 합니다.

부모를 내가 선택한다

대종경 천도품 5장 천도법문에 연결지어보면 도의 마음이 불보살 세계로 끌리면 그곳에 태어나 즐거움을 받게 되고 탐진치의 마음이 많으면 애착의 세계, 탐욕의 세계에 태어난다고 하였으므로 부모를 자기 마음에 끌리는 대로 선택한다는 것임을 알 수 있습니다. 부모가 나를 선택한 것이 아니라 내가 부모를 선택한다는 것입니다.

그러므로 부모 노릇 잘하는 것이 좋은 부모를 준비하는 것이고, 자녀 노릇 잘하는 것이 좋은 자녀 준비하는 것입니다. 이 세상에서 나의 도리를 잘하고 사는 것이 바로 내생의 인연을 저축하는 것이 되는 것이므로 잘살아야 잘 죽을 수 있는 것입니다.

버림받는 것은 스스로 버린 것이다

부모 배은의 결과에서 '부모에게 배은을 한다면 세세생생 거래 간에 혹 나의 무자력한 때가 있다 할지라도 항상 중인의 버림을 받을 것'이라고 하였습니다. 버림받는 사람은 부모가 버린 것이 아니라 버림받을 일을 전생이나 현생에 하였기 때문에 자기가 자기를 버림받게 한 것입니다. 그러므로 부모 노릇 잘하는 것과 자식 노릇 잘하는 것이 중요한 생사 해결의 길입니다.

3. 동포은에 나타난 생사

동포은同胞恩에서 생사는 상호 의존관계이며 생사의 연결고리입니다. 연결고리는 낱개로는 혼자 어떠한 역할을 할 수 없으나 서로 연결되면 다양한 일이 가능해집니다. 이것을 과학자들은 생태계라는 표현을 씁니다.

생태계를 살펴보면 동물, 곤충, 미물, 식물, 무생물, 광물까지 다양하게 연결고리가 서로 얽혀서 하나의 세상을 이루고 있음을 알 수 있습니다. 이 우주는 굵고 가늘고 크고 작은 끈과 고리로 얽혀진 거대한 연결조직이며, 이 연결조직 속에서 서로 도움을 주고받는 관계 속에 각자의 삶을 살아가고 있습니다. 이 삶의 연결고리를 대종사님께서는 동포 은혜로 밝혀 주신 것입니다.

이 인연관계를 팔자소관이라 한다.

생사 관계에서 이 연결고리는 대단히 중요합니다. 인연복 또는 악연 또는 팔자소관이라고 말하는 모든 것이 바로 이 인연고리입니다. 현재 연결된 연결고리는 누가 준 것이 아니라 전생이나 현생에 내가 눈, 귀, 코, 입, 몸, 마음의 육근작용으로 걸어놓은 인연 고리입니다.

원기84(1999)년 나는 곤욕의 세월을 마음 하나 돌려서 상생의 선연을 만들고 공부하는 한 해로 살았습니다. 전해부터 대전 서구 관저지구에 개척교화를 신청했으나 직속상관의 요청에 따라 1년을 더 근무하며 살게 되었는데, 상관이 요구하는 제 역할은 구조 조정과 연봉제 시행, 환경 개선 등과 같은 악역들이었습니다. 특히 하급 교무는 이 기회를 이용해 상사보다 더 심하게 질타를 하는 일이 많아서 심한 수치심과 모욕감에 시달려야 했습니다.

하지만 나는 공부할 기회라 판단하고 마음을 멈추고 모든 일을 사적인 감정보다 공명정대하게 처리해 나갔습니다. 그러다

342

보니 그 하급 교무를 미운 마음 없이 성심으로 홀로 설 수 있도록 도와주게 되었고, 나 대신 그 일을 할 수 있도록 했더니 내가 그만둘 때는 원수로 알던 나를 한 3년 이렇게 살면 큰 힘을 얻겠다는 아쉬움의 말을 하며 좋은 인연 관계로 마무리할 수 있었습니다. 그가 하는 짓이 가소롭고 아니꼬운 점이 없지 않았지만, 다음에 좋은 관계로 만나기 위해서 좋은 인연으로 돌리는 불공을 하였던 것입니다.

인연의 준비

사람도 없고 금수도 없고 초목도 없는 곳에서 동포의 도움이 없이, 동포의 의지가 없이, 동포의 공급이 없이는 살 수 없는 큰 은혜를 안다면 사람을 비롯한 동물, 식물, 무정물까지도 좋은 인연을 맺어 가는 마음공부입니다. 그것이 다음 생에 잘살게 되는 죽음 준비이고 현실을 현명하게 사는 것입니다.

속이는 것은 자기를 속인 것이다

어떤 사람들은 사람과 세상을 속이고 승리의 기쁨을 느끼는데 이것은 철없는 주인집 아들이 자기 집 곳간에서 곡식을 훔쳐다가 자기에게 선물하는 자기 집 종업원을 칭찬하는 것과 같은 어리석은 일입니다.

4. 법률은에 나타난 생사

법률은法律恩의 생사는 질서에 대한 믿음의 은혜입니다. 우주에는 우주의 질서大小有無가 있고, 사람에게는 사람의 도리是非利害가 있습니다. 이 질서에 대한 믿음이 없다면 우리는 불안해서 살 수 없을 것입니다.

농부가 봄에 씨를 뿌리는 것은 천지의 질서가 봄이 지나면 여름이 오고 여름이 지나면 가을이 온다는 것을 믿기 때문입니다. 만일 봄 이후에 가을이나 겨울이 온다면 그는 씨를 뿌리지 못할 것입니다.

마찬가지로 우리도 봄, 여름, 가을, 겨울이 순환하듯이 태어나면 반드시 죽음이 오게 되고, 죽어서는 반드시 다시 태어나는 이치가 있으므로 미래의 생을 미리 준비하기 위하여 현실에서 최선을 다하여 살고 진급하고 잘살기 위하여 마음공부를 하는 것입니다.

구속은 자기가 자기를 구속한 것이다

개인, 가정, 사회, 국가, 세계에 있어서 없어서는 살 수 없는 큰 은혜를 받으면서 주어진 위치에서 자기가 해야 할 당연한 일을 열심히 해야 현재나 내생에 질서 위반으로 구속을 당하지 않고 잘 살 수 있는 것입니다.

앞에서도 밝힌 바와 같이 인과법칙이나 불생불멸의 이치를 모르고 국가 사회의 질서를 어겨서 구속을 당하고 고통을 받는 것은 자기가 자기를 모욕주고 자기가 자기를 구속하는 것이 되는 것이며 자기가 자기를 고통받게 하는 것입니다.

우리가 질서를 잘 지키고 살 때 내가 사는 이 세상은 다시없는 안락세계安樂世界가 될 것입니다.

종합하면 주어진 삶의 현실에서 진리에 바탕을 둔 방법으로 최선을 다하여 사는 것이 현실의 행복이고, 내생의 준비이며, 사은에 보은하는 길입니다.

천도란 무엇인가?

'천도란 무엇인가?'를 말씀드리겠습니다.

천도란? 한마디로 말하면 잘사는 것입니다. 잘사는 것은 진리
적인 것과 경제적인 것과 정신적인 것과 문화적인 것 등 살아가
는 데 필요한 모든 것을 포함하고 있습니다.

어려서는 물질적으로 풍족한 것만을 잘사는 것으로 알았으나
원불교를 만나면서 정신, 육신, 물질로 고르게 잘사는 것이 참
으로 잘사는 것임을 깨달았습니다. 그래서 잘사는 것 가운데 가
장 근본이 되는 정신적으로 잘사는 방법에 대해 고민을 하게 되
었고 결국 성직자의 길을 선택했습니다.

내가 어렸을 당시는 8·15해방 전후의 어려운 시국에 이어
6·25 전쟁과 전쟁이 끝난 후의 궁핍한 시절이었습니다. 아버지
께서는 징용을 당해 일본에 노무자로 끌려가셨다가 4년 만에 돌
아오셨는데, 일본에서 얻은 병으로 35세란 젊은 나이에 돌아가
시괴당시 내 나이 6세] 말았습니다. 그러다 보니 집안은 가난할
대로 가난해 오지의 원주민 수준을 벗어나지 못했습니다.

그때의 생활과 지금의 생활을 비교한다면 당시 국가 원수의
수준은 될 정도로 생활이 좋아졌습니다. 물론 현재 물질적으로
풍요하게 사는 사람과 비교를 하면 저는 서민입니다.

지금 제가 이야기 하고자 하는 것은, 시골에서 농사나 지을 뻔
한 제가 원불교에 들어와서 대종사님의 일원대도로 정신적인
자력을 얻어 정신적인 부자가 되었다는 것을 말씀드리고 싶어
서입니다. 물론 세태의 변화에 따라서 그곳에 살았더라도 지금

은 물질적으로 많이 좋아졌을 것입니다.

어쨌든 나는 원불교를 만나서 배우고 수행을 한 결과 인생을 바르게 살아가는 길을 알았고, 성불하는 바른길을 알아 영생의 바른 도를 닦아가고 있으니 마치 미꾸라지가 용이 된 셈입니다. 가난한 시골뜨기가 원불교를 만나서 본인의 영생 길을 해결하는 길을 알아 좋은 쪽으로 계속 변해 가고 있으니 이것이 바로 나에게는 살아있는 천도입니다.

생사 문제를 해결하는 데 있어서 가장 좋은 방법은 살아생전에 성불제중의 큰 서원과 정법에 대한 독실한 신심을 가지는 것입니다. 이 서원과 신심만 확실하면 다음 생에도 현재를 이어서 이 공부 이 사업을 이어갈 수 있으므로 생전에 자신 천도를 어느 정도 해결한 것이라고 볼 수 있습니다.

죽고 낳고 또 죽고 낳고 하는 영생을 축소해서 생각해 보면, 제가 살아온 길처럼 계속 좋아지게 하는 것이 바로 천도입니다.

나는 경험을 해보지 않아서 잘 모르겠는데, 술을 많이 마시면 전날 저녁에 자기가 한 일에 대하여 전혀 기억하지 못한다고 합니다. 이것을 속칭 필름이 끊긴다고 말합니다. 죽어 갈 때와 새로 태어날 때 "업은 영생을 통하여 하나로 이어지는데, 한 생 한 생이 끝날 때마다 육신의 기억을 하는 뇌의 필름이 끊기는 것"이 문제입니다.

우리는 현생밖에 기억을 못 하고, 그것도 눈앞의 현재밖에 기억을 못 합니다. 그러다 보니 자기가 짓고 받는 것은 생각하지 않고 모든 것을 팔자소관이니, 운명의 장난이니, 또는 누가 복을 주니 안주니 하며 살아갑니다. 스스로 복 짓는 노력은 별로 하지도 않고 복이 많이 돌아오지 않는다고 원망하며 살아가고 있습니다.

여기서 나온 문제를 구체적으로 정리해 보면, 과거 업의 청산, 미래의 좋은 업 마련, 기억력 회복의 세 가지 문제로 살펴볼 수 있습니다.

첫째, 전생 악업의 청산

대종사님께서는 '과거 전생 일은 현생에 받는바 그것'이라고 하시며, '달게 받고 갚지 말라.' 즉 감수불보(甘受不報)하라고 말씀하셨습니다. 전생에 지은 악한 일은 내가 저질러 놓은 빚이니까 피할 수 없으므로 달게 받고 다시 보복심으로 일 저지르지 말라는 것입니다.

남에게 정신, 육신, 물질로 빚을 지고 갚지 않는 것을 우습게 생각하거나 자랑스럽게 생각하는 사람이 있는데, 이러한 사람은 자기 집에 불을 질러 놓고 박수치고 구경하는 것과 같은 어리석은 사람입니다. 그 업은 누가 대신할 수도 없는 것이며, 자기가 책임지고 갚아야 할 업이기 때문입니다. 그러므로 묵은 악업을 청산하기 위해서는 달게 받고 갚지 않아야 합니다.

둘째, 미래에 대한 선업의 준비

미래의 정보 방에 좋은 것만 많이 저장해 가지고 가자는 것입니다. 마음공부도 많이 하고 인연 복이나 물질 복도 많이 지어서 남들이 좋아하는 일을 많이 하고, 마음을 자유할 수행과 성불제중의 서원과 정법에 대한 신심을 가지고 가자는 것입니다. 결과는 진리가 알아서 해주므로 진리에 대하여 저울질하지 말고 나는 좋은 일을 많이 하여 그 정보만 많이 만들면 됩니다.

언젠가 텔레비전에서 방생한다고 놓아준 외래종 동물들이 우리나라 댐이나 강이나 저수지 생태계에 심각한 영향을 주어서 토종 생물들이 멸종위기에 처해 있다고 한 뉴스를 보았습니다. 그 장면을 보면서 생색내기 방생을 한 사람들도 나중에 공업으로 지은 과보를 어느 정도는 받겠구나 하는 생각이 들었습니다.

미래를 위해서 상 내지 말고 진실한 마음으로 현명한 선업 정보를 많이 준비하자는 것입니다.

셋째, 기억력을 회복하는 것

성리는 우주와 하나로 통하는 우리의 본래 마음을 알아서 단련하는 공부를 하여 나의 본래 마음을 회복하자는 것입니다.

《정전》 '일원상' 장을 보면 진리와 모든 부처와 우리의 본래 마음이 같고, 본래 원만구족하고 지공무사하여 다 갖추어 있다고 했습니다. 본래 완전하므로 마음 가운데 번뇌 망상만 잠재우면 배우지 않아도 저절로 아는 지혜 광명이 자동적으로 솟아오르게 되어 있습니다. 이처럼 지혜 광명이 솟아오르면 기억력을 회복하여 끊어진 기억력의 필름을 이어서 잘못된 부분을 확실하게 보면서 확인하고 수정을 할 수 있습니다.

이러한 능력은 하루아침에 얻어지는 것이 아니라, 예회도 잘 보고, 경전도 많이 읽고, 하라는 것 부지런히 하고, 하지 말라는 것 죽기로서 안 하고, 본래 마음을 보아서 그 마음을 단련하고 닦는 수행을 오래오래 해야만 가능합니다.

이상과 같은 문제를 해결하기 위해서는 길을 잘 알고 잘사는 방법을 잘 아는 유능한 영생의 안내자가 필요합니다. 원불교에서는 예회를 통해 영생에 잘살 수 있는 길을 안내하고 있습니다. 빠지지 않고 계속 원불교에 나오셔서 법회를 보신다면 생과 사의 문제는 어느 정도 해결이 될 것입니다.

원불교 용어사전에 보면 천도는
- 죽은 사람의 명복을 빌고 그 영혼을 극락세계로 가도록 염원하고 인도하는 것.
- 영가로 하여금 괴로움을 떠나서 즐거움을 얻고, 악업을 끊고 선업을 짓게 하며, 무명 번뇌에서 벗어나 깨달음을 얻게 하는 것.
- 악한 사람을 착한 사람으로 이끌어 주고, 악도에서 선도로 진급시키는 것.

- 살아있는 사람이 스스로 생사 해탈 공부를 하는 것.

이라고 풀이되어 있습니다.

국어사전을 보면 천도는

- 불교 용어로서 "죽은 혼령을 극락세계로 가게 하는 일" 이라

  고 풀이가 되어 있습니다.

결론적으로 정리해 보면 천도薦度는 '건져준다'는 의미와 '제
도한다'는 의미가 포함되어 있습니다. 그러므로 죽음의 강에 빠
진 악도 중생을 극락세계로 잘 인도하기 위한 의례를 천도재라
합니다. 또한, 천도재나 법회를 통해서 진리를 깨우쳐주는 것을
제도라 합니다.

원불교에서는 초종장례를 비롯해서 매주 한 번씩 7주 49일간
을 정하여 고인을 위한 천도재를 지내줍니다. 그 의례를 통해서
죽은 사람을 악도에 떨어지지 않게 선도로 인도하고, 살아있는
사람에게는 올바른 삶을 살도록 인도합니다.

사람을 비롯한 동물, 식물, 광물까지 우주 안에 있는 모든 것
을 에너지로 설명할 수 있습니다. 우주 만물이 보이지 않는 에
너지가 뭉치면 보이는 것이 되고, 보이는 형체가 흩어지면 보이
지 않는 에너지로 변하는 것입니다.

천도는 이 에너지가 모여 태어나는 것과 흩어져 죽음에 이르
는 과정을 진리적이고 합리적이고 바른 도로 인도하는 일입니
다.

21세기는 정보의 시대라고 합니다. 일생을 통해 모은 정보들은 다음 생에 또 다른 나를 이루는 것입니다. 예를 들면 조그마한 컴퓨터 저장장치에 비행기 설계에 대한 모든 정보가 들어가도록 저장했다면 그 저장장치만 가지면 다시 실물 비행기를 그대로 만들어 낼 수 있는 것과 같습니다.

다시 말씀드리자면 자기의 조물주는 자기이니까 자기 미래의 모습을 설계하고 삶을 통해서 그대로 미래의 정보를 만들어 가자는 것입니다. 정보를 저장할 수 있는 저장장치만 있으면 어디서든지 컴퓨터에 넣어 실물을 재현할 수 있듯이 현실을 살 때 좋은 정보든 나쁜 정보든 몸과 마음이 행하는 대로 일원의 진리가 자동적으로 알아서 정보를 저장해 주고 재현해 주므로 우리는 오직 좋은 정보만 많이 준비하는 것이 내생 일을 해결하는 확실한 천도의 길입니다.

영생을 잘 사는 길

초판 1쇄 발행 2015년 9월 30일

지은이 김명원
펴낸이 주영삼

펴낸곳 원불교출판사
출판신고 제1980-000001호(1980. 4. 25)
주소 익산시 익산대로 501
전화 (063) 854-0784
팩스 (063) 852-0784
홈페이지 www.wonbook.co.kr

인쇄 원광사

값 10,000원

ISBN 978-89-8076-240-8(03200)